Un carmen en Granada

Biografías y Memorias

En diciembre de 2022, un jurado presidido por Miguel Ángel Aguilar, y compuesto por Jordi Amat, Anna Caballé, Miguel Dalmau y, en representación de Tusquets Editores, Josep Maria Ventosa, acordó conceder por mayoría el XXXV Premio Comillas de Historia, Biografía y Memorias a la obra titulada *Un carmen en Granada*, de la que es autor Ian Gibson.

Ian Gibson

Un carmen en Granada

Memorias de un hispanista dublinés

TUSQUETS
EDITORES

PEFC Certificado

Este libro procede de bosques gestionados de forma sostenible

PEFC

PEFC/14-38-00305 www.pefc.es

El Premio Comillas ha sido patrocinado por el Fondo Antonio López Lamadrid constituido en la Fundación José Manuel Lara

Tusquets Editores, S. A. - Av. Diagonal, 662-664. 08034 Barcelona
www.tusquetseditores.com
www.planetadelibros.com

Adaptación de la cubierta: Booket / Área Editorial Grupo Planeta
Fotografía de la cubierta: Ian Gibson a los dos años de edad, acompañado de su hermano Alan (centro de la imagen) y su primo Nigel (izquierda), en el patio trasero de su casa dublinesa en 1941. © Archivo personal del autor
Primera edición en Colección Booket: mayo de 2024

Depósito legal: B. 6.495-2024
ISBN: 978-84-1107-454-4
Impresión y encuadernación: CPI Black Print
Printed in Spain - Impreso en España

Biografía

Ian Gibson (Dublín, 1939) es uno de los más prestigiosos hispanistas, biógrafos y estudiosos de la cultura española contemporánea. Tras estudiar literatura francesa y española en el Trinity College de Dublín, fue profesor en las universidades de Belfast y Londres antes de instalarse definitivamente en España en 1978. Su amplísima producción escrita incluye las magnas biografías de Federico García Lorca (1985-1987), Salvador Dalí (1998), Antonio Machado (2006) y Luis Buñuel (2013). Entre sus otros muchos títulos figuran *En busca de José Antonio* (1980), *La noche que mataron a Calvo Sotelo* (1982), *Paracuellos: cómo fue* (1983), *Cela, el hombre que quiso ganar* (2004), la novela *La berlina de Prim* (2017), *Aventuras ibéricas* (2019) y *Un carmen en Granada* (2023), galardonado con el Premio Comillas de Historia, Biografía y Memorias. También ha sido presentador de varios documentales de tema español para la BBC. Apasionado por la ornitología, Ian Gibson es miembro de la Real Academia Irlandesa y, desde 1984, posee la nacionalidad española. En diciembre de 2022 el Gobierno le otorgó la Medalla de Oro de Bellas Artes.

Índice

Para Carole, Tracey y Dominic,
con mi profunda gratitud por su apoyo, su paciencia
y su magnanimidad mientras yo, biógrafo obsesivo,
me dedicaba en cuerpo y alma a mi vocación

Dios, que crea el deseo y luego lo asesina con la vergüenza... Dios, el Mal Supremo.

ALGERNON CHARLES SWINBURNE,
Atalanta (1865)

Quise llegar a donde
llegaron los buenos.
¡Y he llegado, Dios mío...!
Pero luego,
un velón y una manta
en el suelo.

FEDERICO GARCÍA LORCA,
«Lamentación de la muerte»,
Poema del cante jondo (1921)

Nuestro carmen de Santa Ana

La verdad es que nunca me había caído bien aquel actor de doblaje. Una noche, mientras yo conversaba con otro parroquiano del bar de nuestro rincón madrileño, le explicaba que yo había vivido, quince años atrás, en un carmen granadino. Y que la palabra, derivada del árabe y hebreo *karm,* «viñedo» o «jardín interior», denota las típicas casas de los barrios altos de la ciudad, sobre todo el Albaicín.

—Te equivocas —interrumpió el actor de marras—. Viene del latín *carmen,* o sea, canción, no del árabe.

—Quien se equivoca eres tú —le contesté—. Nada más volver a casa te sacaré una fotocopia de la entrada al respecto del diccionario de la Real Academia Española.

Así lo hice:

> **carmen**
>
> Del ár. hisp. *kárm,* y este del ár. clás. *Karm* 'viña'.
> **1.** m. En Granada, quinta con huerto o jardín.

El individuo nunca más me volvió a dirigir la palabra. Solo miradas de odio hacia el guiri responsable de rebajarle un poco los humos.

Sí, yo había tenido el inmenso privilegio de ocupar durante un año (1965-1966), acompañado de mi mujer y nuestra hija pequeña, un carmen granadino. Y no un carmen cualquiera, sino uno fabuloso y diferente a todos los demás, porque, en vez de hallarse arriba, en el Albaicín, o en los alrededores de la Alhambra, estaba situado encima de un inmueble ubicado, al pie de la Colina Roja, en la calle de Santa Ana, número 6, a dos pasos de la Plaza Nueva y el río Darro. Nadie o apenas nadie sospechaba de su existencia. Contaba, además, con una terraza superior a la cual se accedía por un pastiche de puerta de herradura árabe.

Desde la terraza, que tenía un parral y un granado, se gozaba de todo el despliegue del Albaicín.

En aquel carmen emprendí mi investigación sobre el asesinato de Federico García Lorca. Y allí, rodeado de flores y árboles frutales, sostuve, con amigos y amigas del poeta, entre ellos el pintor Manuel Ángeles Ortiz y la escritora francesa Marcelle Auclair, o con el hispanista estadounidense Sanford Shepard, algunas de las conversaciones más intensas y enriquecedoras de mi vida. Ya no existe. En su lugar hay un solar lleno de escombros. Me muero de pena cuando paso por allí.

Añado que tampoco es casualidad que en Granada haya un fervoroso culto a la Virgen del Carmen, patrona de marineros, pues la etimología del bíblico y sagrado Monte Carmelo (situado en el noroeste de Israel) es la misma que la de las maravillosas viviendas que comento. Su festividad se celebra el 16 de julio y, en 1936, el fatídico tren en que el poeta volvió desde Madrid a Granada, tres días antes, estaba atestado de sus devotos, según un reciente testimonio.

No por nada, pues, Lorca había escrito a un amigo: «Me gusta Granada con delirio, pero para vivir en otro plan, vivir en un carmen, y lo demás es tontería; vivir cerca de lo que uno ama y siente. Cal, mirto y surtidor».

El mirto tiene, como se sabe, connotaciones amorosas. Para el amor, y así opinaba Rubén Darío, no hay en el mundo mundanal lugar más idóneo que un carmen granadino. Ni, digo yo, peor sitio para quien padece su ausencia. Ahí está *Doña Rosita la soltera,* que lo expresa todo.

A mis ochenta y tres años cumplidos —¡qué broma de mal gusto!—, y tras décadas de indagar sobre vidas ajenas, casi todas españolas, he sentido la necesidad imperativa de contar en mi idioma adoptivo, antes de que sea demasiado tarde, algo de mi propio transcurso por este valle de lágrimas (pues me parece que lo es mayormente, aunque en él también caben las risas). Un transcurso que me condujo desde mis tierras irlandesas, pasando por las granadinas, hasta las castellanas, aragonesas, catalanas, gallegas y americanas.

Algo de ello deslicé hace unas décadas, sesgadamente y sin mencionar ni una sola vez Irlanda, en el libro *Viento del sur. Memorias apócrifas de un inglés salvado por España* (2001). El protagonista de aquel título compartía conmigo la afición por la ornitología y una familia protestante, pero fue cauto a la hora de hablar de sus sentires más íntimos.

El debate sobre el libre albedrío siempre me ha fascinado. «Yo soy yo y mi circunstancia», dijo Ortega y Gasset. No está mal. A uno no le es dado elegir a los autores de sus días, ni a sus antepasados, tampoco su lugar y fecha de nacimiento. Yo no podía ser una excepción a la regla. ¿Hasta qué punto es posible tomar decisiones realmente nuestras? ¿Está todo, o casi todo, regido por factores fuera de nuestro control, entre ellos los genéticos? ¿Hay seres que gozan de más libertad que otros, o es solo apariencia? Sea como fuere, y antes de contar mi entrada en el hispanismo, he tratado de relatar con honestidad cómo fueron mi niñez y adolescencia, sin mentir intencionadamente, sin excesiva acritud (aunque a veces me ha costado evitarla) y sin ocultar mi lado atormentado y cobarde. Lado que España, su luz, sus gentes y sus culturas, así como mi apasionante quehacer como biógrafo, me han ayudado sin duda alguna a sobrellevar algo mejor.

Primera parte
Dublín y el trasfondo familiar (1939-1950)

El autor en la playa de Greystones, a los cinco años de edad, aproximadamente.

Vine al mundo en Dublín, el 21 de abril de 1939. Por lo menos es lo que asegura mi certificado de nacimiento. Dieciocho años antes se había firmado el Tratado Anglo-Irlandés, que, tras la sublevación de 1916 contra la secular ocupación británica, dividió brutalmente la isla al crear una frontera entre los veintiséis condados del nuevo Irish Free State (Estado Libre Irlandés, luego República de Irlanda), de arrolladora mayoría católica, y los seis del Úlster, es decir, Irlanda del Norte. Estos eran, de modo predominante y de manera virulenta, de confesión protestante debido a la repoblación llevada a cabo por los ingleses durante el siglo XVII, cuando los indígenas de la región fueron expulsados sin piedad al oeste de la isla.

Repoblación que, si se quiere una comparación con España, hace pensar en la de Granada, último bastión «moro» de la península, a raíz de su caída en manos de los Reyes Católicos en 1492.

Uno de los resultados del Tratado Anglo-Irlandés fue una inmediata, breve y sangrienta guerra civil entre quienes aceptaban el nuevo *statu quo* y quienes no. La ganaron los primeros. Otro, los brutales atentados del IRA (Ejército Republicano Irlandés), encaminados a conseguir la reunificación del país, ya del todo libre de Londres. Más recientemente, con el fatuo Brexit de los británicos, la situación se ha complicado otra vez en Irlanda, y las demandas republicanas han vuelto a replantearse.

A propósito de los británicos, a mí me enfurece que en España a veces se me siga tildando de inglés. Jamás lo he sido, jamás lo he querido ser y jamás lo seré. Tengo desde 1984 la nacionalidad española, pero eso no quiere decir que haya renunciado a ser dublinés. Por otro lado, me siento medularmente europeo y desconfío de los nacionalismos.

De la lucha de los irlandeses por liberarse de la garra de los británicos me fui enterando poco a poco durante mi infancia, pues a mi padre le gustaba narrar episodios de aquel conflicto que él presenció en su juventud, o de los cuales le habían hablado. Entre ellos unas tropelías cometidas por los efectivos de la Real Policía Irlandesa conocidos como los Black and Tans (negros y caquis) por los colores de sus uniformes.

Me apresuro a explicar que no nací en el seno de una familia católica, que habría sido lo normal y corriente en Dublín, sino protestante. Y, para mi desgracia, en el de la secta denominada «metodismo», la cual, según la edición del diccionario de la Real Academia que tengo a mano, «preconiza una gran rigidez de principios». La definición acierta en lo tocante a la rigidez, ya lo creo, pues el «método» de los metodistas consistía en cumplir «rígidamente» con las que consideraban sus obligaciones cristianas. A rajatabla. El movimiento había nacido en Inglaterra a principios del siglo XVIII, dirigido por unos hermanos de apellido Wesley. Era una reacción contra lo que ellos reputaban de graves abusos de la Iglesia anglicana, que, bajo el famoso rey Enrique VIII, había roto con Roma en 1534 y se preciaba de ser heredera tan legítima como ella del cristianismo histórico, sucesión apostólica incluida.

Los protestantes anglicanos del Estado Libre Irlandés constituían una minoría muy reducida de la población total del país, quizás un siete por ciento. Reducida, pero, eso sí, de mucho peso. En Dublín, que había sido la segunda ciudad del Reino Unido en el siglo XVIII, tenían dos catedrales (los católicos ninguna), y una de las universidades más prestigiosas del mundo, el Trinity College, fundado por la reina Isabel I en 1592. Situado en el corazón mismo de la capital, y con una extensión de unos 190.000 metros cuadrados, el Trinity consta de edificios majestuosos, grandes patios, jardines e incluso campos de deportes.

En cuanto a los metodistas, si bien pululaban en Irlanda del Norte, constituían entonces en el resto de la isla quizás solo el 0,9 por ciento de sus habitantes. Éramos un islote protestante ínfimo dentro de lo que ya era una minoría protestante muy pequeña, rodeados de una población abrumadoramente católica. Yo me sentía desde niño casi tan diferente de los anglicanos como de los católicos, y apenas sabía dónde agarrarme.

Esto para empezar.

Mi abuelo paterno, Adam Henry Gibson, había nacido en Liverpool en 1867, hijo, según parece, de un policía. No sé por qué motivo se trasladó, siendo todavía joven, a Dublín, donde comenzó a trabajar para la casa matriz de la inmensa fábrica de cerveza Guinness, situada en la ribera derecha del río Liffey, no lejos del centro de la ciudad. Un día el hombre, que supongo ya metodista a su llegada, recibió algo así como una admonición personal de Dios. ¿Qué hacía contribuyendo a la producción de una bebida alcohólica capaz de enviar a la perdición a tantas personas y a sus familias? No podía ser. Quizás también por intervención divina conoció entonces a la hija de un empresario de apellido Bailey, dueño de una imprenta. Comprometerse con ella y entrar en el negocio fue todo uno, para echar mano de una fórmula cara a Cervantes.

Mis abuelos paternos tuvieron siete hijos, de los cuales mi padre, Cecil Walter, nacido en 1905, fue el quinto.

Solo recuerdo haber visto a Adam Henry una vez, a mis cuatro años (cuando él acababa de enviudar). Hacía un día de sol y celebrábamos una reunión familiar en el jardín de su casa. Surge ante mí un anciano alto y delgado con el pelo muy blanco, acompañado por su perro, de nombre *Sandy* —me sorprende acordarme de este detalle—, el cual, Dios sabe por qué razón, quizás deseando jugar conmigo, me tiró al suelo con sus patas. Me contaron después que el can, al cual jamás se le había permitido subir a la primera planta del domicilio, donde estaban los dormitorios, se sentó ululando ante la puerta del de mi abuelo cuando este falleció, en 1943, y que murió él mismo, inconsolable, casi enseguida.

Tengo delante la fotocopia de una nota necrológica dedicada al abuelo. Se publicó en una pequeña revista metodista local, y su autor era un conocido pastor de la secta. Dice que a Adam Henry se le respetaba mucho en el mundo empresarial de Dublín, y que, en cuanto a sus creencias cristianas, siempre había tenido un comportamiento admirable, ayudando de forma ejemplar al prójimo. Amén de miembro destacado del templo que frecuentaba, Charleston Road Methodist Church, era un predicador oficioso muy solicitado. El mismo pastor, en una homilía pronunciada en el cementerio, aseguró a los asistentes que, cuando Dios alertó a su fiel servidor de que había llegado el momento del último trance, aceptó complacido. Claro, difícilmente habría podido ser de otra manera. ¿Iba a protestar ante la decisión del Todopoderoso, como buen creyente que era?

Desaparecido mi abuelo, la imprenta, de la cual ya se había separado la familia Bailey, pasó a ser propiedad de mi padre y de su hermano menor, Sydney, dos años más joven. El local se situaba en Dolphin's Barn, un barrio algo alejado del centro urbano. Dublín era entonces muy pequeño, con menos de un millón de habitantes, aproximadamente el tamaño de Madrid antes de la Guerra Civil.

En 1931 mi padre se había casado con la joven Gladys Isabelle Ritchie. Ella tenía entre sus antepasados a un tal Andreas Schwesinger, oriundo de Lüneburg, en Alemania, a quien el rey Federico de Prusia había otorgado el título de Von Cronhelm por no se sabe qué servicios. La familia se había multiplicado como los panes y los peces, y algunos de sus miembros llegaron a Inglaterra y, luego, a Irlanda. En 1905 mi abuela materna, Isabelle Cronhelm, se casó con un hombre llamado William Ritchie y, habiendo dado a luz a mi madre al año siguiente, murió de neumonía en 1907. Su viudo se escapó entonces a Canadá y nunca más se supo de él.

Dejó a mi madre en manos de una de las hermanas de su difunta esposa. Se llamaba Marion, como la novia de Robin Hood, y era soltera. Me llevaron a verla poco antes de su muerte en 1946, cuando yo tenía siete años. Me chocó profundamente su aspecto demacrado. Estaba en la cama, incorporada contra unas almohadas, con facciones de una amarillez que me horrorizó. Supongo que se trataba de un cáncer. Me habló con amabilidad. Su voz era dulce y educada.

Mi madre no ocultaba el odio que le inspiraba una hermana de Marion, de nombre Dorothy, a quien no recuerdo haber visto nunca. ¿Qué había hecho, o dejado de hacer, para merecer tal bilis? No lo supe jamás. O si lo supe, ya no tengo idea. A diferencia de mi padre, que no solía hablar mal de nadie, y mucho menos con odio, mi madre tenía una veta terriblemente amarga, resentida, que me producía angustia cada vez que afloraba.

El marido de Dorothy había sido encerrado en un manicomio en 1935. Se decía en la familia que perdió sus cabales al descubrir que había dejado atrás en un tren el álbum, nunca recuperado, que contenía su valiosa colección de sellos postales.

Dorothy Cronhelm emigró a Nueva Zelanda al poco tiempo de morir Marion, abandonando a su desafortunado marido a su suerte. Uno de sus hijos vivió con nosotros antes de reunirse con ella. Me caía muy bien. Trabajaba en el Banco de Irlanda, frente al Trinity College, y a veces me traía *farthings* —entonces la unidad monetaria más pequeña de la libra esterlina— recién salidos, relucientes, de la ceca. Solían llevar la imagen de un conejo o de un martín pescador, uno de mis pájaros favoritos, que observaba en mis andanzas por la cercana ribera del humilde río Dodder, afluente del Liffey. Gracias a mi padre, amante de la naturaleza, yo ya iba camino de ser un apasionado ornitólogo vitalicio.

Mi madre, que había recibido muy poca formación escolar, trabajó, antes de casarse, como mecanógrafa. A menudo recordaba con nostalgia aquellos años, y nos hablaba, sobre todo, del grupo de amigas con quienes se reunía cada sábado por la mañana en la cafetería más afamada de la ciudad, Bewley's, en Grafton Street, que todavía existe. Allí solían espiar a una pareja de amantes muy célebres, el dramaturgo Denis Johnston y la actriz Shelah Richards. Para mi madre, Johnston, a diferencia de mi padre, de baja estatura, era el hombre soñado: alto, guapo, carismático.

Mis padres habían establecido su hogar en el barrio sólidamente burgués de Rathmines. Era una amplia casa semiadosada situada en el número 32 de un callejón sin salida en forma de ele, Saint Kevin's Park (dicho santo, muy popular en Irlanda, había fundado, en el siglo VI, un monasterio en las montañas del condado de Wicklow, no lejos de Dublín).

El primogénito del matrimonio, mi hermano Alan, nacido en diciembre de 1933, fue durante seis años el rey del domicilio, es decir, hasta mi alumbramiento. Muchas veces me he preguntado por la razón, o razones, que pudieran explicar la distancia temporal tan larga que nos separaba. Nunca sería capaz de preguntárselo a mi madre, y mucho menos a mi padre. En mayo de 1941, cuando yo acababa de cumplir dos años, llegó mi hermana Janet. Luego, en 1945, Heather. No hubo más prole.

La casa, como he dicho, era amplia. Tenía, arriba, seis dormitorios. Abajo, el comedor, dos salones, la cocina y otras dependencias domésticas. Había un pequeño jardín delantero y otro, más grande, detrás, con césped y huertecillo donde mi padre cultivaba patatas, legumbres y frutas.

Al fondo, un sólido muro de piedra que corría a lo largo de la calle nos separaba de una enorme finca, rodeada de castaños y otros árboles, conocida entre nosotros como Hely's. Suponíamos que pertenecía a los dueños del celebérrimo almacén dublinés del mismo nombre. Estaba proscrita para nosotros, *out of bounds,* pero eso no nos impedía a los niños saltar una y otra vez el muro e internarnos en las inmediaciones. Nunca nos atrevimos a penetrar más lejos porque había guardas que, no lo dudábamos, podían llevarnos ante la policía. Este primer contacto con la prohibición de entrar en una propiedad privada iba a ser de fundamental importancia en mi vida. Desde mis más tiernos años el miedo a las autoridades, a los mayores, a ser cogido *in fraganti,* a ser encarcelado, fue visceral.

En medio de la finca se levantaba una mansión, casi se podría decir palacete, que me parecía maravillosa, aunque nunca puse los pies en ella. Cada verano sus propietarios organizaban una fiesta, en inglés *garden party,* de la cual conseguíamos atisbos al escondernos, sorteado el muro, entre el denso follaje de los arbustos. Iban y venían por el césped elegantes mujeres vestidas con ligeros trajes de muselina, a veces con un hombre del brazo. En ocasiones captábamos trozos de sus animadas conversaciones. Años después, cuando contemplé en la Wallace Collection de Londres los cuadros de las *fêtes galantes* de Watteau, con sus hermosísimas damas de nucas incitantes, recordé aquellas tardes estivales de Hely's. Aquel mundo no tenía nada que ver con el nuestro, tan austero, de vida social reducidísima.

La finca cedió el testigo hace décadas a un hospital para el tratamiento del cáncer. Ya no existe el campo de hierba alta donde cada primavera anidaba uno de los pájaros más misteriosos de mi infancia. Pájaro huraño que nunca logré ver pero cuya presencia era delatada por su canto singular y estridente, indicado tanto por su nombre inglés, *corncrake* (chirrido entre el trigo), cuanto —después lo sabría— por su designación científica latina, *Crex crex,* y conocido en castellano como guion de codornices. También había, entre la frondosidad de los árboles, palomas torcaces, cuyo «cu-cu» arrullador se mezcla en mi recuerdo con el monótono zumbido de la máquina que cortaba con regularidad el césped de aquel paraíso prohibido. Sonidos mágicos de mi infancia, que conservo intactos en lo más íntimo de mi persona.

Mi hermana Janet padeció una enfermedad grave al poco tiempo de nacer, creo que tuberculoide, y, toda vez que era necesario que mi madre estuviera siempre a su lado, mis padres contrataron a una criada para ocuparse de mí. Se llamaba Kathleen Byrne. La instalaron en una pequeña habitación que daba al jardín trasero, y se quedó con nosotros, según los cálculos posteriores de mi madre, hasta septiembre de 1942, cuando yo tenía tres años y medio. Pero ¿es posible que mi adorada tata solo estuviera conmigo durante poco más de un año? Me cuesta trabajo creerlo, dada la intensidad de mi amor por ella. Pero al parecer fue así.

Kathleen era dueña de una personalidad rumbosa, con un acento muy irlandés que estoy oyendo mientras escribo. Nos llevábamos estupendamente. Cuando salía con ella, los dos cogidos de la mano, no cabía en mí de gozo y de orgullo, y hablábamos sin tregua. Parece ser que yo tenía entonces una risa muy contagiosa, y que, cuando íbamos en el tranvía, mis salidas y comentarios provocaban un carcajeo general entre los demás pasajeros.

A Kathleen le encantaba mi pelo tupido, rizado, rebelde y castaño, y lo dejaba crecer, a juicio de mi padre, en exceso. Una noche, cuando ella libraba, entró él con sigilo en mi dormitorio con unas tijeras y, sin despertarme, me segó brutalmente aquellos bucles. No recuerdo el ultraje, pero según mi madre, que años después me contó lo ocurrido, Kathleen se puso que se subía por las paredes cuando descubrió, a la mañana siguiente, la barbaridad perpetrada por mi padre, y le recriminó con tanta dureza que casi fue despedida.

Conservo una pequeña fotografía, fechada a lápiz, en el dorso, «1941», que sirve de portada a este libro. Mi primo Nigel White (once años), mi hermano Alan (ocho) y yo (dos) estamos de pie, en orden descendiente de altura, sobre una mesa colocada a propósito en nuestro jardín trasero. Nigel es guapo, con el pelo negro, liso; Alan, también apuesto, lo tiene asimismo liso, pero rubio. Yo estoy sonriendo, en el tercer puesto, muy satisfecho de mí mismo. Y, eso sí, con una cabellera digna de provocar la rabia de mi padre. Detrás, en la ventana de la habitación de Kathleen, hay una mujer mirando la escena. ¿Es ella? Quiero pensar que sí, pero es imposible estar seguro porque está envuelta en sombras.

Guardo otra instantánea, tomada, creo, el mismo verano. Al fondo del jardín mi padre había construido un pequeño arenal que llamábamos el *sandpit:* algo así como una playa artificial en miniatura donde, imaginándonos al lado del mar, jugábamos y hacíamos castillos. En la foto estoy sentado a lomos de un oso polar de lana. Otra vez mi expresión es de intensa felicidad.

Pero pronto todo iba a cambiar cuando, de repente, Kathleen nos abandonó y se fue a Londres a cuidar a la vieja heredera rica de una famosa empresa de galletas. ¿Había habido otro enfrentamiento con mi padre, o quizás alguno con mi madre? Nunca lo supe. ¿Cabe imaginar, me pregunto ahora, que se fuera sin decirme nada, sin explicarme la razón de su partida, sin darme un último abrazo, una última caricia, un último beso? Parece imposible pero acaso fue así. ¿Tal vez consideró que la separación resultaría demasiado dolorosa para ambos, que la escena sería atroz, sabiendo cuánto la quería yo, cuánto la necesitaba, cuánto me regocijaba su compañía? Mi madre me dijo después que, al darme plena cuenta de que Kathleen se había ido para siempre, estuve inconsolable. Las resonancias dentro de mí al escribir esto me convencen de que no se equivocaba.

Mientras aprendía a leer, uno de los cuentos ilustrados que más me atrajeron fue «Blancanieves y los siete enanitos». Empaticé especialmente con Bashful, que en inglés significa «pudoroso», y recuerdo cómo el hombrecito lloraba y lloraba mirando las gotas de lluvia deslizarse por la ventana mientras, detrás, sobre una mesa, aparentemente muerta, yacía la joven. Se me ocurre ahora que tal vez me conmovían tanto aquellas páginas porque me recordaban a mi desaparecida Kathleen.

Aquella relación tan brutalmente truncada, estoy seguro de ello, contribuyó a prepararme como futuro biógrafo. Creo, sobre todo, que sin la traumática desaparición de Kathleen no habría sentido la necesidad de penetrar en algunos de los resquicios más íntimos de la etapa «simbolista» de Antonio Machado, cuando aparece en sus versos una «compañera» perdida para siempre en la infancia:

> Es una tarde cenicienta y mustia,
> destartalada, como el alma mía;
> y es esta vieja angustia
> que habita mi usual hipocondría.
>
> La causa de esta angustia no consigo
> ni vagamente comprender siquiera;
> pero recuerdo y, recordando, digo:
> —Sí, yo era niño, y tú, mi compañera.

En otro poema del mismo ciclo leemos:

> Desde el umbral de un sueño me llamaron...
> Era la buena voz, la voz querida.
>
> —Dime: ¿vendrás conmigo a ver el alma?...
> Llegó a mi corazón una caricia.
>
> —Contigo siempre... Y avancé en mi sueño
> por una larga, escueta galería,
> sintiendo el roce de la veste pura
> y el palpitar suave de la mano amiga.

Por algo Machado puso el título de *Soledades* a su primer librito de versos. Mi teoría es que, ocupada como estaba siempre su madre con la llegada de un nuevo vástago, cuidaba del pequeño Antonio una muchacha que luego desapareció de repente, como mi Kathleen, dejándolo con la mortífera convicción de haber sido abandonado para siempre. Quizás, por ello, la joven soriana Leonor, con quien se casaría, y a quien tan pronto perdería, tenía algo de reencarnación de aquella criada tan profundamente querida en la infancia.

Sí, William Wordsworth tenía razón: el niño es padre del hombre. Freud y el psicoanálisis lo confirmarían. Hoy sabemos que un niño de cuatro años puede estar locamente enamorado de una persona mayor. Y que, si esta desaparece de su vida sin aviso previo, sin explicación, para no retornar nunca, es capaz no solo de querer fallecer sino de intentar suicidarse.

Cuando pongo en YouTube, una vez más, obsesivamente, el vídeo de *Yesterday I Heard the Rain,* del maestro Armando Manzanero, interpretada en dúo genial por Tony Bennett y Alejandro Sanz, creo entender las raíces no solo de la vida sentimental de Antonio Machado, sino de la mía. Ya sabíamos lo hermosa que es la voz del elegante *crooner,* pero cuando Sanz arranca en español, a su lado, es el *summum:*

> Esta tarde vi llover,
> vi a gente correr,
> ¡y no estabas tú!
>
> El otoño vi llegar,
> el mar oí cantar,
> ¡y no estabas tú!...

¡Y no estabas tú! Es para morirse.

A Kathleen la sustituyó otra criada, Winnie Curran, con el objeto principal de que se hiciera cargo de mi segunda hermana, Heather, nacida, como dije, en 1945, cuando yo tenía seis años. Ocupó la misma pequeña habitación de mi tan añorada Kathleen.

Winnie no se le parecía en nada. Católica ferviente, siempre rezando el rosario y santiguándose —prácticas que detestábamos los metodistas—, tendría unos treinta años, creo, cuando entró a nuestro servicio. Le faltaba totalmente la alegría e *insouciance* de su antecesora, y vestía con suma sobriedad. Era, en el fondo, una monja frustrada.

Puesto que en Dublín apenas había protestantes pobres, o venidos a menos, era inconcebible una criada que no fuera católica, y había que concederle ciertos derechos a la hora de decorar su habitación. Lo primero que hizo Winnie fue colgar en una de las paredes de su cubículo, se podría decir que casi de manera retadora, una estampa del Sagrado Corazón de Jesús a todo color. Aquella imagen me asqueaba y fascinaba a la vez. El pecho abierto del Salvador revelaba, rosa subido y con una cruz encima, el órgano vital objeto del retrato, del cual salían para mayor énfasis llamas. No se podría concebir nada tan opuesto a la mentalidad metodista.

Cuando más adelante leí por vez primera *Dublineses,* de James Joyce, me divirtió tropezar, en el relato titulado «A mayor gracia de Dios», con Mrs. Kernan, que me recordó enseguida a Winnie: «Creía firmemente en el Sagrado Corazón como la más generalmente beneficiosa de todas las devociones católicas». También me regocijó, en *Stephen Hero,* prototipo del *Retrato del artista adolescente,* un comentario al respecto del protagonista: «Jesús, además, exponía su corazón, en la chabacana estampa, de manera demasiado obvia».

Ahora sé que el culto al Sagrado Corazón empezó con la visión de una monja francesa, beatificada en 1864, de apellido Alacoque. Joyce, siempre atento a la posibilidad de un juego de palabras, hace que, en *Ulises,* Buck Mulligan la llame «Margaret Mary Any Cock», o sea, «Cualquier Polla».

Otra concesión de mis padres: Winnie recibía, todas las mañanas, un ejemplar del diario católico y nacionalista *The Irish Press,* que nosotros no nos dignábamos mirar casi nunca. El nuestro, *The Irish Times,* era el de la minoría protestante y liberal, y la jerarquía católica, entonces ultraconservadora, lo consideraba altamente peligroso. Me imagino que las religiosas amigas de Winnie, y tal vez su confesor, le habrían advertido de que no lo leyera jamás.

Winnie Curran era una buena persona, pero yo me preguntaba por qué necesitábamos tenerla viviendo con nosotros. No lo entendía. ¿No podía mi madre ocuparse de mi hermanita Heather sin ayuda de nadie y, al mismo tiempo, atender a la casa? ¿O, como solución de compromiso, contratar los servicios de una criada a tiempo parcial?

Winnie frecuentaba la imponente iglesia de Santa María Inmaculada, Refugio de Pecadores, situada a un par de kilómetros de nosotros en dirección al centro de Dublín. La Madre de Dios le inspiraba casi tanto fervor como el Sagrado Corazón. A nosotros ninguno. Para los metodistas, María no existía ni como divinidad ni como *mediatrix,* pese a haber dado a luz a Jesús. Desconocíamos la belleza de oraciones como: «Dios te salve María, llena eres de gracia; el Señor es contigo, bendita tú eres entre todas las mujeres». Y que en una de sus advocaciones, heredada de la diosa egipcia Astarté, y quizás de la misma Venus, era la Estrella del Mar, guía de marineros.

Tampoco creíamos en los santos, en la posibilidad de ser atendidos por aquella «especie de Ministerio de Ruegos y Reclamaciones», como la denomina el narrador de *Los pasos perdidos,* de Alejo Carpentier. Nada, pues, de «san Antonio bendito, por Dios te pido...», ni de la intervención protectora de santa Bárbara en días de tormentas eléctricas, ni del Ángel de la Guarda ni de la benevolencia de cualquier otro inmortal (tampoco creíamos, apenas hace falta añadirlo, en las indulgencias del Vaticano, para nosotros una abominación, ni en las «infalibles» proclamaciones *ex cathedra* del papa).

Un día Winnie me invitó a acompañarla brevemente a dicha iglesia tras hacer unas compras. Supongo que yo tenía entonces unos seis o siete años. No había puesto nunca los pies en un templo católico. Por regla general los protestantes no lo hacíamos jamás, ellos tampoco en los nuestros (a no ser que se tratara de la muerte de un amigo íntimo, por ejemplo, o una boda). Cuando llegamos a la entrada del edificio casi me morí de terror, pues a Winnie se le ocurrió de repente, ¿o fue premeditado?, salpicarme la frente con agua bendita de la pila que allí había. Creí de verdad que iba a fallecer en el acto. Me habían hablado del agua bendita. Era como el Sagrado Corazón, algo del Diablo. Pero no sucedió nada y penetré en el recinto con Winnie. Muy oscuro, estaba impregnado de un olor acre que desconocía. «Es incienso», me explicó. Había numerosas imágenes de santos, de la Virgen, de Cristo. Iba creciendo mi pánico. ¿Qué pasaría si alguien se daba cuenta de que entre ellos había un niño protestante? ¿O quizás me protegería el agua bendita? Sentado al lado de Winnie esperaba lo peor, mientras ella, de rodillas, murmuraba una oración. Supongo que el calvario no duró más de diez minutos. Cuando salimos al aire libre de la calle sentí un alivio como no había conocido en mi vida.

Cuarenta años después, durante una breve estancia en la ciudad, me encontré una tarde en las cercanías de Santa María Inmaculada y decidí, siguiendo un impulso irrefrenable, visitarla por primera vez desde aquel incidente de mi infancia. A medida que me aproximaba a la iglesia me llamó fuertemente la atención la inmensidad de su fachada clásica, con sus cuatro columnas altísimas coronadas por capiteles corintios, y un arquitrabe con una inscripción en letras de oro que copié en mi libreta de apuntes: SUB. INVOC. MARIAE IMMACULATAE. REFUGII. PECCATORUM. Más arriba había una estatua de la Virgen con el Niño Jesús, acompañada de dos santos y, detrás, la masiva cúpula verde del templo, una de las señas de identidad más llamativas de esta zona de Dublín.

No encontré la pila que tanto susto me había provocado. El interior no resultaba sombrío, como lo recordaba; al contrario, era íntimo, un remanso de paz. Me produjo una enorme satisfacción comprobar, casi en un instante, que una de las experiencias más terroríficas de mi infancia estaba ya superada.

> Cubríos ese seno que no podría ver;
> Objetos como esos hieren a las almas
> Y suscitan pensamientos culpables;
>
> MOLIÈRE, *El Tartufo* (1664)

> Sin tetas no hay paraíso.
>
> (Título de serie televisiva española, 2008)

Mi relación con mi madre se volvió tormentosa a raíz del nacimiento de mi hermana Heather en 1945. La autora de mis días tenía entonces treinta y nueve años, no era ninguna jovencita, y yo acababa de alcanzar los seis. ¿Dónde habían encontrado a la pequeña criatura nueva? Nadie me lo explicó. Era un misterio.

Una mañana decidí visitarla en su cuna. Al abrir la puerta del dormitorio me quedé aturdido. Allí estaba mi madre, sentada en una silla, con su blusa abierta y exhibiendo una copiosa expansión de carne blanca contra la cual la intrusa tenía pegada la cara. ¿Qué ocurría? No lo pude averiguar porque de repente alguien me agarró por las espaldas y me apartó bruscamente de la puerta, cerrándola detrás. Yo estaba furioso. ¿Por qué no me dejaban ver lo que pasaba en el cuarto? ¿Qué hacía mi madre con mi hermanita? Ser excluido de la escena me produjo rabia, furia. Tengo la impresión de haber atacado con mis puños a la persona responsable, tal vez Winnie, gritando mientras tanto a voz en cuello.

Pienso ahora que, de haber nacido católico en lugar de metodista, mi irrupción en aquella habitación no habría supuesto un problema tan acuciante. ¡Quizás mi madre incluso me habría invitado a estar a su lado! La Iglesia católica, dada su exaltación de la Virgen, no ha solido oponerse a su representación pictórica dando el pecho al Niño Jesús. En el mundo hay miles de cuadros de *Maria Lactans* en iglesias y pinacotecas, y también, me imagino, reproducciones en hogares católicos. A veces el artista incluye la leche que emana del pezón de la Madre de Dios, siempre infinitamente tierna, como la cosa más natural del mundo. Y en la mayoría de las pinturas se aprecia que el bebé está en el séptimo cielo, de puro gozo. Pero para María no había sitio en el protestantismo y, en consecuencia, faltaba la iconografía de su lactancia. Como la menstruación, se trataba de algo vergonzoso que había que ocultar, silenciar, no mencionar. Prohibido mirar. Prohibido inquirir. De ahí el apartarme de la puerta.

Cuando visité por vez primera España, en 1955, me asombró ver a numerosas mujeres —desde luego no las burguesas— dando el pecho en la calle. Nadie se inmutaba.

El muy ocurrente libro de Ramón Gómez de la Serna, *Senos,* publicado en Madrid en 1917, tiene como portada el dibujo de una hermosa joven desnuda de cuyos pechos brotan, como de una fuente, sendos chorros de leche. Es la demostración contundente de que, en España, este «tema» no ha sido nunca tan tabú como en la horrenda Inglaterra (e Irlanda) del pasado.

En mi familia estaba prohibida no solo cualquier referencia a la lactancia sino la palabra que designa los pechos, *breasts.* En singular sí hacía acto de presencia a veces en nuestros himnos, como equivalente de *corazón,* y en algún otro contexto, por ejemplo, *breast of chicken* (pechuga de pollo). Cuando aparecía me producía ansiedad. Había otro término casi sinónimo para el conjunto pectoral, *bosom*, menos violento pero también inquietante.

Al evocar aquella escena de mi hermanita mamando vuelvo a sentir rabia y desolación por el puritanismo de la minúscula sociedad en la cual me tocó nacer. No culpo a mis padres: fueron víctimas de un malestar y de una ignorancia generalizados. Pero su profundo desasosiego en relación con el cuerpo y sus funciones envenenó los manantiales de mi vida.

Las deyecciones constituían otro problema. Mi madre las llamaba *mess*, más o menos, «porquería». «¿Has hecho ya *mess*?», me preguntaba. ¿No podría haber utilizado una palabra menos fea, incluso divertida? En cuanto al pene, no tenía nombre alguno, como si no existiera. Descubrí el mío un día en la bañera flotando sobre la superficie del agua y me sorprendió su aspecto: parecía una pequeña ballena rosa que había subido para coger aire. Nunca vi el de mi padre, nunca; ni apenas el de mi hermano. Tampoco las «partes» de mis hermanas.

Nuestro retrete estaba situado en la primera planta de la casa. Mi padre hacía todo lo posible por evitar que nadie le viera frecuentarlo, entrando y saliendo con la máxima rapidez. El temor a dejar atrás un mal olor era casi innato en todos nosotros. Fuera, en la parte trasera del edificio, dando al jardín, había otro baño algo rústico que yo utilizaba de preferencia.

De cuando en cuando me daba por practicar los *«willies»*. ¿Inventé yo el término? Supongo que no. Era un ejercicio de retención anal que consistía, para evitar ir corriendo al baño, en golpearme el vientre contra una mesa o silla. Un día, mientras me entregaba a los *«willies»* en el jardín trasero, me di cuenta de que mi madre y mi hermano me miraban, riéndose a mandíbula batiente, tras las grandes ventanas del comedor. Avergonzado y furioso, rompí un cristal de un puñetazo. Pero ¿es posible? De haber sido así, ¿no habría habido sangre y quizás una herida importante? ¿Me lo estoy imaginando todo? Como biógrafo de mí mismo me siento otra vez desasistido, vencido, dudando de mi propia memoria y sin poder acudir a ninguna verificación objetiva de lo que creo recordar de aquel episodio.

Volviendo a la llegada de mi hermana, decidí que, tras la afrenta sufrida, no había más remedio que eliminar a la criatura. Era ya verano, y cada tarde, si hacía buen tiempo, se colocaba su cochecito en el césped. Mis padres debieron de sospechar el peligro, después del incidente de la lactancia, porque construyeron una barricada improvisada con sillas, tablas, cajas y otros obstáculos para bloquear mi acceso a aquel espacio. Pero yo lo tenía claro, no iban a conseguir que desistiera de mi proyecto asesino. Heather representaba un problema para mí y tenía que desaparecer. Así que, asegurándome de que nadie me espiaba, deshice la barricada pieza por pieza y pronto me encontré dentro del recinto prohibido, a solas con mi víctima. Lo primero que hice fue buscar una pala y abrir una hoya en la tierra blanda del arriate más cercano. Luego estaba el problema de cómo sacar del cochecito a mi hermanita, operación más complicada de lo que había previsto por las correas que la sujetaban. ¿Logré bajarla al césped? ¿La acerqué a la hoya? Solo sé que fui descubierto justo a tiempo antes de que pudiera acabar mi tarea, y que llegó gente corriendo desde la casa.

Pero, otra vez, ¿lo estoy imaginando todo? No. Unos años después mi madre me confirmó que había intentado, efectivamente, llevar a cabo aquel plan de exterminio.

¿Qué haces con un niño de seis años que ha tratado de matar a su hermana recién nacida? ¿Se me infligió un castigo? Creo que mi padre amenazó con azotarme, con qué, no tengo idea, pero de todas maneras dudo de que lo hiciera.

Parece ser que cometí otros actos de rebeldía o agresividad por aquellas calendas. La criada de mi tía Gladys White, hermana de mi padre y vecina nuestra, me aseguró un día que yo era el peor niño de la calle. Me dolió. ¿Qué había hecho para merecer tan mala opinión de la gente, con la excepción de mi frustrado designio de acabar con la competencia injusta que suponía la irrupción en mi vida de mi hermana?

Poco después me metí en la cama una mañana al lado de mi madre, licencia que ella me permitió quizás comprendiendo, por fin, cuánto me hacía sufrir el nacimiento de la niña, y que necesitaba intensamente su cariño. ¿O es que insistí tanto que no pudo negarse, por temor a otra escena violenta? Llevaba un camisón de noche que dejaba asomar el profundo canalillo que dividía sus abultados senos. No podía apartar los ojos de ahí. Me pareció, de repente, que conducía a algún sitio, y que allí dentro, oculto, debía de haber un agujero. Inicié una exploración manual. «¿Adónde va esto, mamá?», le pregunté. No me acuerdo de su contestación. Pero sí que me alejó con brusquedad y no me dejó acceder nunca más a su cama.

Mi padre tenía la suya propia, colocada paralelamente a una distancia de dos metros o así. Es decir, en mi casa no había cama de matrimonio. En la de mis tíos White sí, y siempre fue para mí fuente de zozobra contemplarla, porque suponía el contacto físico nocturno de los cuerpos.

Tengo que dar un pequeño salto adelante. Siete u ocho años después mi madre leyó una novela, *The Stars Look Down (Las estrellas miran hacia abajo),* del entonces muy popular escritor inglés A.J. Cronin. Allí aparecía un episodio que le disgustó, y un día, mientras comíamos, le dijo a mi padre algo así como: «A Cronin no le hacía falta describirlo con tanto detalle». ¿Describir qué? Colegí, fascinado —procurando ocultar mi desasosiego—, que se trataba de una mujer que daba el pecho a su bebé. Cogí el libro después, cuando nadie miraba, lo llevé a mi dormitorio y no tardé en localizar el pasaje en cuestión. Me impactó tremendamente. En él una madre volvía a casa, más o menos borracha, y, delante de su marido, daba el pecho a un bebé hambriento.

Heredé la novela. La tengo delante. Lleva la fecha de 1951 (la primera edición se había publicado en 1935) y el párrafo que tanto ofendió a mi madre reza:

> David la observó displicente. Jenny abrió violentamente su blusa. Sus grandes senos salieron como ubres, venosos, blancos

y gordos. Ya desprendían, goteando, la leche. Al empezar Roberto a mamar de uno de los pezones la leche salía a chorros del otro. Feliz, rojas las mejillas, Jenny sonrió, balanceándose sensualmente sobre el sofá.

La desaprobación de mi madre, que consideraba tan *innecesario* este pasaje de la novela de Cronin, me pareció la demostración contundente de que no me había imaginado la escena de lactancia con mi hermana, la brutal negativa a que la presenciara, y luego mi única y frustrada visita a la cama de quien me había traído al mundo.

Poco después del episodio con mi hermanita tuve la oportunidad de contemplar otra parte íntima del cuerpo de mi madre. La familia se había visto súbitamente aquejada de lombrices. Yo inspeccionaba cada mañana mis deyecciones, viendo cómo entre ellas se revolcaban docenas de pequeños bichos blancos, filiformes y asquerosos. Así las cosas, mi madre anunció un día que iba a visitarnos una enfermera amiga suya para ponernos a todos una lavativa, en inglés *enema*, como también se dice en castellano. No conocía la palabra. ¿Qué era? Se lo pregunté a mi hermano. Tampoco estaba seguro, pero creía que consistía en introducir un tubo en el culo. Empecé a preocuparme seriamente.

Llegó el día temido. La enfermera resultó ser una persona ya mayor, muy pequeña, muy escuálida, vestida con una bata blanca de los pies a la cabeza, con las mejillas rojas y una bulbosa nariz de polichinela. Trajo consigo una bolsa de cuero negro. Se instaló arriba en uno de los dormitorios. No fui el primero en la lista. Deseoso de saber qué pasaba dentro, como en el caso de mi hermana, abrí con cautela la puerta. Se me presentó una escena tremenda. ¡Mi madre tendida vientre abajo sobre la cama con su trasero desnudo al aire! ¡Y qué trasero, Dios mío! ¡Qué inmenso pandero de carne blanca! De entre sus nalgas emergía una larga goma naranja que, manipulada por la señorita Butler, que así se llamaba, vertía su contenido en un cubo. Mientras observaba con ojos atónitos el espectáculo inaudito, alguien me apartó con brusquedad de la puerta. ¡Otra vez la prohibición de mirar!

De mi propia experiencia a manos de la enfermera recuerdo con nitidez, aparte la tremenda vergüenza que me provocó, las extrañas sensaciones suscitadas en el recto por la operación.

Cuando todo hubo terminado y ella limpiaba sus aparatos acompañada de alguno de nosotros, pasó algo que ni ella ni yo esperábamos. Y es que, procurando evitar que alguien se enterara de mi plan súbitamente concebido, llené a medias el cubo de agua y, cogiendo la goma, se la introduje debajo de la falda con la intención de darle un poco de su propia medicina. Falló el intento, claro, pero no el gesto. Creo recordar que todos se rieron de mi ocurrencia.

Hubo una secuela inmediata. Quería volver a experimentar las sensaciones producidas en el recto por la lavativa, así que, la siguiente vez que me metí en la bañera llevé conmigo una bomba de bicicleta que había en el garaje, introduje la goma en el ojo del culo, como se dice, y empecé a darle. Desistí enseguida, asustado por la posibilidad de hacerme daño. Mientras emergía cautelosamente al pasillo, salió Winnie de su cuarto, que estaba al lado, y me preguntó, extrañada a más no poder:

—Pero ¿qué has estado haciendo con la bomba?

No sé qué respuesta farfullé.

Nunca volví a repetir el experimento.

Yo era ya, además de asesino fracasado y sujeto anal, un auténtico *voyeur* entregado a la urgente tarea de conocer todos los secretos del cuerpo de mi madre. Mi obsesión me llevó pronto a examinar sus prendas íntimas. El mejor sitio para hacerlo era el armario del cuarto de baño, que contenía una caldera donde se secaban. Una vez me puse sus voluminosas bragas. Me excitó. Como ha demostrado Freud, las llamadas perversiones sexuales no son más que la pervivencia de proclividades infantiles «polimorfas» no desplazadas posteriormente por un desarrollo sexual «normal». Por suerte, ni la lavativa ni las bragas ni los corsés maternales se convirtieron en obsesiones mías permanentes. Pero los pechos y el trasero femeninos siempre me fascinarían.

Una posdata. Hace cuatro años leí por fin el *Segundo Tomo* del *Quijote* (1614), atribuido hoy a Alonso Fernández de Avellaneda. Y cuál no sería mi sorpresa al llegar (en el capítulo XV) al episodio del soldado español en Flandes que copula, en la oscuridad, con la esposa del caballero que le ha invitado amistosamente a pasar la noche en su casa. A dicho bravucón le han encandilado las turgencias de la dama, que unas horas atrás ha dado a luz a un niño. Cuenta el autor: «Trajeron abundantísimamente de cenar; pero el español, que había hecho pasto de sus ojos a la hermosura de la parturienta y la gracia con que estaba sentada sobre la cama, algo descubiertos los pechos (que usan con más llaneza las flamencas en este particular que nuestras españolas), comió poquísimo, y eso con notable suspensión». Cuando después entra en la alcoba el tipo, lo primero que hace es, «muy quedito», tocarle las tetas a la mujer, quien se despierta «alborotada», y, creyendo que es su querido esposo, aunque no le ha dicho ni una palabra, le deja hacer. ¡Pobrecito, experimenta la urgente necesidad de echar un polvo y hay que darle satisfacción, aunque ella está muy cansada tras el parto!

Hoy, claro, no hay nadie en sus cabales que lo pueda negar: los pechos no solo sirven para alimentar a los bebés, sino que son un incitante sexual tan llamativo como el trasero. Estando, como estamos, en una época de extremado narcisismo, quienes tienen las curvas requeridas a menudo las exhiben en las redes y quienes no, si disponen de fondos necesarios, corren a las clínicas especializadas... y a veces pagan caro las consecuencias. Es como si ningún pecho quisiera quedarse atrás. No por nada Woody Allen les concedió autonomía en una de las escenas más divertidas de su filmografía.

El zoólogo (y pintor surrealista) Desmond Morris, autor del best-seller mundial *El mono desnudo,* publicado en 1969, mantiene la tesis de que la redondez de los pechos, innecesaria para dar de mamar con eficacia, es una imitación de la del trasero, evolucionada paulatinamente cuando el *Homo sapiens* abandonó la manía de andar a cuatro patas, hace unos seis millones de años, y se puso de pie.

Volveré a Morris.

He dicho que vivíamos en una privilegiada calle burguesa sin salida. La cerraba una casa grande semioculta entre árboles. Para nosotros la importancia de esta residía en el hecho de que por su jardín se podía acceder a pie, aprovechando un pequeño sendero privado, a la calle donde se situaba mi primera escuela. Era tentador recurrir al atajo, máxime cuando llovía, porque de otra manera había que dar toda una vuelta para llegar al destino. ¿Habían pedido permiso mis padres al dueño de la casa, que era juez, para que pudiéramos transitar por sus dominios en tales ocasiones? Es posible, pero, de todas formas, cada vez que lo hacíamos me entraban unos temblores atroces pensando que en cualquier momento iba a salir alguien, quizás el propio juez, y amenazarnos con una denuncia. ¿No había allí un letrero que decía *«trespassers will be prosecuted»*, es decir, que quienes entrasen en la propiedad sin permiso serían «perseguidos»? ¿Qué significaba exactamente aquella amenaza? ¿Que llevarían al delincuente a la comisaría de policía más cercana? Yo ya tenía dentro de mí un miedo visceral a «las autoridades», como he dicho, incluso a la gente mayor en general. Al cruzar por el borde del jardín de aquella propiedad podían vernos desde sus grandes ventanas, claro, y siempre lo hacíamos lo menos ostentosamente posible. Nadie salió nunca, pero mi miedo persistió. Añado que todavía padezco pesadillas en las que entro a hurtadillas en mis propias casas de antaño en Londres o España. De repente heme inspeccionando con cautela las habitaciones, tomando nota de los cambios, hurgando, bajando algún libro. Siempre con el terror en el alma de ser descubierto.

Mi primera escuela estaba ubicada en la planta baja de una casa amplia rodeada de un jardín. Calculo que empecé allí en 1944, a los cinco años. Al lado se había construido un pequeño refugio por si caían bombas alemanas sobre el distrito. Pese a la neutralidad de Irlanda en la guerra, a veces un avión nazi extraviado había descargado algún proyectil. Incluso hubo algunos heridos y muertos. Más valía prevenir.

Regían la escuela dos hermanas bajo cuya tutela no tardé en aprenderme el alfabeto y en comenzar a leer y escribir.

Me parece que alguno de mis primos, que vivían muy cerca de nosotros en la misma calle, también estuvo una temporada en la escuela. Ya mencioné de pasada al mayor de ellos, Nigel. Creo que ha llegado el momento de dedicarles unos párrafos.

Su padre, casado con mi tía Gladys Gibson, era un exmilitar inglés de nombre bastante pomposo, Laurence Arthur Tredinnick White. Era conocido entre nosotros, no sé por qué, como «Nips». Nacido en 1894, como he podido comprobar, White había ingresado en el Ejército británico en 1914, al día siguiente de la declaración de guerra contra Alemania. En Francia fue herido dos veces y gaseado. Llegó a alcanzar el rango de mayor. Por su valentía en el campo de batalla fue condecorado con la muy codiciada Military Cross (la Cruz Militar). Tras la conflagración trabajó para la British American Tobacco Company y estuvo unos doce años en el África Oriental Británica. Como resultado de su unión con mi tía, a quien no sé cómo conoció, se le dio un puesto en la imprenta de mi padre y su hermano Sydney.

A mí me infundía mucho miedo el tío Nips. Bastante gordo, de talla mediana, muy seguro de sí mismo y muy mandón, tenía el marcado acento esnob de la clase dirigente inglesa, acento que cortaba como una navaja barbera y se usaba como arma arrojadiza contra quienes no eran como ellos. O sea, la gran mayoría de los súbditos de Su Majestad. Nosotros no hablábamos de aquel modo, claro, sino con un acento irlandés corriente y moliente. La diferencia era para mí otro motivo de malestar social, y la manera de hablar de mi tío me hacía sentirme inferior.

Nips, que era prácticamente calvo, vestía con cierta prestancia, tenía un bigote frondoso, se cuidaba bien las manos, lucía un pañuelo de seda en el bolsillo de la chaqueta, a veces una flor roja en el ojal, y llevaba una sortija de oro. Su aire de autosuficiencia era muy evidente en el club de tenis al que pertenecíamos —por supuesto exclusivamente protestante—, donde se pavoneaba de lo lindo, hablando con todo el mundo y comentando con estruendo los partidos. Eran rasgos que admiraba mi madre: a diferencia de su marido, Nips era elegante y no padecía la menor timidez.

También pertenecía al club de tenis un tipo encantador, Bill Bailey, de la familia que se había separado de la empresa luego dirigida por mi padre y el tío Syd. Era de estatura baja, como el autor de mis días, pero absolutamente libre de complejos al respecto. Su mujer, muy delgada, con las facciones palidísimas, tenía una enfermedad grave, creo que cáncer. Nada más morirse, el jovial Bill se casó casi de inmediato con otra mujer, con quien, se rumoreaba, llevaba tiempo secretamente relacionado. Mi madre se proclamaba escandalizada. ¡Podrían haber esperado un poco más!

Nips y los suyos frecuentaban una iglesia anglicana situada muy cerca de nuestra casa. Dos o tres veces los acompañé allí. Mi tío, muy orgulloso de su voz potente, cantaba con no poca ostentación los himnos, como si estuviera haciendo uno de sus numeritos en los conciertos que en ocasiones se organizaban en el edificio parroquial situado detrás del templo.

He dicho que me daba miedo. Sí, miedo de verdad. Oponerse a él, decirle que uno no estaba de acuerdo con él, habría sido impensable. Constaté que era capaz de enfurecerse de repente, y daba la impresión, por lo menos me la daba a mí, de controlar a sus tres vástagos con mano de hierro. A este respecto, recuerdo muy bien que una vez, por Navidad, cuando yo estaba con los dos menores en su casa, se pusieron a entonar una variante del famoso villancico inglés en el que unos pastores ven aparecer en el cielo de Oriente la estrella que guía hacia Belén a los Reyes Magos. En dicha versión habían cambiado *«while shepherds watched their flocks by night»* (mientras unos pastores velaban de noche por sus rebaños...) por *«while shepherds washed their socks by night»* (mientras unos pastores lavaban de noche sus calcetines), aprovechando la homofonía de *watched* y *washed* y *flocks* y *socks*. A mí el juego de palabras me pareció sensacional y me reí con ganas de la ocurrencia. Pero de pronto irrumpió Nips en la habitación gritando: «¡Parad, parad, estáis blasfemando! ¡Parad inmediatamente o...!». Los chicos obedecieron en el acto.

En casa de mis primos, a dos pasos de la nuestra, habían ocurrido antes dos episodios de los cuales tengo que dar cuenta aquí porque condicionaron mi relación futura con la familia.

Y es que un día, cuando tenía tres años y medio, mis padres nos comunicaron que se nos iba a vacunar contra una grave enfermedad que entonces hacía estragos en Dublín, sospecho que la difteria. El día de marras, nos reunimos todos en el salón de los White para que nuestro médico de cabecera nos pusiera la inyección correspondiente.

La habitación estaba a rebosar: mis primos, mi hermano Alan, mi hermana Janet, mis tíos, mis padres... El pinchazo se ponía en el brazo. Cuando llegó mi turno dije que no, que no quería, que me negaba. Nada más ver la aguja me había entrado un pavor espantoso. Se irritó el médico, naturalmente, que no había contado con este estorbo. Ante mi obstinación, me cogió sin pensárselo dos veces mi tía Gladys, me bajó el pantalón y me colocó sobre sus rodillas. Así expuesta mi anatomía delante de toda la concurrencia, el médico me metió la inyección en el culo. Luché, lloré, me debatí, me retorcí, embargado por la vergüenza.

Años después le pregunté a mi madre si se acordaba de aquella escena para mí tan mortificante. Me dijo que no, pero que consultaría con mi tía Gladys. Lo hizo y me escribió (conservo la carta): «Recuerda perfectamente lo ocurrido. Tu primo Richard, que te llevaba un año y unos meses, tendió el brazo sin problemas. Pero tú rabiabas tanto que tu tía no tuvo más remedio que colocarte sobre sus rodillas para que el médico te pusiera la inyección en el trasero. ¡Qué interesante!».

De modo que no me fallaba la memoria. Puesto que el tema de la vergüenza va a ser fundamental en estas memorias, creo que ha valido la pena dejar claro que se trata de una emoción demoledora que puede experimentar un niño antes de cumplir los cuatro años.

El segundo episodio tuvo lugar un par de años después, en el mismo salón, cuando pasaba una temporada con mis primos un hermano de Nips que vivía en Inglaterra. Me resultó extremadamente antipático nada más verle y decidí hacerle una jugada. Estando él perorando una tarde sentado en una silla, me las ingenié para tirar de ella de manera que cayera al suelo. Se puso furioso, como era natural, me cogió del cuello, me levantó y me sacudió con rabia llamándome de todo. Yo, mientras, le daba en la cara con mis pequeños puños. Me parece increíble a estas alturas que fuera capaz de comportarme así, un niño, con un adulto desconocido. Pero estoy convencido de que así fue, aunque esta vez no tengo la corroboración de nadie.

Nunca me iba a sentir del todo a gusto visitando a mis primos, pese a mi amistad con el más joven, Richard. Otra razón era que mi tía Gladys siempre me preguntaba, con insistencia, por el precio que le había costado a mi madre tal o cual prenda mía (camisa, jersey, zapatos...). Era un auténtico hostigamiento. ¿En qué almacén la había comprado? ¿En Switzer's, tienda de lujo en Grafton Street? ¿O en el mítico

Brown Thomas's, casi enfrente? Casi seguro que no en Clery's, establecimiento mucho más económico situado justo al otro lado del río Liffey, que atraviesa de este a oeste el centro de la ciudad. Cuando mi tía me sometía a sus sesiones inquisitoriales, yo siempre recordaba, para mis adentros, que Nips trabajaba para mi padre, pero no como director, y que necesariamente ganaba menos dinero que él. Sospecho que ella sentía rencor por ello, y que descargaba sobre mí algo de su resentimiento.

Me incumbe evocar, sin más demora, nuestro domingo, nuestro largo, pesado y aburridísimo domingo metodista, copia casi al pie de la letra del *sabbat* (sábado) judío. Y es que los metodistas interpretaban literalmente el mandato bíblico de descansar, y no trabajar en absoluto, el Séptimo Día, así como hiciera Dios —o sea, el Yahvé hebreo, según las llamadas Sagradas Escrituras— tras el ingente esfuerzo invertido en crear el mundo, el firmamento y el ser humano (que le iba a salir bastante rana y merecedor del diluvio que le vino luego encima).

También interpretaban los metodistas aquel mandato como prohibición de pasarlo bien.

Antes de la celebración del culto semanal, en nuestro templo había una especie de clase para los pequeños. Se llamaba Sunday School (Escuela del Domingo). En ella unas damas, algo entradas en años, nos instruían sobre los rudimentos del cristianismo. Nos dividían en grupos, más o menos según nuestra edad, y nos leían pasajes de la Biblia, mayormente de la vida y milagros de Cristo. A mí me gustaba, entre las parábolas, la historia de la multiplicación de los peces y panes a orillas del mar de Galilea. Me parecía estupendo el buen samaritano. También el Jesús que curaba a los enfermos, incluso a distancia, levantaba de sus tumbas a los muertos y se ocupaba de los pobres, así como su pericia a la hora de andar sobre las olas (eso sí que tenía tela). Su Padre, en cambio, era una figura aterradora. Por algo lo ha designado el escritor colombiano Fernando Vallejo, en *La puta de Babilonia*, «el rabioso y feo dios de los judíos». Cuando aquellas damas aludían a castigos divinos, entre ellos la expulsión de Adán y Eva del Paraíso por haber comido una manzana prohibida, ¡una manzana prohibida!, me ponía a temblar. Jehová daba la impresión de estar siempre enfadado, siempre dispuesto a dirigir contra sus enemigos plagas de langostas o enfermedades espantosas llamadas hemorroides (no llegué a comprobar lo que eran hasta años más tarde).

En cuanto a los Diez Mandamientos, con lo de harás tal y no harás cual y lo de respetar sin rechistar a los padres, eran tremebundos; todo era cuestión de obedecer ciegamente. Suponían una amenaza permanente. Estaba claro que Dios sabía todo lo que hacíamos, todo lo que pensábamos, que para Él no había secretos, que no se le podía ocultar nada.

Hace poco, al ver la brillante película de Woody Allen *Delitos y faltas*, con sus *flashbacks* a la infancia del oftalmólogo, dominada por los rabinos, recordé nuestras sesiones dominicales y el lavado de cerebro, de alma, a que nos sometían las señoras de marras... y todo el sistema.

Estaba, también, la cuestión de la vida después de la muerte. Yo no dudaba de su existencia, tampoco de la del infierno. ¿No había venido Jesús precisamente para garantizar que, si nos portábamos bien, viviríamos siempre con Él y su Padre, allí arriba, y así evitar los horrores del inframundo? Una noche me desperté gritando de auténtico terror. Acudió presuroso mi padre y se arrodilló al lado de mi cama. ¿Qué me pasaba? Se lo conté. Había soñado que transitaba muerto, solo, por un pasillo interminable, eterno, cuando, de repente, apareció a mi lado un *ghost*, o sea, un fantasma o espectro (el inglés comparte el término con el alemán *Geist*). «No existen los *ghosts*», me dijo mi padre con gran convicción. «Ha sido una pesadilla, nada más. No te preocupes. Dios no permitiría que hubiera *ghosts.*» Yo no estaba del todo convencido. ¿No echaba Cristo a los malos espíritus que a veces atormentaban a la gente, no eran ellos *ghosts* a su manera? Además, en el credo que recitábamos en el templo los domingos, se hacía referencia al *Holy Ghost* (Espíritu Santo) que acompañaba en el Cielo a Dios Padre y a Dios Hijo. Luego había una frase corriente, «*to give up the ghost*» (entregar el alma, es decir, fallecer), en la cual hacía otra vez acto de presencia el nombre del escalofriante ente. Me volví a dormir, con todo, provisionalmente reconfortado por mi padre. Pero solo provisionalmente. Aquella pesadilla ha seguido dentro de mí, allí abajo en las entrañas, en lo más hondo de mi ser, hasta hoy mismo. La lectura, años después, del «Infierno» de Dante me convencería de forma definitiva del terrible daño infligido a la humanidad por el invento, en nombre del Dios del Viejo Testamento, del infierno *(Sheol)*. Reconozco, claro, que otras «culturas» también tenían el suyo, incluyendo a la griega y la romana.

Debo añadir que mi madre no ayudó nada a apaciguar mi terror a la muerte. No podía, porque ella también lo padecía. Me lo confesaba a menudo, añadiendo que le provocaba un pavor específico la posibilidad de ser enterrada viva. Me pregunto si había leído u oído hablar de *La caída de la casa de Usher,* de Edgar Allan Poe, donde hay un caso semejante. En cuanto a los hospitales, le parecían la antesala inmediata de la muerte y le producían espanto. Un día tuvieron que llevar a mi padre a uno para operarle urgentemente de una hernia. Mi madre se derrumbó y hubo que llamar al pastor para que le infundiera ánimos y estuviera de pie cuando llegara la ambulancia. Hubo otros momentos parecidos. Ella me transfirió intacto su horror a la muerte y a las enfermedades.

El culto dominical empezaba a las once de la mañana en punto, después del Sunday School. Nuestra iglesia, Charleston Road Methodist Church, levantada durante el siglo XIX y a la cual había servido tan lealmente mi abuelo Adam Henry, tenía una fachada neogótica de poca calidad y un interior de sobriedad machacona, sin una sola concesión a la belleza (salvo unas cuantas vidrieras insípidas, desangeladas).

Al fondo se erigía el púlpito, con el coro y el órgano justo detrás.

Acudíamos muy formalmente vestidos: el atuendo de mi madre rematado por una especie de bufanda de piel de zorro, cabeza, ojos y morro incluidos —el repugnante bodrio estaba muy de moda entonces—, mi padre siempre con su traje marrón. Nos sentábamos en nuestro banco particular —cada familia tenía el suyo—, inclinábamos la cabeza para rezar (no nos arrodillábamos nunca como hacían los católicos y los anglicanos) y esperábamos la llegada del pastor, que, envuelto en su toga negra, subía luego al púlpito, desde el cual dominaba a todos los fieles y donde permanecería a lo largo del culto.

A diferencia, otra vez, de anglicanos y católicos, nosotros no teníamos ni liturgia, ni misal, ni campanillas tintineantes, ni cirios consoladores, ni altar cargado de misterio, ni apenas eucaristía (solo una versión huérfana de carisma, de «haced esto en conmemoración mía», nada de transubstanciaciones ni otras tonterías). La primera mitad del oficio la ocupaban dos o tres himnos, la lectura por el pastor de unos pasajes de la Biblia, preferentemente del Nuevo Testamento, oraciones suyas improvisadas y, eso sí, recitado por todos, el credo. Luego, tras un descanso en el que se hacía una colecta, llegaba el turno del sermón, pieza clave de la mañana, que solía durar unos veinticinco minutos. Después, otro himno y, con gran alivio por mi parte, la oración final del pastor. En la puerta nos daba la mano a cada participante. Y hasta el domingo siguiente.

Me divirtió mucho, años después, descubrir que Federico García Lorca había tropezado en la Nueva York del crac, en 1929, con un templo metodista. Una sola visita le convenció de que se trataba de una secta deplorable. «No me cabe en la cabeza (en mi cabeza latina) cómo hay gentes que puedan ser protestantes. Es lo más ridículo y lo más odioso del mundo», le escribió a su familia en Granada. Un órgano, siguió, ocupaba el lugar que en una iglesia católica se reservaba al altar mayor. Delante del mismo, subido al púlpito, había pronunciado el pastor, vestido de levita, su sermón. Después, la congregación cantó unos cuantos himnos. Y sanseacabó. «Está suprimido todo lo que es humano y consolador y bello, en una palabra», resumió el poeta. Podía haber estado describiendo nuestro templo dublinés.

En otra carta a casa culpó de la Ley Seca a «la odiosa Iglesia metodista», siempre tan radicalmente opuesta al consumo del alcohol, como luego comentaré. La prohibición, les aseguró, estaba causando verdaderos estragos entre la población al dar lugar a la masiva producción ilegal de alcohol adulterado. Y los puritanos metodistas eran los responsables.

Entre los placeres digamos «normales» rechazados por los metodistas figuraban en lugar destacado, cómo no, los de la buena mesa. Se comía para mantener debidamente la vida, y no se le concedía la menor atención a la gastronomía. Nunca visitábamos un restaurante, pues eso habría constituido un despilfarro de dinero imperdonable. «*Good plain cooking*» (cocina sensata y sencilla) era la norma. Los protestantes anglicanos no tenían tantos escrúpulos, y los White comían mejor que nosotros. Además, a mi madre no le gustaba cocinar, y hasta los platos menos elaborados la superaban. Así que Winnie tenía que encargarse de todo.

Es verdad que los domingos, después del culto, se intentaba mejorar la oferta culinaria con la preparación de una fuente de ternera asada acompañada de «pudin de Yorkshire». Este no es de fácil elaboración, hay que reconocerlo, y el de Winnie solía tener una consistencia tan sólida que lograr masticarlo costaba un esfuerzo. Lo mismo pasaba con las patatas asadas, otro componente del clásico plato, que a veces emergían tan duras del horno que casi habría sido necesaria una sierra para cortarlas. En cuanto a las ensaladas, nunca se aliñaban (desconocíamos el aceite de oliva, aunque no faltaba el vinagre) y, como mucho, se les añadía un poco de mayonesa Heinz, que para mi gusto era repulsiva. «A tu padre le da igual lo que come», nos dijo una vez mi madre, con sorna, en la mesa, olvidándose de que, si ella hubiera sido buena cocinera, o Winnie, a lo mejor el hombre habría empezado a disfrutar más de lo que se le servía.

En cuanto al mandato de no trabajar durante el *«sabbat»*, incluía, para mis progenitores, la obligación de nunca aprovechar ni favorecer la labor de los demás. Consecuencia: no se podía comprar nada aquel día en una tienda, ni un periódico o revista, ni un helado, ni galletas, pan o dulces; nada. Menos en una situación de grave emergencia.

El veto se extendía a cualquier tipo de entretenimiento público. Ir al cine, al teatro o a un concierto habría sido impensable, todo un insulto a la deidad. Y casi peor, acudir a un baile. Hasta nuestro club de tenis estaba rigurosamente cerrado.

Entretanto, los católicos gozaban de plena libertad, una vez cumplido el deber de ir a misa, lo que podían hacer muy temprano, para disfrutar a lo largo del día de toda clase de deportes y diversiones.

Lo peor de todo ocurría cuando, durante las vacaciones de verano en el pueblo costero de Greystones, a unos cuarenta kilómetros al sur de Dublín, nuestra canoa azul quedaba varada en la playa los domingos. ¡Había que respetar el día del Señor y privarse del placer de salir al mar! Pero —contradicción evidente— sí podíamos bañarnos. El asunto no tenía ni pies ni cabeza. Lleno el minúsculo puerto de barcas y yates que iban y venían, solo a nosotros nos tocaba estar allí sentados en la ribera, viéndolo todo sin poder participar.

Nunca he olvidado aquella experiencia de soledad en la playa de Greystones. Ahora me pregunto cómo mi padre, en el fondo persona liberal y sensata, podía tomar parte en semejante farsa. Creo que solo un profundo temor a Dios, instalado en su alma desde la niñez, podía explicar un comportamiento tan anacrónico, tan en contra de toda razón. Ponderándolo, me acuerdo de que el propio Cristo tuvo que vérselas con los intérpretes rígidos de la Ley al optar por el espíritu de la misma en vez de por la letra. Cuando los fariseos descubrieron que se había atrevido a sanar a gente nada menos que *el sábado,* fue el colmo. Pues ¿curar a los enfermos no era trabajar?

Al rememorar aquellos domingos experimento todavía rabia y abatimiento. ¡Tantos años de mi vida luchando contra mi familia, contra las ideas, creencias y sentimientos que me impusieron, y que se hicieron carne de mi carne y alma de mi alma hasta el punto de convertirme a mí también en puritano! Reconozco, claro, que ellos no tenían toda la culpa, ni mucho menos. Quizás ninguna. No habían recibido una formación universitaria, ni una buena educación secundaria, que les hiciera replantearse las cosas, y eran víctimas de haber venido al mundo en una pequeña sociedad encerrada, anclada en el pasado. Es verdad que, poco a poco, evolucionarían a su manera con los tiempos. Pero demasiado tarde para que yo me salvara de ellos. Aquellos primeros años de represiones, miedos y prohibiciones me marcarían para siempre.

La imprenta de mi padre y mi tío Sydney se encontraba, como he dicho, en el barrio dublinés de Dolphin's Barn. ¿Por qué se llamaba así? Nunca se me ocurrió preguntárselo a nadie, ni entonces ni después, por lo cual acabo de recurrir a Wikipedia, el revolucionario modo de informarse de todo. Me explica que el topónimo deriva de una familia de apellido Dolphyn, que por lo visto poseía en aquellos andurriales un granero *(barn).* Cuando leí por primera vez el *Ulises* de Joyce, me encantó descubrir que fue en una casa de Dolphin's Barn donde Molly Tweedy tuvo uno de sus primeros encuentros con quien iba a ser su marido, Leopold Bloom, mientras juegan a la charada. Tampoco me fue indiferente enterarme de que en la oficina de correos del mismo distrito recogía Martha Clifford las cartas eróticas que, a espaldas de su mujer, le enviaba Bloom. Todo lo cual tiene para mí su gracia, pues resulta que Dolphin's Barn, uno de los lugares emblemáticos de mi vida, ocupa un sitio relevante en la literatura universal.

En mi familia nos referíamos siempre a la empresa como The Barn. Hacia allí se dirigía cada mañana mi padre en su Austin, y se quedaba en su despacho habitualmente hasta las cinco o las seis de la tarde, o incluso más tarde, y siempre volvía a casa con un montón de papeles que luego desplegaba, tras la cena, sobre la mesa del comedor.

El Barn me hizo mella desde mi más tierna infancia, como se suele decir. A veces mi padre me llevaba consigo a la empresa y le acompañaba en su recorrido a través de las distintas dependencias y talleres de la imprenta, con las máquinas a pleno rendimiento y largas filas de mujeres faenando en mesas. Me producía mucho pudor encontrarme allí, hijo privilegiado del propietario, mientras ellas solo eran trabajadoras. Sentía que me quemaban sus miradas, que interpretaba como mayormente hostiles o, como mínimo, desdeñosas.

Un día apunté en una cuartilla, con lápiz azul, mi opinión algo crítica de la empresa. Decía, con alguna falta de ortografía: «El Barn piensa que es una maravilla». O sea, que quienes lo dirigían eran unos presumidos.

Con frecuencia, en el centro comercial de la ciudad, incluso en su calle más prestigiosa, Grafton Street, ya traída a colación, veíamos uno de los camiones verdes de la empresa, con su rótulo BAILEY SON AND GIBSON PAPER AND PRINT pintado en los lados con grandes letras, descargando bultos y rollos de papel. Ante su aparición mi reacción era siempre una mezcla de orgullo y vergüenza. Porque la presencia de los vehículos era la prueba de que teníamos dinero.

¡Dinero! Constituía un problema muy gordo. Para los metodistas estaba bien ganarlo honradamente, incluso creían que Dios los ayudaba en sus empresas si trabajaban según la ética debida, pero con su administración y uso había que proceder con sumo respeto y cuidado. Nada de despilfarro, nada de lujos. A mi madre le costaba gastarlo, y entre sus frases preferidas figuraban varias dedicadas al tema. Una de ellas era «*We're not made of money*» (No estamos hechos de dinero). En cuanto a mi padre, por alguna razón perversa que nunca entenderé, nos solía decir que siempre había la posibilidad de que un día la empresa quebrara y nos quedáramos reducidos a la penuria. Incluso que perdiéramos nuestra casa y tuviéramos que ser internados en un hospicio para pobres, específicamente en uno situado cerca de la, para él, nefasta fábrica de cerveza de Guinness. A mí esta posibilidad me llenaba de terror y me provocaba pesadillas. Hoy me parece monstruoso y aberrante que mi padre fuera capaz de haber dicho tal cosa, incluso en broma. Además, mis averiguaciones me han demostrado que el hospicio, situado en el número 1 de James's Street, lindando, efectivamente, con la fábrica de cerveza Guinness, ya había dejado de existir por aquellas fechas.

Para empeorar las cosas, mi madre siempre decía que no comprendía cómo mi padre lograba dirigir un negocio tan complejo y con tantos trabajadores. «¡No sé cómo lo hace!», exclamaba, dando a entender que no tenía conocimientos empresariales suficientes. Pero es que, si no me equivoco, fue mi tío Sydney quien se ocupaba en mayor medida de aquel aspecto de la imprenta, mientras que mi padre se limitaba al que realmente amaba: el funcionamiento de la maquinaria y la fabricación de papel, cada detalle de cuya producción le fascinaba.

Muy cerca de nuestra casa, a medio camino de la del tío Nips y los suyos, vivían los Roche, la única familia católica de la calle con la que teníamos una relación de cierta amistad. El padre, Louis, era catedrático de Francés en el University College de Dublín, es decir, la Universidad Nacional, rival del Trinity College. Su mujer era un encanto de persona: hermosa, elegante, simpática, con una sonrisa triste y cautivadora. La bondad misma. El pelo negro, que llevaba hacia atrás, ya tenía algunas canas. Se notaba que había sido una verdadera belleza, con un aspecto, ahora que lo pienso, casi andaluz. Tenían tres hijas, y un hijo, más o menos de mi edad, con quien me llevaba bien. La mayor de las chicas, Anne, a quien solo recuerdo haber visto una o dos veces, se hizo monja de clausura. En mi familia se comentaba que su práctica desaparición del mundo había dolido a sus padres hasta la desesperación, sobre todo al padre. La segunda hermana, Mary, tres o cuatro años mayor que yo, tenía una personalidad arrolladora. Su sonrisa deslumbrante me descolocaba, sus turgencias me inquietaban, y cuando me cruzaba con ella en la calle, empezaba a ruborizarme y tenía que fingir estar mirando para otro lado. Bridget, la menor, más delgada que Mary, tenía una expresión de extraordinaria dulzura y una voz preciosa. Irradiaba simpatía. Ella y mi hermana Heather hacían muy buenas migas.

Cuando volvía a casa por la tarde, a Louis le gustaba tomar unas pintas de Guinness en un muy concurrido pub que había entonces en el centro del barrio de Rathmines (donde Winnie me había dado el susto en la iglesia de Santa María Inmaculada). Se llamaba Madigan's. Ya no existe, lo busqué en vano en mi última visita a Dublín y descubrí que en su lugar había una boutique llena de «barata bisutería» (le robo la expresión a Antonio Machado).

Mi padre, con su obsesión antialcohólica que luego comentaré con más detalles, solía decir que a veces Louis empinaba demasiado el codo y subía por nuestra calle tambaleándose. Nunca lo vi así. A mí, además, me caía muy bien. Más adelante le visitaría de vez en cuando para hablar de literatura y otros asuntos. Siento no haberle conocido mejor. «Haz un esfuerzo y publica cuando eres joven», me aconsejaría un día cuando ya había iniciado mis estudios universitarios. «No lo dejes, porque después es más difícil», añadió. ¿Hablaba con conocimiento de causa? Al parecer sí. He buscado en internet y no he encontrado nada suyo sobre literatura francesa.

Un poco más abajo de la calle vivía otra familia católica, los Murray. El padre, médico, era algo huraño. Uno de los hijos, Joey, le encantaba al mío, y se reían mucho juntos. Mi padre le llamaba en broma «Don José de la Mangé» (pronunciado así, como si fuera un lugar francés). Nunca logré comprender qué tenía que ver Joey con el Caballero de la Triste Figura. Quizás fuera por su aspecto algo español, como el de la esposa de Louis Roche.

Esto me recuerda que cada Pascua de Resurrección mi padre gustaba de celebrar la efeméride construyendo con ramitas de árbol un nido de amplias proporciones, que llenaba con grandes huevos de chocolate y luego ocultaba en algún rincón del jardín trasero. Cuando se daba la palabra, emprendíamos emocionados la búsqueda. No tardábamos nada en localizar el nido, y los huevos se consumían en el acto. Joey estuvo con nosotros en por lo menos una de estas ocasiones, y le recuerdo con las mejillas todas cubiertas de chocolate. ¿Nos dábamos cuenta de que los huevos simbolizaban la pesada piedra con la cual los discípulos de Cristo habían cubierto el sepulcro tras la crucifixión, y que, al día siguiente, se encontró apartada? Creo que solo vagamente.

Si Louis Roche no llegó a ser una lumbrera de los estudios franceses, no se puede decir lo mismo del catedrático de Física del Trinity College, Ernest Walton, que vivía con su familia en una casa espaciosa al final de la calle. Nacido en Dungarvan (condado de Waterford), hijo de un pastor metodista, nos parecía un hombre impenetrable, taciturno, y ya nos producía respeto antes de que, en 1951, compartiera el Premio Nobel de Física con John Cockcroft, con quien, diecisiete años antes, en Oxford, había construido uno de los primeros desintegradores de átomos del mundo. Yo era buen amigo de su hijo menor, un tipo atlético y jovial que compartía mi amor por la naturaleza. La madre era de Irlanda del Norte, donde había conocido a su futuro marido, y los dos hablaban con el inconfundible y a menudo estridente acento de aquellos contornos. Frida, que así se llamaba, era una mujer corpulenta, muy dada a repentinos ataques de furia cuando sus hijos no se comportaban según sus deseos. Entonces solía gritarles y daba miedo de verdad.

Para la entrega del Premio Nobel fuimos al Stella, nuestro cine local, situado frente al mencionado pub de Louis Roche, a ver la cobertura de la ceremonia por el Pathé News. Se rumoreaba que Frida había exigido que la dejasen entrar sin pagar por el hecho de ser esposa del galardonado. No sé si se salió con la suya, pero no me sorprendería, pues era una mujer de armas tomar. Cuando, poco después, la reina de Inglaterra concedió a Cockcroft el título de Sir John, aquello le pareció a Frida, según las malas lenguas, una grave injusticia. Le habría gustado, hay que imaginarlo, ser una Lady, pero Irlanda ya se había librado de los ingleses y no había honores: ni Lords, ni Ladies, ni Sirs, ni Dukes, ni nada de nada.

Casi enfrente de nosotros vivía uno de mis adultos preferidos. Se llamaba Jimmy Millard. Era un personaje divertido, muy delgado, guapo y deportista, con una risa bulliciosa y fama de ser un donjuán de postín. Sentía pasión por los coches, y participaba en carreras y otras pruebas. Su mujer sufría depresiones, «la peor cosa que le puede pasar a alguien en el mundo», según mi madre. Quizás, sin saberlo del todo, ya empezaba ella misma a padecer una condición semejante, que se agravaría con los años.

A veces venía hacia mí por la acera, manos detrás de la espalda, un hombre alto y muy serio que en invierno vestía siempre un abrigo negro. Era el juez Keane, otra figura autoritaria a añadir a mi lista de adultos temibles. Me había hecho amigo de su hijo, Conor, y un día, mientras íbamos andando con cautela sobre el muro que separaba nuestros jardines traseros de la referida finca de Hely's, cayó conmigo encima. No hubo rotura de huesos, pero el brazo de mi amigo sí resultó algo contusionado. Como era de prever, su padre, el juez, me echó a mí la culpa de lo ocurrido, y vino a nuestra casa a protestar. Supongo que me defendí del cargo de haber sido el responsable, o de que fuera yo el que había tenido la idea descabellada de ir andando encima del muro, hazaña que nunca se repitió. El asunto no pasó a mayores. Solo lo cuento para ilustrar una vez más el miedo que me inducían los adultos severos en general y, sobre todo, los que de alguna manera representaban la autoridad. En este sentido, nadie más idóneo que el juez Keane.

¡Querida, adorable Miss Brown!, ¡cuánto te quería! Vivía, sola, en la otra mitad de nuestra espaciosa casa semiadosada. En su jardín delantero había un peral vetusto, con su tronco y sus ramas carcomidos de líquenes y musgos, lo cual no le impedía ser todavía muy productivo. Aquellas frutas sabrosas se las robaban en otoño unos golfos de otro barrio sin que ella apenas protestara. Un alto seto separaba nuestro jardín trasero del suyo, donde reinaba un entretejimiento profuso de flores y arbustos que ella dejaba expandirse a su aire, sin ejercer apenas control sobre su libertad. Atraía muchas mariposas y abejas.

Miss Brown tenía una de las caras más simpáticas que he conocido nunca. Irradiaba benevolencia. Con su traje de *tweed* iba y venía con gran dignidad sobre su bicicleta, como las damas que después vería circulando por el barrio de Hampstead, en Londres, y en Ámsterdam. Tenía una tolerancia infinita con nosotros cuando nuestras pelotas cruzaban el seto compartido, día tras día, y se perdían entre sus espuelas de caballero y sus rosas; ella las localizaba y nos las devolvía entre risas.

¿Cuándo te fuiste de este mundo, querida Miss Brown? Nunca me enteré. Ni sé cómo informarme ahora. A lo mejor estaba yo fuera cuando te tocó emprender el viaje sin retorno. Fuiste para mí todo un ejemplo de buenas maneras, de ternura. Oigo todavía el tintineo de tu voz. ¿Conociste el amor y no te fue bien? A mí ahora me pareces como una versión irlandesa de la protagonista de *Doña Rosita la soltera,* aunque tenías más libertad para moverte que ella. ¿Quiénes eran tus gentes?, ¿cuál tu profesión? Daría mucho por poder conocer las respuestas a estas y otras preguntas, pero ya no hay manera. Ya se acabó, ya te fuiste para siempre, casi sin dejar rastro. ¿Dónde yacen tus restos mortales? Quisiera saberlo, pero ¿a quién consultar? ¡Qué pena!

Apenas he encontrado risas, y mucho menos carcajadas, entre los personajes del Viejo Testamento, que he leído de cabo a rabo en distintas versiones inglesas. Yahvé, el Dios judío, o sea, el cristiano, se ríe a veces, es cierto, pero solo cuando se trata de hundir a sus enemigos. No recuerdo si, al transitar hace años por las páginas del Corán, asimismo en traducción inglesa, tropecé con risas similares por parte de Alá. No lo voy a releer ahora para comprobarlo. Creo que allí el Altísimo tampoco tiene mucho sentido del humor. De todas maneras, si Dios nos ha creado, como aseguran los creyentes, se sobreentiende que también le debemos nuestra capacidad para la risa, incluso para reírnos de nosotros mismos.

Los dioses griegos, por contraste, a menudo se desternillan de risa, mientras que los romanos hasta tenían un dios *ad hoc,* de nombre, como casi era obligado, Risus.

Mi padre leía y releía los Evangelios. Opinaba que Cristo tenía un agudo sentido del humor, algo que a mí me costaba mucho trabajo creer (no me sorprende que a Umberto Eco se le ocurriera reflexionar sobre el tema en *El nombre de la rosa).* Para demostrar lo acertado de su tesis decía que solo alguien capaz de reírse habría comparado, por ejemplo, la dificultad de un hombre rico para entrar en el Cielo con la experimentada por un camello al intentar pasar por el ojo de una aguja. ¡Hacía falta ingenio de verdad para inventar aquello! Quizás tenía razón mi padre. Otra indicación del sentido de humor de Jesús, razonaba, era la recomendación de no criticar al prójimo por tener una mota en el ojo sin darse cuenta de la viga que obstruye el propio. ¡Si era divertidísimo! ¡Seguro que las muchedumbres se morían de risa al escucharlo!

Mi abuelo Adam Henry no solo les transfirió a sus hijos una fervorosa creencia en Jesús, sino también un auténtico horror hacia el alcohol. Mi padre firmó todavía adolescente un documento jurando que no lo probaría nunca, y se mantuvo fiel al compromiso hasta su muerte. Era implacable con nosotros al respecto. «No os dejéis nunca convencer de probarlo», nos amonestaba una y otra vez, «podría ser el primer paso vuestro hacia la perdición, la miseria y la muerte». El riesgo era tan tremendo que más valía no sorber jamás ni una gota. De acuerdo, concedía, había gente a quienes a lo mejor no les pasaba nada, pero era imposible saberlo de antemano. Bien podría ser que aquella ingestión inaugural resultara tan placentera que repetir fuera inevitable. Además, existía el peligro, al sucumbir, de influir negativamente en otros, quienes, si veían que tú ya bebías, eran capaces de seguir tu ejemplo y emprender ellos el camino de la ruina. Con lo cual uno cometería un pecado gravísimo del cual, a la larga, habría que dar cuenta ante Dios. Total, que el alcohol era una diabólica fuente de infelicidad. Decía conocer a familias arruinadas por él. Entre nuestros antepasados, además, había habido un caso desastroso. Nunca supe de quién se trataba, únicamente que solía merodear por la salida de las coristas del famoso Theatre Royal de Dublín, hecho ya un borracho y un indecente sin remedio.

Cada vez que el tema del alcohol se suscitaba alrededor de nuestra mesa, yo me ruborizaba por la ansiedad al respecto que mi padre me había generado. Supongo que mis mejillas encendidas delataban el temor de que un día no pudiera resistir la tentación de probar aquella primera gota... y de irme convirtiendo en una víctima más del abominable producto.

Resulta irónico que mi padre, si bien no bebía, fumaba unos cuarenta cigarrillos al día, hasta que un médico, amigo suyo, le convenció de que se estaba matando. Siempre tozudo, dejó de fumar a partir de aquel mismo instante, y nunca reincidió. Otra ironía: se hinchaba a aspirinas hasta la dependencia para mitigar un dolor que le ocasionaba un problema, que nunca explicitaba, con las rodillas. Era un estoico que jamás admitía tener molestia o debilidad alguna, aunque solo fuera un ligero resfriado.

Tampoco le gustaba que nadie a su lado estornudara ni estuviera constipado. Los «gérmenes» eran una obsesión a añadir a la lista: cuidado con ellos, en cualquier momento nos atacaban.

Mi madre decía que a raíz de abandonar los pitillos mi padre se convirtió en una persona menos tratable. Seguro que fue así. Los cigarrillos le habían dado algo que hacer con las manos cuando estaba con la gente, explicaba ella. Sin ellos se sentía huérfano, cohibido... y su «complejo» empeoró.

Complex: era una de las palabras clave del muy limitado vocabulario de mi madre. Un chico que conocíamos tenía un tic en los párpados. Era un «complejo». El tartamudeo de otro, también. Un día me dijo que alguien a quien conocía padecía un «complejo de inferioridad». Colegí que era el mismo que aquejaba a su atribulado marido.

Volviendo al alcohol, yo empezaría a darle a mi padre la lata, unos años después, con el episodio de Jesús y las bodas de Caná, durante las cuales, según la Biblia, habría convertido el agua en vino (como nos recuerda Luis Buñuel en una escena hilarante de *La Vía Láctea).* ¿Por qué lo hizo, le preguntaba, si el alcohol era intrínsecamente nocivo? Siempre contestaba lo mismo: se trataba de *mosto sin fermentar.* ¿Mosto para alegrar unas bodas donde se acababa de terminar el vino? Hacía falta un enorme esfuerzo de fe para creérselo. ¿O era otro ejemplo, pensaba yo, del sentido del humor que tenía Cristo? ¡Todo el mundo desesperado porque se había acabado el vino y el Hijo de Dios convierte el agua en... mosto inocuo!

¿Y el vino recomendado por san Pablo en casos de problemas de estómago? ¿También era mosto? Sin duda, insistía mi padre. ¿Cómo iba a permitirse aquel hombre aconsejar el uso de una droga que se podía convertir en adictiva, aunque fuera para finalidades médicas?

En este sentido me alegra recordar que a mi madre, durante una enfermedad, le recetó nuestro médico de cabecera una botella diaria de Guinness, que, por contener levadura, era promocionada entonces por la empresa como buena para la salud *(«Guinness is Good for You»).* Obedeció. Dijo que le daba asco pero, quién sabe, quizás le proporcionó algún pequeño y agradable subidón por el camino. Después, con el correr de los tiempos y los cambios que se producían en la sociedad, incluida la nuestra, se consentiría saborear, de vez en cuando, una copita de jerez.

Mi padre nunca se lo permitió. No tuve jamás la valentía de preguntarle por el vino compartido por Jesús y sus discípulos en la Última Cena. ¿Era también mosto? Puesto que simbolizaba la sangre que pronto iba a verter el Redentor, ¿no era mucho más probable que fuera vino tinto? Hay que suponer que habría contestado que, tuviera el color que tuviera, en absoluto podía contener alcohol.

Lo realmente curioso es que, de tanto frecuentar los Evangelios, mi padre soñaba con poseer, en algún rincón de Oriente, quizás cerca de Belén, un pequeño viñedo. No, por supuesto, para producir un caldo comercial donde constara su nombre, Cecilio, en la etiqueta, sino porque Jesús había dicho (Juan 15) que Él era la verdadera vid, sus discípulos los sarmientos de la misma, y Dios su viñador.

El enemigo número 2 de los metodistas eran los juegos de azar y las apuestas. Estaban tan prohibidos como el alcohol, pues, como este, podían conducir a las familias a la ruina económica y moral. Cuando yo pasaba delante de una de las casas de apuestas que proliferaban en Dublín, casi me ponía enfermo, igual como me ocurría con los pubs.

Los irlandeses, como se sabe, son muy dados a las carreras de caballos. Años después, pero sin apostar, esto nunca, mi padre gustaría de asistir de vez en cuando a alguna de ellas. Tengo la impresión de que, al hacerlo, se sentía satisfecho de haberse vuelto, con el transcurso del tiempo, algo menos puritano.

Yo reverenciaba a mi tío Sydney, todavía soltero aunque por poco tiempo. Era, en realidad, la única persona mayor de nuestro entorno familiar con quien me sentía a gusto de verdad. Yo también le caía bien a él, me apreciaba y hasta mimaba. Más alto que mi padre, jovial, gordinflón, Syd era grande en todos los sentidos, o por lo menos así me parecía a mí. Y su «grandeza» incluía los coches. La ocasión en que se le ocurrió comprar un Hudson Terraplane, marca norteamericana, fue para mí un evento notable, toda vez que mi padre no se permitía ninguna concesión al exhibicionismo y siempre optaba por vehículos modestos. A Syd el qué dirán parecía importarle poco, lo cual me entusiasmaba.

Me invitó a «probar» a su lado la nueva y maravillosa adquisición. Era, de verdad, un cochazo estupendo, de diseño muy estilizado y dotado de impresionante aceleración. Antes de ponerlo en marcha me explicó todos los detalles del salpicadero, repleto de artilugios.

«Lo mejor es que arranca con té», me dijo. Me quedé atónito. «¿Cómo con té?» «Sí, señor, con té. ¿No ves que Terraplane empieza con la letra te?» Claro, el verbo *to start* en inglés significa tanto *empezar* como *arrancar*, y la te y el *«tea»*, la infusión, suenan absolutamente iguales. De modo que el juego de palabras era bastante ocurrente.

Syd era muy dado a retruécanos, acertijos y adivinanzas, que a veces rozaban lo entonces considerado indecoroso. Una de ellas era: *Why did the lobster blush?* (¿Por qué se ruborizó el bogavante?). Respuesta: *Because it saw the salad dresssing.* Para captar la broma hay que saber que, si bien *salad dressing* es aliño para ensaladas, *dressing* también significa el acto de vestirse. El crustáceo, pues, ha presenciado a la ensalada desnuda y luego poniéndose la ropa. Es lo que le ha sacado los colores. Cuando Syd nos contó el chiste la primera vez, creo que enrojecí yo mismo, escandalizado por su atrevimiento, pero luego me fui acostumbrando a sus cosas. Otra era: «¿Por qué no se podía sentar la locomotora?». Respuesta: *Because it had a tender behind,* frase que significa simultáneamente que tenía detrás un ténder y un culo *(behind)* sensible *(tender).*

El inglés, atiborrado de homónimos, se presta mucho a los juegos de palabras, y no es infrecuente tropezar con individuos que se pasan toda la vida haciendo reír a la gente, o tratando de hacerles reír, con su pericia en el terreno. Tales individuos son a menudo un coñazo integral, siempre esperando su oportunidad para interrumpir una conversación con su última gracieta y asegurar con ella el aplauso de la concurrencia. He conocido a varios tipos así y sé lo que digo. En español tales juegos se dan mucho menos porque escasean relativamente los homónimos. Uno de los mejores con los que he tropezado en la literatura castellana es la genial «batalla nabal» [sic] inventada por Quevedo en *El buscón,* donde evoca el caos provocado en un mercado por un caballo desbocado, con nabos disparándose en todas direcciones como cañonazos de un buque de guerra. ¡Batalla nabal! Viva don Francisco, pese a su mala leche cuando de otros escritores se trataba, a la cabeza el genial Luis de Góngora.

A Syd no le faltaba buen gusto. Su casa, Rockford, heredada del abuelo Adam Henry, estaba situada cerca de nosotros en Temple Road, a dos pasos de la iglesia anglicana frecuentada por la familia White. En ella había muebles de calidad, a diferencia de lo que sucedía en la nuestra. Y, en el salón, varias estanterías con hermosos libros de arte. Descubrí en ellos, intercalados con bodegones, retratos y paisajes, algunos cuadros de mujeres desnudas, casi siempre bastante gordas, con pechos ubérrimos como los de mi madre. Los escudriñaba cuando nadie me miraba.

Arriba había un desván al cual se llegaba por una escalera desplegable. Allí se amontonaban cajas llenas de *bric-à-brac* reunido por mi tío en sus numerosos viajes al extranjero: tarjetas postales, fotografías, revistas, viejos pasaportes... Yo pasaba horas y horas hurgando, con su permiso, entre aquellos testimonios de una vida que me parecía infinitamente más interesante que la de mis padres, tan gris y rutinaria.

Lo que no sabía todavía era que padecía terribles dolores de cabeza, resultado de haber caído de su bicicleta cuando era joven y dado con sus huesos entre las rocas de un arroyo de las montañas de Dublín. Había consultado sin éxito a distintos especialistas, incluso me parece que en el continente, y de vez en cuando se veía obligado a quedarse postrado en la cama.

Yo siempre aguardaba con intensa ilusión sus visitas a nuestra casa. Pero eran infrecuentes porque... mi madre no lo podía ver. Eso me dolía profundamente. ¿Qué problema había entre ellos? Uno, me confió mamá, era que Syd siempre quería ser el centro de atención de cualquier grupo en que se encontrara. Que, en fin, era un presumido siempre atento a hacerse notar. Sospecho que le producía cierto rencor porque, a diferencia de mi padre, se movía socialmente con soltura. Ella hubiera querido poder disfrutar de un ambiente mucho más interesante que el que le había tocado y estar casada con alguien que la sacara a bailar y cenar, frecuentar a personas refinadas. Pero mi padre se negaba tercamente a bailar, quizás, entre otras razones, porque eso habría revelado, ante los ojos de todos, que era más bajo de estatura que ella. A mi madre le habría encantado estar casada con un hombre capaz de ejecutar con ella un buen vals. No por nada uno de sus héroes era el glamuroso director de orquesta inglés Victor Silvester, ágil bailarín y modelo de hombre alto, elegante, apuesto y *charming*.

La principal contribución de Syd a nuestra vida familiar consistía en la magnífica comida de Navidad celebrada cada 25 de diciembre en su casa. Era la única ocasión del año en que nos reuníamos todos.

Había dos prolegómenos al magno acontecimiento.

El primero, la versión anglicana de la misa del gallo, celebrada cada Nochebuena en una de las dos catedrales protestantes de Dublín, la de Christ Church. Nosotros, como ya he dicho, nos sentíamos casi tan distintos de los anglicanos como de los católicos, pero eso no impedía nuestra asistencia, en fecha tan señalada, al que en realidad era un festival de villancicos. Alumbrada por miles de velas, con un órgano cuyas notas resonaban por todo el recinto, y un coro de veinte o treinta voces, Christ Church se convertía aquella noche, para anunciar el nacimiento de Jesús, en un escenario resplandeciente, casi un palacio de hadas.

El segundo preludio a la comilona era la distribución en nuestra casa, por la mañana, de los regalos, que colgaban del árbol de Navidad o se agrupaban a sus pies, ceremonia orquestada por mi padre, que entregaba a cada uno los suyos. Yo siempre vivía aquellos momentos con cierta ansiedad, porque había el riesgo de que alguno de los regalos decepcionara. Y, entonces, ¿qué? Mejor habría sido llevárnoslos cada uno a su cuarto, pensaba yo, para luego articular la respuesta adecuada.

A las once atendíamos el culto en el templo de Charleston Road. Luego corríamos a casa de Syd para disfrutar del ágape.

La preparación de los platos tradicionales duraba semanas, y contaba con la colaboración de mi tía Gladys, mi madre y todas las criadas. Ante los aplausos de los comensales —solíamos ser unos diez o quince alrededor de la gran mesa de caoba— se iniciaba la ceremonia con la llegada de un inmenso pavo humeante —manjar nunca saboreado durante el resto del año—, sobre una fuente igualmente descomunal. Esta se depositaba delante de mi tío, que presidía la mesa. Después de pronunciar la bendición, empezaba a rebanar la pechuga del ave con un cuchillo reluciente, colocando porciones generosas en cada plato, al cual sus ayudantes le añadían coles de Bruselas, patatas y zanahorias, todo adobado con una salsa espesa y sabrosa. Para beber no había nada de alcohol, desde luego, solo una limonada burbujeante, servida en sifones, cuyo nombre he olvidado y que jamás he vuelto a probar.

Se decía en la familia que a mi tío Nips le gustaba tomar una cerveza de cuando en cuando, pero, si era verdad, y me imagino que sí, no se le hacía ninguna concesión en nuestra gran fiesta navideña.

Siempre se gastaban bromas sobre quién entre nosotros tenía más apetito y quién sería servido más veces. El premio lo ganaba año sí año también mi primo Nigel, el hijo mayor de los White, y, como siempre declaraba mi madre, el más guapo de la familia.

Ya en las postrimerías del banquete, apuradas las últimas copas de limonada y despachado un magnífico pudin, empezaba a circular una pequeña bandeja sobre la cual los mayores dejaban unos billetes destinados a fines caritativos. ¿Por qué este rito? Aquella comida tan opípara, ¿constituía de algún modo, para la conciencia puritana, algo así como una ofensa a los pobres, a los desheredados del mundo? Quizás algo de eso había.

Adelantándome unos años en el tiempo, recuerdo que en 1959 se juntaron con nosotros en el festín navideño otro tío, Jack Gibson —el más joven de los hermanos—, su mujer Elizabeth y Rosemary, la hija de ambos. Jack era cirujano, había pasado toda su vida profesional en el extranjero, sobre todo en África. Ahora había vuelto a Dublín en busca de trabajo en su país natal, apoyado económicamente, me aseguró después mi madre, por Sydney y por mi padre. Añadió con indignación que nunca les había devuelto el dinero. ¿Sería posible? Sea como fuere, le nombraron cirujano oficial de la localidad de Naas, no lejos de Dublín, y cobraría cierto lustre operando bajo hipnosis allí donde la anestesia hubiera podido ser mortal o de pronóstico reservado.

Según la contraportada de su autobiografía, *Life And Times Of An Irish Hypnotherapist (La vida y los tiempos de un hipnoterapeuta irlandés,* 1989), Jack había ganado, cuando estudiaba en el Colegio de Cirujanos de Dublín, casi todas las medallas habidas y por haber. Suena a autobombo.

A mí me dijeron que llegó a ser médico personal del emperador de Abisinia, Haile Selassie. No sé si es verdad. Lo cierto es que quería ser algo importante en el mundo y que, como mi madre decía de Sydney, gustaba de estar ante las candilejas.

También su hija. Se conoce que los Gibson teníamos en nuestro ADN este rasgo. Durante aquella comida resultó que Rosy, tres años más joven que yo, era un marimacho hecho y derecho y una actriz nata. Mantuvo a toda la mesa muerta de risa con sus cuentos y sus cosas, como una especie de pequeño Yorick femenino. También era guapa. En cuanto a su madre, toda una belleza, hablaba con un acento casi tan de clase dirigente inglesa como Nips. La mía no la aguantaba, quizás por despecho, como en el caso de Syd, y decía que era una esnob insoportable. Yo solo la volvería a ver un par de veces más.

Rosy se iba a convertir, en Inglaterra, en payasa profesional de cierto éxito y la vería de nuevo décadas más tarde en España, en circunstancias inesperadas, como luego contaré.

Después de la comida navideña pasábamos cada año a la sala de estar, donde tomábamos té y galletas y nos preparábamos para escuchar el discurso real mediante la transmisión por radio de la BBC, pues todavía no había llegado la televisión. La peroración —dirigida no solo a los británicos sino también a los súbditos de Su Majestad en todo el Imperio— venía precedida por el himno nacional. Nada más sonar su primer acorde, el tío Nips —inglés hasta la médula— se ponía rígidamente firme, seguido por sus hijos. Momento para mí espantoso, muy violento, porque mi padre y Sydney eran nacionalistas irlandeses, pese a ser protestantes, y se negaban tercamente a ponerse de pie. Yo les imitaba, sonrojado y sin saber adónde mirar. Luego, terminada la homilía y sentados otra vez los White, continuábamos hablando como si no hubiera ocurrido nada.

Para concluir la efeméride subíamos a los coches y nos íbamos al puerto de Dún Laoghaire (Kingstown bajo el dominio británico), donde dábamos un paseo hasta el final de uno de sus largos espigones. Así se remataba nuestro Christmas Day hasta el año siguiente.

Cuando alcancé la edad de seis años mis padres decidieron enviarme a una nueva escuela privada, para chicos y chicas, dirigida por unas señoras en un elegante edificio situado no lejos de nuestra casa. Se llamaba Mount Temple School y su nombre reflejaba el hecho de que todo el barrio, antes de su urbanización, había sido una extensa finca perteneciente a unos aristócratas ingleses así apellidados.

Frente a la escuela estaba Palmerston Park, otro nombre, como tantos en la capital, demostrativo de que Irlanda había formado, hasta muy recientemente, parte del Reino Unido (Lord Palmerston fue dos veces primer ministro durante el siglo XIX).

Ser dublinés, en efecto, es, entre otras cosas, no poder olvidar nunca aquella relación con la cercana isla imperial, relación visible y palpable a la vuelta de cada esquina de la ciudad.

Me acuerdo con nitidez de mi primer día en Mount Temple, que empezó con una homilía de la directora. Nunca había estado antes en un grupo de treinta o cuarenta niños y niñas, de los que no conocía casi a ninguno, y mi desnorte y azoramiento fueron considerables.

Dos de los chicos mayores, que supongo tendrían diez u once años, me cautivaron desde el momento en que puse en ellos los ojos. Se llamaban Geoffrey y Rodney, y me parecían de una belleza angélica. Cada mañana, al llegar a la escuela, los observaba de reojo. Nunca me atreví a dar el salto y tratar de hablar con ellos. Me fascinaba especialmente Geoffrey, que tenía la piel olivácea, el pelo rubio y, en una de sus mejillas, un lunar que me hechizaba. Durante el recreo en el jardín trasero procuraba oír lo que decían. Quería saber todo de ellos. ¿Dónde vivían? ¿Quiénes eran sus padres y cuáles sus profesiones? Descubrí que el de Geoffrey era propietario de una conocida tintorería, situada no lejos de mi casa a orillas del río Dodder. ¿Y el de Rodney? Nunca lo pude averiguar.

Mis héroes desaparecieron al final del año. A Rodney le volvería a ver una década después. Retenía su embrujo, sí, pero ya no encarnaba a un semidiós. Oigo su voz seductora mientras escribo, y le veo sacar de la cartera (estamos en una pequeña cafetería dublinesa), para impresionarme, una fotografía de quien me dice que es su novia, oriunda de algún país europeo, quizás Holanda. Me parece muy guapa.

Geoffrey, sin embargo, había desaparecido para siempre de mi vida. Nunca supe qué fue de él.

También había en Mount Temple una muchacha encantadora. Se llamaba Pat y recuerdo vívidamente su sonrisa beatífica, su ternura, su dulce voz. Durante mi segundo año en la escuela mi madre organizó una fiesta por mi cumpleaños. Se nos permitió a los chicos elegir a nuestra pareja y, claro, yo, que era el rey del tinglado, opté, todo ruboroso, por Pat, que fue aquella tarde una reina muy hermosa y radiante. Titania en versión pequeña.

En Mount Temple sucedió un episodio horrible. Alguien le había regalado a mi hermano una colección de soldaditos de plomo, acompañada de una caja de pinturas con las cuales dotarlos de vistosos uniformes. Consultando las instrucciones correspondientes, se puso manos a la obra, y en unas semanas reunió una panoplia de mílites realmente llamativos.

Un día, casi enfermo de envidia, llevé una selección de los mismos a la escuela y se los mostré a mi profesora preferida, diciéndole que los había pintado yo. Le impresionaron... y unos días después se lo comentó así a mi madre, que reaccionó con furia ante mi engaño. Me dijo que no había tenido más remedio que confesarle a la profesora que no era verdad, que el artista era mi hermano. ¿Cómo era posible, me increpó, que me comportara de manera tan mentirosa, tan ruin? ¡Era un sinvergüenza, y además la había puesto a ella en un aprieto! «¡Tu padre y yo somos de una rectitud absoluta y no mentimos nunca!», exclamó. «¡Y además has traicionado a tu hermano!» Mi mortificación fue profunda. Me ordenó que le pidiera disculpas a la profesora. Lo hice, inventando, supongo, alguna excusa.

Nunca he olvidado aquel incidente, que sigue vivo dentro de mí como si hubiera ocurrido ayer. Lo único que yo quería era tener algún talento capaz de suscitar la admiración de los demás. ¿No podría haber hecho mi madre, pienso ahora, un pequeño esfuerzo por comprender la rabia y los celos que me provocaban sus constantes encomios a mi hermano, rabia y celos que me roían como un ave carnívora las entrañas? ¿Tan difícil era? ¿No se daba cuenta para nada de mi descorazonamiento? Sé que debo perdonarla, pero me cuesta.

Supongo que al término de cada trimestre había informes sobre nuestro progreso, o la falta de él, en la escuela, pero no conservo ninguno. Solo algunos dibujos míos, a lápiz, de animales, pájaros, flores e insectos. Dibujos, a decir verdad, con poco ángel.

Descubrí en Mount Temple que tenía aptitudes atléticas, eso sí. Me supuso una compensación considerable. La escuela tenía acceso al colindante campo de deportes de la residencia femenina del Trinity College, y allí, cada verano, a final de curso, se celebraba nuestro Sports Day. En el de 1947, cuando acababa de cumplir ocho años, gané una carrera y recibí, como premio, un libro sobre animales, confirmación de que el interés que me suscitaba la naturaleza era ya apreciado por mis profesoras.

Una nota final sobre los tres años de Mount Temple. Mi madre gustaba de asistir a los conciertos de música de la RDS (Royal Dublin Society) y, luego, a la mañana siguiente, leer en *The Irish Times* la reseña correspondiente. Ella se desenvolvía razonablemente bien al piano y disfrutaba interpretando, con la partitura delante, canciones románticas entonces en boga. Quería que yo aprendiera a tocar el instrumento y me puso en manos de una amiga suya, que supongo tenía algún título profesional. No me cayó nada bien ni sabía enseñar, todo era el aburrimiento de practicar escalas y acordes más la irritación de recibir de vez en cuando un golpecito seco en los nudillos cuando no lo hacía bien. No tardé mucho en decidir que no era para mí el piano, por mucho que hubiera querido. Pero mi madre insistió en que había que seguir, y tuve que conformarme.

Me he referido de pasada al pueblo costero de Greystones (Piedras Grises), nuestro lugar de veraneo al sur de Dublín, y he contado el triste caso de nuestra canoa, tajantemente prohibida los domingos. Siempre parábamos allí con una pareja de apellido O'Malley, sin hijos, cuya casa encantadora, situada justo al lado del puente del ferrocarril, tenía un precioso jardín delantero. El marido era un bondadoso policía local, ella una mujer amabilísima que nos colmaba de atenciones.

Frente a la casa había un campo donde, coincidiendo con nuestra estancia, solía montar su enorme carpa un célebre circo, que hacía las delicias de todos con sus números de toda índole, elefantes y tigres incluidos. Allí, un verano, tuve un susto. Se trataba de un payaso que llevó a cabo un *strip-tease,* desembarazándose, una tras otra, de sus prendas, a cuál más ridícula, hasta que, entre los aplausos estruendosos del público, solo le quedaban unos voluminosos calzoncillos rojos. Me entró el temor de que se los fuera a quitar también, como amenazaba hacer. Pero, por supuesto, no ocurrió así.

Yo adoraba a los O'Malley, la casa, su fragancia, sus comidas, más sabrosas que las de Winnie, las siemprevivas y anémonas del jardín. Desde allí se accedía en unos minutos, cruzando por debajo del puente, al puerto, con su playa, sus botes, su rompeolas y su *pier* (malecón), donde había amarrados algunos pequeños yates y donde se reunía por la tarde la flor y nata de la adolescencia veraniega.

Mi recuerdo más persistente de Greystones gira en torno a aquel grupo de jóvenes al que yo no pertenecía, y del que anhelaba desesperadamente formar parte. Entre ellos había una chica cuyo padre, Sandy Dowds, era un héroe de guerra que, según se decía, había huido de los nazis cruzando a nado, entre bloques de hielo y ráfagas de metralleta, un fiordo noruego. No creo haber visto nunca a Ruth, que así se llamaba, de cerca, pero, por lo que decía de ella todo el mundo, era de un atractivo físico despampanante. Había al inicio del *pier* un urinario público cuyas paredes estaban cubiertas de grafitis. Entre ellos figuraban alusiones obscenas a sus encantos.

El malecón de Greystones, uno de los referentes señeros de mi vida, era, en resumen, el epicentro de la «movida» veraniega del pueblo y, como acabo de decir, me moría por participar en ella. Pero no había más remedio que espiar al grupo con angustia desde la playa.

Aflora en mí el recuerdo de un personaje estrafalario de Greystones a quien vi un día en el pequeñísimo puerto interior de la localidad. Se llamaba Tony Brassington, era albino y tendría entonces, calculo, unos treinta años. Hablaba bastante alto con alguien, y me llamó la atención su acento afectado. Iba muy elegantemente ataviado y se notaba que le sobraba autocomplacencia. Me habían hablado de él y ahora lo tenía delante. El galán mítico en persona.

Mi hermano tenía sus propios amigos en Greystones, y no me invitaba nunca a participar con ellos en sus aventuras y andanzas. Como él, me llevaban cinco o seis años, claro, y no querían tener que cargar conmigo. En el pueblo yo me sentía, en realidad, muy solo, y el hecho es que apenas tengo recuerdos allí de Alan. Con una excepción. Un día, estando yo en la planta superior de la casa de los O'Malley, apareció al pie de la escalera y me entró, como había pasado con mi hermana, el repentino deseo de matarlo. Ya era insoportable para mí ser el segundón. Vi que a mi lado —y me pareció casi providencial— había una especie de tubo metálico, muy pesado, donde se guardaban los paraguas. En un santiamén los quité y empujé el tubo hacia abajo, con la esperanza de que lo alcanzara. Pero lo hice con tal torpeza que Alan se dio cuenta enseguida de lo que le venía encima y esquivó sin dificultad el proyectil. ¿Otro episodio inventado? ¿El vago recuerdo, alterado por el tiempo, de un deseo nunca convertido en acción? Imposible saberlo. Como biógrafo he aprendido a dudar de todo, en primer lugar de la memoria, capaz de tergiversar incluso a nivel subconsciente.

A veces, durante aquellas semanas en Greystones, ocurrían contratiempos de un tipo u otro. En 1944, cuando tenía seis años, contraje allí paperas. Le aseguré a la familia que iban a acabar conmigo. Es que había en mí un deseo de morirme, un *death-wish,* ya bastante desarrollado, y pensaba que, si realmente conseguía mi propósito de irme al otro mundo, todos me llorarían y se culparían de no haberme apreciado debidamente. Incluso imaginaba, con todo detalle, mi entierro. Pero gracias a los buenos oficios de un médico local, sobreviví a aquella enfermedad.

Durante una breve visita a Dublín en 2013, tras una ausencia de décadas, sentí la apremiante necesidad de volver a Greystones. En la estación de Westland Row, subí al tren que recorre toda la costa dublinesa. Fue una aventura emotiva, después de tanto tiempo, y disfruté a tope cada segundo del trayecto, empezando con la vista de la ancha bahía de la capital y luego pasando cerca de la torre de Joyce en Sandycove, escenario de las páginas iniciales del *Ulises.*

Para mi sorpresa, la casa de los O'Malley seguía intacta, como si no hubiera pasado el tiempo por ella. Al otro lado de la calle, en cambio, ya no existía el campo donde nos había entretenido cada verano el circo. Lo peor fue descubrir que había desaparecido el malecón, sustituido por un espigón larguísimo y feo que se adentraba medio kilómetro o más en el mar. Hablé con un individuo que estaba allí contemplando el panorama desde la playa. Le expliqué mi desconsuelo. «¿Usted no cree en el progreso?», me preguntó él algo irritado. «Si esto es una maravilla, hombre, va a traer mucha riqueza.»

También habían pasado a mejor vida el puerto interior, el rompeolas y la grada donde se guardaban los botes alquilados por un tipo amable, Mr. Spurling, con aspecto de lobo de mar y, siempre, entre los dientes, una pipa humeante. Ya no era el Greystones de mi infancia. Mientras contemplaba con pesadumbre la escena recordé los versos de Antonio Machado, siempre atento al *fugit irreparabile tempus* de Virgilio:

> Todo se mueve, fluye, discurre, corre o gira;
> cambian la mar y el monte y el ojo que los mira.

¡Y el ojo que los mira! Decidí despedirme inmediatamente, jurando no volver nunca, y cogí el siguiente tren de vuelta a Dublín.

Mi hermano supuso para mí un gravísimo problema desde el momento en que fui consciente de su existencia. Mi madre nunca dejaba de proclamar, con orgullo, que, con sus dedos largos rematados con uñas finísimas, era dueño de «unas manos muy artísticas». El corolario era que, si llegabas al mundo sin esas manos, no había la más remota posibilidad de llegar a ser, por ejemplo, buen pianista o pintor. ¡Talento! Ella admiraba enormemente a la gente que lo tenía, y recurría con frecuencia a la palabra *artiste,* pronunciado a la francesa, y corriente en Dublín (como demuestra la insoportable protagonista del cuento de Joyce titulado «Una madre», en *Dublineses).* Mis manos me daban vergüenza. Eran no solo pequeñas, sino con dedos cortos, achaparrados, y uñas que no tenían nada de la belleza de las de mi hermano. Para empeorar las cosas, me las mordía a menudo. Las manos de Alan se parecían a las de mi madre; las mías, a las de mi padre, que las tendía a ocultar. Sospecho que, como a mí, le producían desesperación, lo cual explicaría su negativa a llevar anillo o reloj de pulsera.

Había una compensación, sin embargo: me servían admirablemente para romper cosas y, en casos extremos, como ya he señalado, para pegar. «Ian tiene manos terribles», solía comentar mi madre al referirse a la más reciente de mis agresiones con ellas.

Con las suyas, «artísticas», Alan era un especialista en inventar y reparar cosas. Ya he mencionado sus soldaditos. Para colmo era aceptablemente guapo, o así me parecía a mí, con orejas pequeñas —las mías eran largas— y una nariz recta y proporcionada, no el apéndice bulboso que yo había heredado de mi madre y que, en más de una ocasión, me aconsejó mi padre que dejara en paz, sin hurgar en ella, porque ya era «lo suficientemente grande». Añado que mi madre, ninguna belleza, estaba orgullosa, eso sí, de sus bien contorneadas piernas (pronto aquejadas de varices).

Alan ocupaba el mejor dormitorio de la casa, con una ventana que daba al jardín trasero. Desde ella se veían los árboles que bordeaban la finca que, como he contado, llamábamos Hely's. Tenía un armario espacioso para sus trajes, camisas y otras prendas, todos los cuales me parecían a mí el culmen de la elegancia.

Entre los otros puntos a su favor, mi hermano poseía, en palabras de mi madre, «una personalidad arrolladora». «Es capaz de hablar con todo el mundo», proclamaba, «desde el más alto hasta el más bajo.» Era verdad. Había nacido con la convicción de tener una vocación teatral o, aún más, cinematográfica. Soñaba con moverse por el mundo del espectáculo, codeándose con famosos actores, con estrellas y productores cosmopolitas.

Cuando yo tenía más o menos siete años decidió organizar un espectáculo de variedades en nuestro garaje, que era largo y estrecho, y pasó meses reuniendo a colaboradores entre la chiquillería local, construyendo él mismo el escenario y cuidando y atendiendo todos los detalles de candilejas, focos, cortinas y sonido.

No desempeñé papel alguno en los preparativos. Más bien fui mero espectador de la pericia organizativa de Alan. Asistí a las pruebas que imponía a los posibles participantes. Era de veras carismático, con un talento innato para extraer de la gente lo mejor de sí. No sé cómo, pero accedí a que me incluyera en el programa. Cuando llegó la gran noche, con el teatro improvisado abarrotado de vecinos, participé primero en un concurso moderado por mi hermano. Me preguntó cuál era el número del tranvía que pasaba al final de nuestra calle. Yo sabía, claro, que era la línea 14, pero entendí, aturdido, que se trataba de la matrícula, y contesté que lo ignoraba. Risas entre el público. «¿Cómo es posible que no sepas el número de nuestro tranvía, si lo sabe todo el mundo?», me dijo.

Pero me esperaba lo peor. Media hora después me anunció como «el Mejor Contador de Chistes del Mundo», nada menos, y de repente me encontré solo delante del público sin nada que contar, porque no había preparado nada, absolutamente nada. Presa del pánico grité «¡Me he olvidado de mi librito de chistes!», y abandoné corriendo el escenario y salí al jardín.

No existía el tal libro de chistes. Solo el deseo de participar, como fuera, en la gran noche de mi hermano y de robarle un poco de su gloria. Todavía me causa asombro mi falta de previsión.

En el jardín, avergonzado y con deseos de morirme, coincidí con uno de mis primos. No sé si había presenciado mi fracaso. Desde el garaje llegaban aplausos. Era evidente que seguía el espectáculo como si no hubiera pasado nada. No sé si le expliqué lo ocurrido, probablemente con unas excusas. Si me dijo algo al respecto, lo he olvidado. Y después, ¿alguien me consoló, alguien me preguntó qué había sucedido? No creo.

Mi tendencia a irme corriendo de cualquier posible amenaza estaba ya para entonces bien establecida. Revivo con claridad un antecedente, que cuento en presente pasado. Hay, en aquel jardín trasero de nuestra casa, una concurrida reunión de chicos. Estoy entre ellos. De repente me asalta el terror. ¿Qué ocurre? ¿Uno de ellos, mayor que yo, me ha advertido de que me va a pegar? Sea como fuere, vuelvo a casa en busca de socorro. Mi madre está en la despensa. Me agarro a sus faldas y le digo lo que está pasando fuera, señalando por la ventanita del pequeño cuarto. Su reacción es contundente e inmediata. «¡Protégete tú mismo!», exclama. «¡No seas cobarde! ¡Hazles frente tú solo!» Inmejorable consejo, sin duda, pero me siento aún menos confiado al darme cuenta de que no tengo el apoyo materno. No me acuerdo de qué sucedió luego, solo que volví al jardín resuelto a intentar valerme por mis propios medios.

Añadiré que, en una breve visita a Dublín en diciembre de 2018, decidí regresar a mi calle. Encontré nuestra casa en obras, con casi todo tirado al suelo: un esqueleto. Expliqué a los albañiles que había vivido allí mis primeros veinte años y les pedí que me dejasen entrar. Accedieron amablemente. Qué desolación. El garaje se conservaba intacto, pero lleno de escombros que impedían el paso. Miré hacia el fondo, donde Alan había construido su teatrillo. Tuve ganas de llorar. Contemplé el jardín y recordé mi intento de acabar con la vida de mi hermanita. Me fui con el alma apenada, seguro de que nunca más pondría los pies allí.

Lo que yo entendía entonces del amor, o sea, casi nada, lo colegía de las letras de las canciones románticas que se oían en la radio, algunas de las cuales tocaba al piano mi madre. Protagonizaba una de ellas, muy célebre, un vetusto roble sobre cuyo tronco ha escrito una chica, se supone que con una navaja, «Te amaré hasta que me muera» *(I'll love you till I die)*. Pasa el tiempo, el mensaje se mantiene allí, pero la muchacha está ahora besando a otro. Todo muy sentimental, muy triste.

Quedaba claro que el amor tenía mucho que ver con los besos.

Con cierta frecuencia subían de noche por nuestra calle parejas cogidas de la mano o abrazadas. A veces se paraban y se besaban. Eran *lovers*, amantes. Yo los espiaba desde la ventana de mi pequeño dormitorio, y de cuando en cuando les lanzaba un silbido. Una noche mi madre me ordenó que desistiera, que los dejara en paz. Sin duda tenía razón, pero seguí observando. Quería saber, desesperadamente, qué más hacían, porque sospeché que no era cuestión solo de besos.

Hoy el mundo ha cambiado radicalmente y los niños ven sexo en sus móviles a los ocho años. ¡O antes!

Avancé un poco en mis pesquisas sobre el amor cuando descubrí, en un cajón del escritorio de mi padre, una carpeta que contenía su correspondencia con mi madre anterior a su boda. Empecé a leer, intrigado, las cartas, pero me pillaron antes de conseguir adentrarme mucho en ellas. Nunca las volví a ver porque las llevaron enseguida a un lugar más seguro. ¡Una vez más se me había cerrado la puerta de la bacanal! Recuerdo que entre ellas había una fotografía en que se apreciaba a los novios sentados en un pequeño coche descapotable. Tenían un aspecto muy feliz. ¡Estaban enamorados, como las parejas que pasaban delante de mi ventana!

La proximidad de las Navidades traía para mí otro motivo de ansiedad sexual porque significaba la puntual reaparición, en nuestro templo, de una palabra nunca mentada en casa: *womb*, o sea, útero. Se trataba del de la Virgen María, al que había varias referencias en nuestros himnos de aquellas fechas. ¿Dónde tenía guardado la hija de santa Ana su bendito *womb*? Llegué a la conclusión de que estaba localizado en algún sitio de su cuerpo, eso sí, pero nadie me explicaba en qué parte y no me atrevía a preguntar. De pie al lado de mis padres, himnario en mano, esperaba con creciente desasosiego la articulación, también la mía, de la palabra prohibida, sintiéndome expuesto a las miradas de todos, hasta del pastor.

El vocablo de marras también hacía acto de presencia, por las mismas fechas, en los textos del Nuevo Testamento relativos a la Anunciación y el Nacimiento, leídos por el pastor desde el púlpito. En ellos se decía —yo conocía los versículos de memoria— que la Virgen iba a concebir en su *womb* y dar a luz a un hijo. ¿Qué significaba *concebir*? Era un misterio.

Necesito reflexionar, en este punto de mi relato, sobre la vergüenza y el rubor, una de las claves de mi identidad.

El idioma inglés, a diferencia de las lenguas romances, tiene dos verbos para referirse al repentino fluir de sangre a las mejillas, distinguiendo claramente entre el verbo *to blush* —enrojecerse de vergüenza— y *to flush* (expresión de cólera, rabia, etcétera). Se dice a menudo, en el idioma tanto hablado como escrito, que se ha visto a una persona ruborizarse «hasta las raíces del pelo». Joyce, en el *Ulises,* aplica la consabida frase a Gerty MacDowell al temer esta, de repente, que le pueda ver la cara el sacerdote del confesonario. Y de Bloom, en el prostíbulo, leemos, en una exageración intencionadamente monstruosa, que «se ruboriza furiosamente desde la frente hasta las nalgas».

El lenguaje inglés cotidiano recurre a menudo a comparaciones del sonrojo con el color de distintas variedades de frutas o legumbres rubicundas (manzanas, remolacha, cerezas...), o de llamativas puestas de sol.

En la novela victoriana —dado el puritanismo, la represión sexual y la hipocresía de la época— los sonrojos pululan y explotan por doquier. En Thackeray, por ejemplo, y en Dickens, el lector tropieza con ellos una y otra vez.

Los franceses del siglo XIX no eran tan pudorosos como sus vecinos al otro lado del canal de la Mancha, todo lo contrario, y ya para 1857, fecha de publicación tanto de *Madame Bovary*, de Flaubert, como de *Las flores del mal*, de Baudelaire, novelistas y poetas podían afrontar la sexualidad con franqueza, sin complejos y sin temor excesivo al juez de turno. Se sabe que Dickens se quejó de no tener la libertad que ellos disfrutaban.

¿Y la literatura española del siglo XIX? No resulta ni de lejos tan pudibunda como la inglesa, y en consecuencia los rubores no se multiplican en ella. Existen, sin embargo. Tropecé hace poco con uno en la novela *España trágica*, de Pérez Galdós. Ocurre cuando Vicente Halconero coincide en la calle con un clérigo galán a quien ha conocido en el tren, y que ahora viene hacia él, tan pancho, del brazo de una dama. Nos dice el narrador: «El caballero sacerdote saludó a Vicente con expresivo sombrerazo, y la graciosa beata volvió el rostro hacia la pared, para ocultar el *pavo* que hasta la raíz del pelo le subía...». No estaba yo al tanto entonces del modismo, que me encanta.

No sé si alguien ha escrito un estudio comparativo sobre el tema de la erubescencia en distintas literaturas europeas. Sería muy interesante.

El sonrojo tiene la desventaja grave de que lo pueden observar los demás, sobre todo cuando la víctima tiene mejillas pálidas. Es, hay que suponerlo, una de las razones de ser del fenómeno. Un día mi madre, notando que me había vuelto a poner como un tomate, me dijo algo así como «el rubor es una maldición porque todo el mundo puede ver lo que estás pensando». No me ayudó nada el comentario, al contrario. De psicóloga tenía poco, por no decir nada, Gladys Gibson.

En otras ocasiones la oí comentar, con considerable desdén, que fulano o mengano era muy *self-conscious*, término difícil de verter directamente al castellano, que significa sentirse muy tímido, muy cohibido, apocado, en medio de un grupo de gente. Yo no lo dudaba: obsesionado con mis mejillas tan vulnerables, era muy *self-conscious.* Mi madre tenía razón.

¿Cuándo empecé a darme cuenta de mi condición de ruboroso? Calculo que a la edad de seis o siete años. Al cumplir los ocho ya me obsesionaba.

Recuerdo una experiencia especialmente humillante. Ocurrió en una de las infrecuentes ocasiones en que merendaban con nosotros en casa algunos de los pocos amigos de mis padres. Durante la comida tuve uno de mis ataques de sonrojo cuando alguien me preguntó algo y, de repente, me sentí conspicuo, objeto de las miradas de todos los presentes. Mi padre estaba sentado frente a mí. Viendo lo que ocurría, y que yo no podía contestar la pregunta por la turbación de mi rostro, me dijo displicente: «Nadie te está mirando». «Ian odia que le miren», añadió por su cuenta mi hermana Janet, que también había observado, evidentemente, aquella tendencia, aunque nunca me había dicho nada al respecto (en realidad tenía poco contacto con ella, nunca hubo intimidad). Pero no tenía razón. No era que yo odiara que me mirasen. Al contrario, quería con toda mi alma que lo hiciesen. ¡Pero no cuando tenía la cara encendida! Lo que deseaba, en realidad, era ser el centro de atención de cualquier grupo, pero tranquilo, seguro de mí mismo, con mis mejillas en paz. En aquel momento, con el doble comentario demoledor de mi padre y mi hermana, deseaba hundirme en las entrañas de la tierra. ¡Pero no antes de haber matado a todos los testigos, en la mesa aquella, de mi desvalimiento absoluto, empezando por los dos culpables directos!

Padecía, en resumen, la condición clasificada hoy por la profesión médica como ereutofobia, el miedo morboso a sonrojarse (del griego ἐρεύθειν, *ereúthein,* «enrojecer».), desorden en torno al cual ha ido creciendo, desde finales del siglo XIX, una ingente montaña de estudios en distintos idiomas. Entre ellos, en lugar destacado, el clásico de Darwin *La expresión de las emociones en el hombre y en los animales,* de 1872, en el que define el sonrojo como «la más peculiar y la más humana» de todas ellas.

Yo era un *blusher* avergonzado de serlo... y sin poderlo remediar. Un *blusher* cuyo deseo más profundo era poder mirar a la gente a los ojos, cara a cara, tranquilamente, libre de angustia, como cualquier persona normal.

No tengo la menor duda de que mi ereutofobia procedía de mi padre, que tenía un grave problema con la mirada, siempre inquieta, esquiva. Para él constituía un problema casi insuperable mirar directamente a los ojos de alguien. Mi madre no tenía ninguna dificultad en este sentido. No era *self-conscious*. Estar casada con alguien que sí lo era contribuía, deduzco, al desdén que el pobre le provocaba.

En los tebeos que entonces devoraba, y de los cuales hablaré enseguida, aparecían a menudo anuncios dirigidos a los jóvenes que padecían la angustia del rubor, lo cual demostraba que el problema era muy frecuente. Los anuncios recomendaban un folleto que, según ellos, garantizaba una solución. Pero yo, claro, no podía girar dinero a Inglaterra ni hablar con nadie de lo que me pasaba, empezando por mis padres: la vergüenza es, por definición, incomunicable.

Decidí, unos años más adelante, comprobar si había referencias al rubor en la Biblia y la literatura latina. En cuanto a la primera, los resultados eran más bien escasos, pero sí di con algunos casos interesantes. Uno, por ejemplo, en Jeremías 6, 15, donde se queja el profeta:

> ¿Se avergüenzan
> cuando cometen abominaciones?
> Ni se avergüenzan
> ni conocen el sonrojo...

(En la Vulgata los dos últimos versos rezan: *non sunt confusi, et erubescere nescierunt*). ¿Qué eran las tales abominaciones? El texto no las especifica, pero es evidente que se consideraban muy graves porque, como resultado, los culpables estarán «con los demás caídos» el día de pasar las últimas cuentas. En Esdras 9, 6, encontré otro caso. Esta vez el profeta, hondamente afectado, grita: «Dios mío, tengo vergüenza y enrojezco levantando hacia ti la cara» (Vulgata: *Deus meus confundor et erubesco levare faciem meam ad te).*

Mucho más interesantes y esclarecedoras me parecían las referencias a los rubores con las que iba tropezando en mis lecturas de los poetas clásicos de Roma, muy conscientes de que las mejillas súbitamente inundadas de sangre son señal segura de que alguien está padeciendo un ataque de vergüenza (que deriva del latín *verecundia).* Horacio, en uno de sus *Epodos,* define el rojo como *verecundus color,* «el color de la vergüenza», lo cual es todo un hallazgo. En el maravilloso diccionario del latín compilado por Lewis y Short, que me acompaña desde el año 1960, he encontrado una expresión alternativa, casi más genial: *pudicolor,* que suena a sustantivo español y podría adoptarse fácilmente hoy mismo como tal.

En las *Metamorfosis* de Ovidio se producen unos sonrojos memorables. Admiro el episodio que le toca vivir a Hermafrodito, hijo, como indica su nombre, de Hermes y Afrodita. Tiene quince años y, con padres no solo inmortales sino de muy buen ver, es guapísimo. Un día se queda dormido al lado de un estanque en medio de un frondoso bosque. Una ninfa, de nombre Salmacis, lo descubre y se le aproxima. La belleza del muchacho la convence de que tiene sangre divina y, decidida a seducirle, lo despierta y empieza a elogiar. El resultado sobre el joven es fulminante y nos dice Ovidio: «*Pueri rubor ora notavit; necsit, enim, quid amor*» (El rubor inundó las mejillas del chico; es que todavía no sabía nada del amor).

La evocación por el poeta de la reacción del agraciado mozo ante el atrevimiento de Salmacis confirma lo que yo sabía desde la edad de al menos ocho años. Es decir, que el sonrojo tiene lugar cuando te sientes inesperadamente expuesto, en tu fuero más interno, más íntimo, al escrutinio crítico de otro u otros.

No se trata del único episodio de las *Metamorfosis* protagonizado por una repentina invasión de *pudicolor.* Ocurre otro cuando encontramos a la diosa Diana bañándose desnuda, rodeada de ninfas igualmente desprovistas de ropa, en la fuente de su recinto sagrado. De pronto aparece un joven cazador, Acteón, que se ha perdido en medio del bosque. ¡Qué pánico! ¡Con cuánto atropello se cubren las partes! ¡Qué gritos, qué chillidos! Diana agrupa a su alrededor a sus criaturas, pero la pantalla fracasa, ella supera con creces la altura de su séquito, y todo se revela a los ojos enardecidos de Acteón. Ovidio nos asegura que las mejillas de Diana se tiñen entonces de un *rubor* —el castellano retiene incólume la palabra latina— tan intenso como el que pinta cada alba en el cielo la diosa Aurora.

Las publicaciones sobre el sonrojo que yo iba a consultar durante años insistían una y otra vez en las estratagemas utilizadas por las víctimas de ereutofobia para intentar ocultar a los ojos de los demás su condición de tales. Entre ellos dejar crecer la barba, tener siempre la piel lo más morena posible (por medios naturales o artificiales), llevar gafas oscuras y, desde luego, el recurso frecuente al alcohol, las drogas y toda una gama de ansiolíticos. En mi propio caso el alcohol, que en forma de Guinness empezaría a probar a los dieciocho años, me ayudó mucho, e hizo posible, bajo su influencia, sentirme provisionalmente libre de mi fobia. Entonces comprendía la negación de mi padre a probarlo. Después de una pinta o dos me sentía dispuesto a afrontar el mundo y todos sus retos. Y, si hacía falta, a comérmelo. También me permitía a veces expresar la rabia que desde mi infancia había tenido que intentar reprimir.

A mi hermano y a mí nos gustaban sobremanera los tebeos de gran tirada que, diseñados para el consumo de los hijos de las familias británicas aristocráticas y de clase media, también inundaban cada semana el mercado irlandés. Entre ellos me encandilaba en primer lugar uno de título explícitamente pugilístico, *The Knockout*, muchos de cuyos episodios se desarrollaban en una *public school*. Hay que hacer hincapié en que estas escuelas no eran, ni son, como su nombre da a entender, estatales, sino, todo lo contrario, requeteprivadas. Si se llamaban públicas era porque admitían, por el hecho de ser internados, a jóvenes procedentes de cualquier región de las islas británicas y de la Commonwealth.

Las *public schools* encarnaban, más que ninguna otra institución, la Inglaterra de los afortunados. Estar allí costaba —y cuesta— una fortuna. Encabezadas por Eton College, se jactaban —y siguen haciéndolo— de haber educado, durante siglos, a decenas de miles de futuros hombres distinguidos.

Durante el siglo XIX, con la arrolladora expansión imperial británica, hacían falta una infinidad de funcionarios para administrar las colonias. Con la misión de fabricarlos en serie se crearon numerosas *public schools* nuevas, calcadas sobre el modelo de las más antiguas y vinculadas entre sí por una común ideología conservadora.

La necesidad de formar a los muchachos para el día en que tuviesen que pasar el examen de acceso a uno de estos centros dio lugar a una enorme red de escuelas preparatorias (*preparatory schools*, comúnmente conocidas como *prep schools*), extendida a lo largo y ancho del Reino Unido y del imperio. En la gran mayoría de los casos eran internados, «escuelas públicas» en miniatura. El sistema, pues, cubría desde la niñez hasta los dieciocho o diecinueve años y, por ello, marcaba para siempre a quienes pasaban por él.

No ha habido en el mundo nación con un sistema de educación privada equiparable al británico. En España y Francia siempre han existido internados privados, por supuesto, regidos en general por órdenes religiosas, pero nunca organizados como los ingleses, con todo lo que ello conllevaba de clasismo, esnobismo, superioridad y *esprit de corps*. Solo los ingleses acomodados han confiado metódicamente a sus hijos, desde una edad muy temprana, a internados donde, lejos de sus madres, se les sometía a un régimen durísimo basado en los castigos corporales, en la creencia de que había que aprender, casi desde la cuna, a soportar con estoicismo las desventuras. El sistema creaba a una minoría de gente excepcional y bien preparada, sin duda. Pero en general el producto era más o menos estandarizado. Y, con frecuencia, muy averiado.

The Knockout y sus múltiples congéneres reflejaban la convicción de que nacer británico, pero sobre todo inglés de clase media para arriba, era la mejor suerte imaginable: «ganar», como dijo Lord Nelson, el de Trafalgar, «el primer premio en la lotería de la vida». Rendían fervoroso culto a la aristocracia. Los protagonistas de sus cuentos eran fuertes, honrados, magníficos atletas y, a veces, hijos de primeros ministros, de jefes de la Marina y del Ejército, de embajadores y demás. Con frecuencia ostentaban títulos nobiliarios.

A mí aquel tebeo me chiflaba, sobre todo por las aventuras del detective Sexton Blake, que se convirtió en uno de mis principales héroes. Guapo y alto, con reluciente pelo negro, Blake era capaz de enviar al suelo, con un contundente golpe en el mentón, al criminal más fornido y violento, y yo seguía semana tras semana sus peripecias, esperando anhelante el próximo episodio.

En una de sus aventuras el detective luchaba contra las fuerzas del mal en la misteriosa ciudad de Ankara, y figuraba en ella una nave espacial propulsada por energía atómica.

También me fijaba en los muchos episodios en que los niños de aquellas escuelas privilegiadas eran castigados en el trasero, uno de los *leitmotivs* del sistema educativo británico.

En la mayoría de las escuelas británicas el instrumento de castigo habitual era el *cane* (palabra derivada del latín *canna*, caña). Era de bambú delgado con un mango curvo sin el cual habría sido una simple vara cualquiera. En algunas escuelas, sin embargo, sobre todo las más antiguas, la tradición santificaba el uso de un látigo de ramas de abedul *(birch)*, mucho más perverso, pues para su aplicación hacía falta que las nalgas estuviesen desnudas.

Hoy esta práctica, aplicada con el instrumento que fuera, se llamaría lisa y llanamente «abuso sexual», que es lo que era. Casi una violación en toda regla.

Uno de los aspectos más repugnantes y peligrosos consistía en permitir a los chicos mayores de las *public schools*, los «prefectos», propinar varazos a los más jóvenes, lo cual multiplicaba la formación de la adicción.

Es forzoso añadir que los castigos corporales domésticos eran también habituales en el Reino Unido (por ello se justificaban en las escuelas como *in loco parentis)*. Lo normal en tales casos, a juzgar por la documentación publicada, así como por la corroboración de los tebeos, era que la víctima, doblada sobre las rodillas de su madre o padre, recibiera zapatillazos en el culo desnudo. Exactamente como en uno de los grabados de Goya. En mi casa nunca fuimos castigados así.

Un día, cuando tenía quizás siete u ocho años, y ya fascinado por estas escenas, decidí que quería poseer mi propia vara. El instrumento, que solo conocía por los dibujos de los tebeos, ya se había convertido para mí, sin saberlo, en un poderoso fetiche, término con el cual no iba a tropezar hasta mucho tiempo después. Pero ¿cómo hacerme con una vara? Era imposible. Luego tuve una corazonada. ¡Apropiarme de una de las cañas con las que mi padre sostenía sus frambuesas, y, con cuerdas, doblar una extremidad para que asumiera la forma del mango curvo *sine qua non!* Con suerte, pensé, después de unas semanas, así atada, habrá adquirido la forma deseada. Efectué el hurto, improvisé el mango y oculté la vara en ciernes entre el espeso follaje de un seto. Desde luego no le dije nada a nadie acerca de aquella empresa. Habría sido impensable: era mi terrible, incomunicable y vergonzante secreto. A la mera mención de la palabra *cane,* incluso cuando no tenía nada que ver con los azotes (como, por ejemplo, en el caso de *cane sugar,* azúcar de caña), sentía que se me iban encendiendo las mejillas. Un día mi padre se refirió, en la mesa, a sus frambuesas, y enrojecí terriblemente, temiendo que sospechara algo. Por si acaso diera con mi simulacro de vara al podar el seto, lo escondí pronto entre las vigas del techo del garaje. No recuerdo qué pasó después. Me imagino que lo destruí, no fuera que allí tampoco estuviera a salvo.

Me chocó descubrir que a mi hermano también le obsesionaban los varazos, y que organizaba juegos en Hely's, detrás de nuestra casa, con algunos amigos en los cuales el «culpable», inclinándose, recibía varios golpes en el culo con una ramita cogida de un árbol. Participé en una sesión, aplicando el improvisado instrumento al trasero de turno, pero negándome tajantemente a que me lo hiciesen a mí.

A Alan le había iniciado en la flagelomanía su escuela, Sandford Park, célebre por la despiadada utilización de la vara por parte de sus directores. Primero por un sádico —no dudo que lo fuera— de nombre Hal Dudgeon, director entre 1946 y 1951, y luego por un feroz militar inglés jubilado, el mayor P.G. Wormell (las primeras cuatro letras de cuyo apellido poco habitual significaban «gusano»). He investigado sobre los dos individuos con la generosa colaboración de quienes dirigen, actualmente, el establecimiento (donde, por cierto, se enseña español), y me complace consignar aquí sus nombres para que quede constancia.

Mi madre se horrorizó cuando se enteró de los castigos impuestos a los chicos de Sandford Park, mi hermano incluido. Un día, en mi presencia, se quejó de ello ante uno de los profesores, tan opuesto como ella a la repelente práctica. Se llamaba Leonard Horan, conocido atleta y persona muy afable, que luego sería director de otro colegio. Yo, temeroso de ser descubierto, no dije ni pío.

Alan me mostró una novela, *Housemaster*, del prolífico autor inglés Ian Hay, que empezaba con una detallada sesión de vara. La escena me confirmó en la fascinación que me producía el ritual. He conseguido por internet un ejemplar del libro. Está transido de flagelomanía.

Sospecho que a mi padre también le inquietaba este asunto. Había sido alumno del metodista Wesley College, en Dublín, y me contaba cómo el director del mismo, un tal doctor

Irving, había ordenado en una ocasión, por no sé qué delito comunitario, que la escuela entera fuera castigada con la vara, ocupándose él mismo de aplicarla a los prefectos y encargando a estos que hiciesen lo mismo con todos los demás. Lo narraba con cierta delectación.

A mis padres nunca los vi darse un beso, cogerse de la mano, hacerse una caricia, intercambiar una sonrisa o mirada de complicidad cariñosa. Tampoco mi hermana menor, Heather, según me confirmó tiempo atrás desde Estados Unidos, donde lleva viviendo varias décadas. El divorcio no existía entonces para los protestantes irlandeses (y no digamos los católicos). Habiendo sido unidos por Dios Todopoderoso y jurado ser fieles hasta la muerte, nadie podía contemplar tal posibilidad, por terrible que fuera su sufrimiento doméstico. Bastaba la mera idea del divorcio para producir un escalofrío en el alma metodista. Si un matrimonio resultaba intolerable, por la razón que fuera, la única solución, disponiendo de los medios económicos, era una discreta separación... o que la otra persona falleciera a tiempo para posibilitar una nueva relación. Si no se daban estas condiciones solo cabía aguantar, procurar ser estoico... o suicidarse.

A mi madre le obsesionaba el qué dirán. «¿Qué pensaría la gente?», preguntaba una y otra vez ante la propuesta de tal o cual acción o procedimiento. Una noche, envuelta en cómplice oscuridad, cogió su Morris Minor y llevó un saco de viejos zapatos suyos hasta el ferrocarril, situado a dos kilómetros de casa, y allí lo tiró por un murete. ¿Qué habrían dicho los barrenderos, nos explicó, si los hubiera colocado en el cubo de la basura con los demás trastos?

Luego era muy esnob, muy atenta a comportarse correctamente en sus mínimas reuniones sociales. Por ejemplo, cuando bebía té con sus amigas se cuidaba de extender el dedo pequeño de la mano con la cual sostenía la taza: era un detalle que se consideraba entonces *comme il faut,* elegante. Admiraba mucho a las personas que gozaban de lo que ella gustaba de llamar *poise,* o sea, que se manejaban siempre con calma y confianza en sí mismos. Cuando elogiaba a alguien por esta razón, yo me sentía otra vez un fracasado, porque *poise* no tenía yo ni pizca.

En cuanto a su conversación, era una sarta de banalidades, repetidas una y otra vez. Me duele estamparlo, parece deslealtad, pero me he propuesto contar la verdad de mi infancia y adolescencia. «No sé qué va a pasar con el mundo», no dejaba de quejarse, siempre con las mismas palabras, «no sé adónde irá a parar todo», «haría falta la paciencia de Job», etcétera. Frases hechas reiteradas machaconamente.

Conmigo, sobre todo, necesitaba la paciencia del conocido personaje bíblico porque, con el paso de los años, le iría llevando cada vez más la contraria. Eso la ponía furiosa y provocaba toda una serie de exclamaciones y amenazas virulentas: «¡Te voy a estrangular!» *(throttle),* «¡Te torceré el cuello!», «¡Te mataré!», «¿Cómo te atreves a contradecir a tu madre?», «¡Me vas a forzar a beber!» *(You'll drive me to drink!),* «¡Eres un monstruo total!», y otras lindezas por el estilo. En una ocasión, cuando ya no me aguantaba más, le preguntó a mi padre (estábamos en la mesa del comedor): «¡Cecil, haz algo, hasta aquí hemos llegado, ya basta!». Pero mi padre no hizo nada. La agresividad de la pareja la monopolizaba ella.

Un día, especialmente rabiosa por mis maneras con ella, salió presurosa del comedor y volvió con un bastón de mi padre y amenazó con pegarme. No lo hizo, quizás considerando que el mero gesto era suficiente.

Mis padres iban ocasionalmente a ver una opereta o un ballet (pero, claro, nunca el domingo). Una vez los acompañé cuando llegó a Dublín el famoso bailarín John Gilpin con *El lago de los cisnes.* Recuerdo sus saltos increíbles por todo el escenario, y que me produjo fascinación y pudor la exhibición de su abultado «paquete» y de sus nalgas, todo ello enfatizado por el leotardo blanco. Percibí la inquietud de mi padre, sentado a mi lado.

Al día siguiente mi madre alabó, durante la comida, los «hermosos muslos» del bailarín, y noté una vez más la ansiedad paterna. Ella nunca perdía la oportunidad de elogiar la belleza masculina, era una obsesión suya (ya me referí al dramaturgo Denis Johnston y al director de orquesta Victor Silvester). A menudo decía que fulano o mengano carecía de ella. Cuando yo me miraba en el espejo, siempre con la esperanza de encontrar milagrosamente mejorado mi aspecto, se me caía el alma al suelo. Esto suena a autocompasión, a lo mejor lo es, pero lo digo, no obstante. Un día, rompiendo a llorar —tendría quizás diez años— les conté a mis padres mi desolación al respecto. Él no dijo nada, ni una palabra. Y el único consuelo que me pudo proporcionar mi madre era que tenía una cara «interesante» —¡algo era algo!—, a diferencia de mi primo Richard, a quien le habían tocado, según ella, unas facciones más bien insulsas.

Hace unas décadas leí una biografía, escrita por Arthur Gold y Robert Fitzdale, de la anfitriona parisiense Misia Natanson, casada con el célebre arquitecto y pintor vanguardista catalán Josep Maria Sert. Los autores reproducen lo que escribió Misia acerca de su íntimo amigo el poeta Paul Verlaine, cuya fealdad llamaba la atención a todo el mundo casi tanto como la exquisita sensibilidad de sus versos. «Aquel tipo borracho zigzagueando a través del Quartier Latin», apunta, «aquel mendigo luminoso, arrastrándose por el barro de la calle, solo era consciente del cielo. El horror de ser feo, de ser feo cada día sin remedio, cada minuto, incluso cuando estaba perdidamente enamorado de otra persona, le había enseñado poco a poco una humildad profunda...» El testimonio de Misia me conmovió.

Ya he mencionado varias veces el pueblo costero de Greystones, al sur de Dublín, nuestro lugar de veraneo. Lo domina al norte una montaña evocada memorablemente por Joyce al principio del *Ulises,* donde encontramos a Buck Mulligan y Stephen Dedalus mirando, desde el tejado de la torre Martello de Sandycove, hacia «el cabo macizo de Bray Head, que yacía sobre el agua como el hocico de una ballena dormida». En realidad la montaña no se percibe desde la torre. Desliz por parte del autor, que había abandonado Dublín años atrás y no podía efectuar, por ende, una comprobación personal *in situ.*

Serpenteando entre las estribaciones inferiores del cabo, un estrecho sendero, muy apreciado por turistas, unía la localidad de Bray, al otro lado del monte, y Greystones, conectados en verano, además, por una lancha que hacía el recorrido entre ellos. Muy cerca ya del mar corría el ferrocarril, que pasaba por numerosos túneles horadados en la roca.

La ladera meridional del promontorio estaba casi huérfana de edificaciones, con la excepción de alguna alquería y unas cabañas pequeñas. Entre estas había una que pertenecía a un matrimonio amigo de mis padres. Un poco más allá el tío Syd, que siempre pensaba en grande, como he dicho, había comprado un terreno de considerable envergadura sobre el cual erigió, ¿o ya estaba allí?, un bungaló de dos plantas. En la primavera de 1948 mi padre, siguiendo su ejemplo, se hizo con uno mucho más modesto situado directamente debajo.

La compra de nuestro «bungaló», como lo llamaríamos sencillamente, no solo puso fin a nuestras vacaciones de verano en Greystones con los O'Malley, sino que iba a convertir a Bray Head, para mí, en un referente vital a lo largo de todo el año.

Desde nuestra atalaya montañosa se obtenía una vista fabulosa del mar, de Greystones, y, al fondo, cerrando el panorama al sur, del alargado cabo de Wicklow Head. Con la adquisición del bungaló mi proclividad ornitológica se convirtió en pasión, máxime cuando descubrí que allí abajo, al otro lado del ferrocarril, vivía una colonia de araos aliblancos

(Uria grylle) —ave marina con patas de color rojo vivo y plumaje totalmente negro, menos la mancha alar que indica su nombre español—, y que había no lejos un acantilado sobre el mar donde anidaba cada primavera una pareja de cuervos.

Había encontrado mi paraíso juvenil o, mejor dicho, me lo habían regalado.

Tenía un valor añadido. Y es que, en días excepcionalmente despejados, aparecía de repente en el horizonte, como por encantamiento, la línea azul de las montañas del País de Gales, coronados por el altísimo Mount Snowdon. A veces aquella visión me vuelve, con su magia intacta, entre sueños.

Coincidiendo con la compra de la cabaña fui invitado, para mi sorpresa, a pasar quince días precisamente allí, en Gales.

Ocurrió así. Val Phillips, viudo de mi tía Gertie Gibson, era capitán del Mail Boat, el correo marítimo que hacía la ruta regular entre Dublín y el puerto galés de Holyhead, donde Val poseía una casa espaciosa. La localidad, lo acabo de comprobar, está a solo unos cien kilómetros en línea recta de la capital irlandesa. Es decir, más o menos como Ávila o Segovia de Madrid. Me ha sorprendido el dato, creía que estaba bastante más lejos.

Era estimulante tener en la familia un lobo de mar, además con muchas y variadas anécdotas de sus aventuras por todo el mundo. Como el tío Sydney, Val poseía un buen sentido del humor y era agradable pasar el rato en su compañía.

Su hija, Pat, que vivía con él en Holyhead, me llevaba diecisiete años y era guapísima, como pude comprobar cada vez que venía a Dublín. Un día de verano se juntó con nosotros en la playa de Greystones y la recuerdo saliendo, espléndida y sonriente, del agua, vistiendo un bañador negro ceñido que resaltaba sus opulentas curvas. Sin saberlo acababa de ver a Afrodita, en versión británica, emergiendo del mar. Yo no conocía entonces, por supuesto, la palabra *«voluptuous»*, parecida en español, pero el cuerpo de Pat lo era. A mí me fascinaba.

Cuando Val y Pat me invitaron a pasar una quincena con ellos en Holyhead, acepté sin pensármelo dos veces.

Nunca había salido de Irlanda. Tampoco había pisado un barco grande. ¡Y qué barco el Mail Boat! Me sentía orgulloso subiendo a bordo como pariente privilegiado del capitán. Mi cabina estaba al lado de la suya, y el personal hizo todo lo posible para que estuviera cómodo cuando aquella noche soltamos amarras, empezamos a bajar por el Liffey, y luego, atravesando la bahía de Dublín, con el cabo de Howth y su faro a babor, nos pusimos en alta mar rumbo a nuestro destino.

Me acompañaba la hermosa Pat cuando, a la mañana siguiente, abrí mi maleta en su casa. No sabía dónde meterme al descubrir que mi madre había colocado encima de mis cosas una sábana de caucho marrón por si acaso me meaba en la cama. Todavía la estoy viendo y casi sintiendo su tacto. Le aseguré a mi anfitriona, avergonzado, que yo ya no lo hacía. Pero la sábana de caucho marrón era la evidencia de que a veces me seguía pasando. ¡Y eso que iba a cumplir pronto los nueve años! No era la mejor manera de empezar mis vacaciones, pero por suerte no hubo ningún accidente.

Pat estaba comprometida con un oficial de la RAF (Royal Air Force). Alto, corpulento, con una sonrisa contagiosa, David Jones me cayó muy simpático. Se veía que se amaban locamente. Jamás había visto a una chica sentada sobre las rodillas de un hombre, y me producía sonrojo estar con ellos cuando se ponían de aquel modo. Aunque hicieron todo lo posible por ser discretos en mi presencia, no podía superar la sensación de estar de más. Pat me mostró su bello anillo de pedida, que llevaba engarzada una amatista, y me preguntó si me gustaba. Dije que sí, claro, balbuceando algún comentario torpe.

Una tarde fuimos en bicicleta a visitar un famoso faro, el South Stack Lighthouse, construido encima de un promontorio impresionante. Le mandé a mi hermano una postal con una fotografía aérea del lugar. La conservo todavía. «El miércoles bajé todos los escalones hasta la isla», decía. «Te ruego que guardes esta postal para mí porque he estado allí. Y las otras.» Se nota que ya había empezado a ir documentando mi vida.

David me preguntó si me gustaría visitar su base de la RAF en la cercana localidad de Llandudno. Le dije que desde luego. Lo que más recuerdo de la excursión es que me invitó a subir con él a un simulador de vuelo. Me senté a su lado dentro del aparato, maravillado ante su despliegue de paneles. «Ahora verás», dijo, y de repente el aparato empezó a moverse de un lado para otro y arriba abajo, como si nos encontráramos en el *cockpit* de un avión de combate de verdad. Fue una experiencia que quitaba el aliento.

Apenas me acuerdo de otros incidentes de mi estancia en Holyhead. Mi dormitorio, en la planta alta de la casa, daba a un cementerio, lo cual me inquietaba. Un poco más allá estaba la iglesia anglicana frecuentada por la familia. El hermano de Pat, como ella físicamente atractivo, pese a una cojera congénita, tenía unas manos elegantes que nunca paraba de mover, lo cual enfurecía a su padre. Así como su renuencia a asistir al culto. Val, acostumbrado a mandar, imponía, pese a su jovialidad, cierto respeto.

Aquel otoño de 1948 llegó el momento de iniciar mi educación secundaria. Mis padres optaron, no sé según qué criterio, por The High School, uno de los colegios protestantes más destacados de Dublín, situado en Harcourt Street, casi frente a la estación de ferrocarril del mismo nombre, hoy desaparecido.

El primer día comprendí, con un escalofrío, que mi nueva escuela no iba a ser una prolongación de Mount Temple. No había muchachas y, lo peor, comíamos en un refectorio abarrotado de chicos ruidosos a ninguno de los cuales conocía. Los platos no me gustaban nada y, al segundo o tercer día, en un estado de pánico, recogí mi bicicleta y, sin decir nada a nadie, me fui pedaleando a casa.

Cuando llegué y le dije a mi madre lo que ocurría se quedó de una pieza, como era natural. No recuerdo qué excusa logré fabricar. ¿Cómo era posible, me espetó, que hubiera hecho algo tan estúpido? Me imagino que se sentía mortificada. Llamó enseguida a la escuela para ponerles al tanto. A la mañana siguiente volví y hubo una breve entrevista con el maestro encargado de nuestro grupo, a quien le farfullé mis disculpas, diciendo que de pronto me había encontrado mal, y que eso fue todo. Claro, reconocí, debí pedir permiso. Me figuro que repetí la misma explicación a mis compañeros. Me daba vergüenza haber sido, una vez más, cobarde, huyendo de un supuesto peligro que en realidad no era tal, ¡pero no lo iba a confesar! No quería que me tomasen por gallina.

Me pregunto ahora si aquella tendencia a salir corriendo ante cualquier amenaza, real o imaginada, era en gran medida genética. Yo creo que sí, pues de algún sitio tenía que proceder.

Al poco tiempo, de todas maneras, me adapté a mis nuevas circunstancias. Incluso los informes mensuales sobre mi progreso empezaron a resultar muy satisfactorios. Entre mis mejores asignaturas: Lengua Francesa, Lengua Irlandesa e Historia.

El profesor de irlandés, que se llamaba Goulden, descuella en mi memoria. Siempre ostentando la vistosa corbata de graduado del Trinity College, se quedaba en general sentado, envuelto en su toga, detrás de una sólida mesa situada al lado de la pizarra. Le acompañaba una correa de cuero con la cual amagaba pegar a quien se desmandara. Barbaridad, que yo sepa, nunca consumada.

¿Qué es lo que aprendí de irlandés con él, idioma que nadie, o casi nadie, hablaba ya, excepto en alguna isla del oeste, pero que era de obligado estudio toda vez que el Gobierno estaba empeñado en su recuperación, tarea prácticamente imposible tras su extinción, debido sobre todo a la política lingüística persecutoria de los ingleses? Del método de enseñanza utilizado por Goulden solo recuerdo que de vez en cuando se levantaba de su mesa y daba vueltas a la clase, meneando su correa. Deduzco, a la luz de mis informes mensuales, que logró transmitirnos algo de los rudimentos del gaélico.

Me imagino, además, que nos hizo saber cuán importante era adquirir un conocimiento razonable de ese idioma porque, si lo suspendíamos más adelante en el State Intermediate Certificate Examination (no hace falta traducción), pese a recibir aprobados e incluso sobresalientes en las otras asignaturas, no nos concederían el título. Era profundamente injusto. En un folleto de la escuela publicada en 1949 se lee al respecto: «Todos los candidatos habrían aprobado si no hubiesen suspendido en irlandés». ¡Qué imbecilidad! Subyacía a la política gubernamental la creencia de que, si no se recuperaba el idioma, los irlandeses nunca serían verdaderamente tales. Era un error garrafal hacerlo obligatorio, pues a muchos les hizo odiarlo en vez de amarlo. No ayudaba el hecho de ser un idioma difícil de aprender por, entre otras razones, sus complicadas desinencias.

Goulden me daba miedo. Era otra figura autoritaria a añadir a mi lista. Un día le di coba de manera abyecta en un intento de prevenir cualquier agresividad por su parte hacia mi persona. Fue cuando pidió a la clase si algún alumno iba a ir aquella tarde de compras y le podía traer un rollo de sello grande (para lo cual, presumiblemente, sería reembolsado). Sin pensármelo dos veces levanté la mano y le dije que se lo conseguiría. Calculaba que en la imprenta habría una abundancia de tales rollos y que me podría traer uno mi padre. Así fue, y a la mañana siguiente se lo llevé a Goulden. Apunto el incidente con el solo fin de volver a dejar constancia de mi falta de confianza en mí mismo, de mi compulsiva necesidad de ser aceptado y de mi miedo a todo lo que oliera a «autoridad».

The High School resultó ser muy competitiva académicamente, con un sistema que se aproximaba a la evaluación continua. El progreso, o la falta de él, se controlaba semana a semana, mes a mes. En mi clase éramos dieciocho y yo casi siempre lograba estar entre los cinco «mejores». La aritmética era mi mayor escollo, y casi me moría de miedo, bloqueado, cuando tenía que afrontar el que parecía un problema insoluble. Iba a ser una dificultad vitalicia, cualquier requerimiento con aspecto de prueba de inteligencia me provocaba ganas, otra vez, de huir. No ayudaba el hecho de que el encargado de la asignatura era bastante temible. Mi *forte*, para echar mano de otro término muy caro a mi madre, era *General Knowledge* (cultura general). Un día un profesor nos preguntó si alguien sabía los nombres de las islas de la Mancha (Channel Islands). Levanté la mano inmediatamente: «Jersey, Guernsey, Alderney y Sark». Hubo un silencio asombrado. Por pura casualidad me había aprendido los nombres unos días antes. Recuerdo aquel momento como uno de mis pequeños triunfos en la escuela.

Me producían admiración y envidia los chicos mayores, sobre todo uno, Alfie Cooper. Alto, guapo, muy atlético, capitán del equipo de críquet, con el pelo lacio y facciones rubicundas, no tardó en convertirse en mi ídolo local. En el patio, durante el descanso, estaba siempre rodeado de aduladores. Yo me aproximaba cautelosamente, tratando de evitar que se diesen cuenta de mi presencia. Habría dado todo por pertenecer al grupo, por su aceptación. Pero tenía nueve años y ellos diecisiete o dieciocho, y era una pretensión imposible, como mi querencia de pertenecer, unos años antes, a la concurrida reunión de jóvenes del malecón de Greystones.

The High School ponía un énfasis considerable en los deportes, que se practicaban en un parque (Belgrave Square) situado a dos pasos de nuestro templo metodista. Allí una tarde me iniciaron en el rugby, metiéndome sin más explicaciones en medio de una *scrum* (melé), donde me encontré empujado y machacado por todos lados. Decidí en el acto que nunca sería delantero, sino centro o ala, lejos del rifirrafe de cuerpos apretados y agresivos, y con la posibilidad de marcar un ensayo *(try)*, si no por iniciativa propia, servido en bandeja por mis compañeros. ¡Y sin embarrarme apenas el pantalón! Una especie de remate espectacular y exhibicionista.

El críquet me entusiasmó desde el principio. Durante el verano de 1949 descubrí que manejaba bien el bate, lanzaba la pelota con buen tino, la paraba con pericia y, cuando hacía falta, la cogía sin problemas en el aire. Lo que quería sobre todo era cobrar más fuerza para poder darle con el bate en el momento de rebotar y mandarla por los aires, sin tocar tierra, fuera del recinto, marcando así seis puntos. Como hacía mi nuevo héroe, Alfie Cooper.

Belgrave Square es hoy un parque público, con árboles, arbustos y bancos donde pueden descansar los ancianos y abrazarse sin los complejos de antes los enamorados, equipados todos ellos de teléfono móvil. Ha desaparecido el pabellón del que disponíamos los alumnos de la High School, así como el área de saltos de altura donde un día hubo una competición de chicas y vi por primera vez unos jóvenes muslos femeninos envueltos en bragas blancas.

Luego vino el boxeo. Participé en una especie de prueba, sin haber recibido entrenamiento previo alguno en el noble arte de la autodefensa. Me tocó un rival tremebundo, más alto que yo pero del mismo peso, y púgil experimentado. Casi me morí cuando me pusieron los guantes, cuyo olor además me repelía. No gané, naturalmente, pero logré defenderme bastante bien, e incluso atizarle algún golpe meritorio. ¡Quizás iba adquiriendo algo de valentía por fin! Pero nunca más intentaría valerme en el *ring*.

Uno de mis compañeros de clase era un excelente boxeador, y recuerdo la envidia que experimenté cuando una profesora lo elogió delante de toda la clase por haberse lucido en una competición. Como siempre, mi maldita necesidad de admiración.

Goulden aparte, solo uno o dos maestros de aquella escuela han dejado una huella honda en mi memoria visual y auditiva. El de francés, por ejemplo, un tipo calvo y desaliñado llamado Buckley, con voz chirriante. Se dio cuenta de que yo tenía inclinación por el idioma y me ponía buenas notas.

También me apreciaba la profesora encargada de Naturales, que por cierto se llamaba muy aptamente Miss Woodcock, o sea, en español, la señorita Chocha Perdiz. Comprendió enseguida que la asignatura me apasionaba y que yo era todo un naturalista en potencia, como ya habían intuido en Mount Temple. «Muy bien, le interesa sobremanera», «Ayuda mucho en clase», «Es un placer tenerle entre nosotros»: así rezan los informes.

Me sigue acompañando en mi interior, asimismo, el reverendo Dowse, clérigo anglicano corpulento, de voz potente, que peroraba, casi agresivamente, sobre las Sagradas Escrituras y me infundía miedo de verdad. No me parecía tener mucho que ver con el Jesús tierno, amigo de los pobres, de quien nos habían hablado las damas de la Sunday School de Charleston Road.

Pese a la amenaza de la correa de Goulden, no creo que hubiera castigos corporales en la escuela. Nuestro director, el doctor Bennet, no era una réplica del doctor Irving, el de Wesley College, de cuya liberalidad con la vara me había hablado mi padre. Sin embargo, me llegaron algunas alusiones al tema entre mis compañeros. Sobre todo hubo una revelación por parte de un tal Mustard (Mostaza), que vivía no lejos de mí. Una tarde, cuando volvíamos a casa en el tranvía, me dijo que un profesor de quien le habían hablado siempre ordenaba a los alumnos que iban a recibir un varazo que se bajasen los pantalones y los calzoncillos antes de adoptar la posición inclinada requerida. Le escuché tratando de ocultar la reacción ruborosa que me producían sus palabras. En los episodios de azotes que había leído en mis tebeos, y en sus dibujos, jamás se aplicaba la vara a las nalgas desnudas. Y tampoco ocurría en mis fantasías en torno a ellos. La noticia que me acababa de comunicar mi compañero de clase me afectó profundamente.

Detrás de nuestro templo metodista había una sala parroquial, con techo alto, que servía para una variedad de usos: partidos de bádminton, espectáculos y, sobre todo, cuartel general de la Quinta Compañía Dublinesa de la Brigada de los Muchachos *(Boys' Brigade)*. La capitaneaba mi padre y mi tío Sydney era uno de sus oficiales.

La BB era una organización protestante de juventudes fundada en Glasgow, en 1883, por un tal Sir William Alexander Smith. Su finalidad, según Wikipedia, era «fomentar la hombría de bien cristiana mediante una disciplina y organización semimilitares, la gimnasia, acampadas veraniegas y clases y cultos religiosos». Ya para 1910, según la misma fuente, la Brigada comprendía unas dos mil compañías distribuidas a lo largo y ancho del inmenso Imperio británico y de Estados Unidos, con diez mil oficiales y cien mil muchachos.

En la Quinta Compañía de Dublín no faltaba ninguna de dichas actividades. A lo largo del año había gimnasia, estudio de la Biblia, himnos, desfiles y, de vez en cuando, algún pequeño concierto. Se recibía la visita de personajes ilustres, que con sus discursos animaban a los jóvenes a seguir transitando por la senda de la virtud cristiana y a contribuir con sus esfuerzos a la mejora de la sociedad. Cada verano la compañía se trasladaba con sus tiendas de campaña a algún punto bucólico del país, casi siempre al lado del mar, para que los muchachos gozasen de unas vacaciones en condiciones.

Había una sección juvenil. Me enrolaron cuando tenía más o menos ocho años y me aburrí sobremanera. A mí me parecían muy preferibles los Boy Scouts, organización a la cual pertenecían varios amigos míos, por su énfasis sobre actividades al aire libre, con elementos de aventura incluidos, como indica su nombre.

Un día mi madre me dijo algo atroz: que los muchachos de la Quinta Compañía le habían puesto a mi padre un apodo denigrante referido a su baja estatura y su costumbre, cuando los arengaba, de ponerse de puntillas para darse más altura. El apodo, hiriente de verdad, era «Toey», inventado sobre la base de *toe,* dedo del pie. Me quería morir de pena y de angustia al recibir la confidencia, y sentí la necesidad imperiosa de comprobar cuanto antes si era verdad.

Se me presentó pronto la ocasión en un acto de la BB celebrado en la sala parroquial. Allí verifiqué con mis propios ojos que mi madre no se equivocaba. Yo había advertido anteriormente el pequeño tamaño de los zapatos paternales, dejados al lado de la cocina para que Winnie Curran les diera brillo. Los contemplaba siempre con tristeza. ¡Pero ahora! ¿Cómo había sido capaz mi madre de contarme aquello, avergonzada de estar casada con un hombre no solo menos alto que ella sino que, para colmo, se ponía de puntillas para combatir su desventaja? ¡Qué crueldad! Me produjo, además, el terror de no crecer yo satisfactoriamente. Por suerte, no tardaría en alcanzar una altura más que suficiente.

La prueba documental de que mi memoria no me fallaba con respecto a lo que acabo de narrar me llegó, inesperadamente, décadas después, cuando nos visitaron en España unos amigos irlandeses. Traían una noticia que no me esperaba. Y era que había una referencia al extraño tic de mi padre en el libro *Waking* (Despertándose), del escritor dublinés Hugh Maxton, publicado en 1997. Unas semanas más tarde me enviaron un ejemplar.

Maxton había estado en la Quinta Compañía de la BB y sabía de lo que hablaba: «Los oficiales de la Brigada eran todos ellos hombres de comportamiento ejemplar», escribe. «¿Nuestro capitán? Nuestro capitán era Cecil Gibson, conocido como "Toey" por su necesidad de ganar altura poniéndose de puntillas durante la revista. Era el padre de Ian Gibson, biógrafo de Federico García Lorca.»

Fue muy duro, durísimo, leer esto impreso en un libro. Y es muy duro tener que contarlo ahora.

Mi madre me hizo otra revelación, no menos dolorosa, por la misma época. ¡Y era que mi padre se negaba a llevar calzoncillos e iba sin nada debajo! Casi volví a morirme, porque me lo contó con sorna. Solo puedo aventurar que tal negativa se debía a un profundo miedo a ser homosexual, a parecer afeminado a ojos de los demás (a lo mejor asociaba los calzoncillos con las bragas femeninas). Cuando se lo conté décadas después a mi prima Rosy, la payasa, soltó una carcajada alocada. ¡Pues resultaba que su padre, mi tío Jack, el cirujano, también se negaba a llevarlos! A lo mejor el rechazo de ambos hermanos, y quién sabe si también de Sydney, era otra peculiaridad transmitida por el abuelo Adam Henry, tan metodista y tan abstemio.

Entre Greystones y, hacia el sur, la pequeña ciudad de Wicklow, se extiende una playa gris y guijarrosa de unos treinta kilómetros de largo. Estaba prácticamente desierta todo el año. A su lado, a pocos metros del mar, corría el ferrocarril, con algún pequeño apeadero ocasional. Tierra más adentro había, y por suerte sigue habiendo, creo que ya protegidas, unas extensas marismas y lagunas que albergaban una gran riqueza de pájaros acuáticos y, sobre todo, una bandada de unos trescientos ánsares que llegaban puntualmente cada invierno desde las estepas de Islandia y la isla de Spitsbergen. Siempre estaré en deuda con mi padre por haberme dado a conocer estas aves maravillosas, que expresaban para mí, cabalmente, el misterio de la naturaleza.

Uno de los apeaderos prestaba servicio, en teoría, al pueblo de Kilcoole (en irlandés «La Iglesia de Cool»), situado dos kilómetros o así tierra adentro. El tren no se detenía allí casi nunca.

El anuncio de mi padre de que a la mañana siguiente íbamos a ir juntos a Kilcoole, como llamábamos a toda la zona, era siempre para mí un momento de intensa conmoción. Winnie nos preparaba una cesta con bocadillos, un termo de té (mi padre era un adicto) y galletas, mientras nosotros comprobábamos nuestros prismáticos, abrigos y botas.

A mi hermano y a mi hermana Janet no les interesaban los pájaros, de modo que en aquellas salidas estaba yo siempre a solas con mi padre (Heather, la pequeña, sería luego tan amante de la naturaleza como yo). Mi madre se quejó una vez de estas excursiones de los dos, diciendo algo así como: «Tu padre se ocupa más de ti que de todos nosotros juntos». Me dolió, pero tenía algo de verdad, pues, en lo relativo a la ornitología, nos unía una profunda empatía. Yo, en Kilcoole, era muy feliz con mi padre.

Al aparcar en invierno cerca del apeadero mi excitación no conocía límites. En general no había nadie más por aquellas soledades. ¿Qué íbamos a ver allí esta vez?, ¿qué sorpresas nos esperaban? Observar los ánsares, aunque siempre a distancia, estaba garantizado, así como una proliferación de limícolas. Pero por el lado de la playa nunca se sabía, y siempre podía haber algo insólito, incluso fabuloso: un colimbo, por ejemplo, aproximándose a la orilla, o un escuadrón de patos marinos.

Con todo ya organizado, empezábamos a andar por el sendero que acompañaba el ferrocarril en dirección a Wicklow. Medio kilómetro más allá solíamos oír los primeros graznidos de los ánsares, y crecía nuestra expectación. De repente, al ir avanzando, un grupo de ellos, sobre aviso, acostumbraba levantar el vuelo, y los seguíamos con los prismáticos mientras se adentraban en la profundidad de las marismas. A veces, cuando atardecía, la bandada entera se dirigía hacia un largo bancal de arena ubicado a unos trescientos metros del litoral. Era una escena magnífica.

Nunca he olvidado aquellas visitas a Kilcoole. Y siempre me ha conmovido percibir de pronto, incluso en Madrid, en medio de la oscuridad nocturna, el graznido de los ánsares volando muy alto allí arriba, sin duda en formación de uve, hacia su próximo paradero, quizás Doñana, quizás Islandia, según la época del año.

Mi padre admiraba profundamente al carismático ornitólogo, pintor y personalidad televisiva Peter Scott, hijo del famoso explorador de la Antártida, y compraba todos sus libros. En el titulado *Morning Flight* (Vuelo matutino) había varias magníficas ilustraciones suyas de ánsares sobrevolando unas marismas que bien podían haber sido las de Kilcoole, aunque me consta que jamás las visitó. Yo no tardé en añadir a Scott a mi lista de héroes. Y ratifico lo que dice en la última frase del mencionado libro: «Como una sinfonía de Beethoven, el graznido de los ánsares es eterno, y quienes lo han escuchado una vez, y lo han amado, nunca se cansarán de volver a escucharlo».

Solo conservo una de las muchas fotografías que saqué con mi Kodak en Kilcoole. Fue en el otoño de 1949. En ella se aprecia un grupo de pequeñas aves acuáticas picoteando en la orilla de una de las lagunas. En el dorso, a mano, las identifico como *dunlins* (correlimos comunes) y *ringed plovers* (chorlitejos grandes). Me lo tengo que creer porque la calidad de la imagen es mala, haciendo imposible su identificación. Al fondo se ven las colinas ya oscuras: es que se está haciendo tarde y pronto tendremos que volver al coche y emprender el regreso a casa. Mirando la foto me pregunto qué tal les fue a aquellos pajaritos, captados por la instantánea, y en qué rincón del mundo mundanal les tocó dejar sus huesos menudos.

A todo esto se habían producido en el seno de la familia dos bodas. En abril de 1949 se casó mi seductora prima Pat con su novio de la RAF y, un mes después, mi tío Sydney, que yo había creído soltero vitalicio. Las uniones tuvieron lugar en Dublín.

El tiempo se comportó bien en ambas ocasiones y las recepciones se celebraron en el jardín trasero de Rockford, la casa del abuelo Adam Henry, heredada por Sydney. Las efemérides fueron captadas para la posteridad por mi hermano, que, tan empeñado como siempre en ser algo en el mundo del cine y teatro, ya tenía, gracias a la acostumbrada generosidad de nuestro padre, una estupenda cámara Bolex de 16 milímetros.

Para la boda de su hija, como no podía ser de otra manera, Val Phillips iba ataviado con su mejor uniforme de capitán de navío. La mujer más elegante entre las presentes, al margen de la novia, era la esposa de mi tío Jack, el cirujano, Elizabeth, a quien, como he dicho, no podía ver mi madre.

En cuanto al segundo enlace, solo recuerdo mi violencia, poco antes, cuando un día tropecé con Sydney y su prometida haciendo carantoñas en la finca de Bray Head. La novia, como Pat en Holyhead, estaba sentada cariñosamente sobre las rodillas de mi tío, y sentí mi habitual azoramiento.

Volver a mencionar Bray Head me recuerda que aquel verano de 1949 tuve allí un encuentro que me iba a resultar crucial durante los dos años siguientes. Ocurrió cuando, subido a un risco, examinaba un agujero que me parecía quizás adoptado por aviones zapadores. De repente me llegó, desde abajo, el canto líquido e insistente, tan característico y tan querido por mí, de un zarapito real, otro de mis pájaros favoritos. Me volví cautelosamente, para no perder el equilibrio, y traté de localizar con la vista el ave. Pero no había ninguna, solo un joven delgado quien, con los dedos metidos en la boca, imitaba a la perfección el canto del zarapito. Cuando vio que le miraba, me saludó con la mano y me hizo la señal de bajar y reunirme con él.

Me dijo que se llamaba Michael O'Loughlin, que era inglés y que su padre trabajaba provisionalmente en Greystones, creo que en un banco. ¿Por qué el silbido? Porque había reconocido en mí, sin posibilidad de equivocación, a otro chiflado de las aves, y sospechaba incluso el motivo de mi escalada por el risco. Me aseguró que ocupaban el agujero, efectivamente, unos aviones zapadores, pero que, ya terminada la época de cría, se habían ido. Le dije que allí arriba teníamos una cabaña, le expliqué con precisión dónde, y le pedí que, en su próxima visita, me pusiera al tanto de su llegada con otra imitación del zarapito real.

Así lo hizo, y nos volvimos a ver varias veces más durante los meses siguientes. Me llevaba seis o siete años, era un ornitólogo más experimentado que yo, y en poco tiempo aprendí mucho de él. Resultó que había estado en numerosas ocasiones en Kilcoole y observado detenidamente los ánsares. Me mostró algunos de sus dibujos de pájaros, a tinta china, y me parecieron fuera de serie.

Yo había cumplido aquel abril los once años y mis padres habían decidido enviarme a un conocido internado mixto, Newtown School, dirigido por los cuáqueros en la ciudad de Waterford, a unos ciento cincuenta kilómetros al sur de Dublín. No fui consultado al respecto. No sé por qué no me dejaron seguir en la High School, toda vez que allí progresaba muy satisfactoriamente, pero sospecho que tenía que ver con mi hermano, que ocasionaba problemas en Sandford Park, donde había cobrado fama de atolondrado, hacía tonterías exhibicionistas con su bicicleta y estudiaba más bien poco. Quizás querían apartarme de la que consideraban una posible influencia suya negativa sobre mí. ¿O es que mis discrepancias con mi madre ya resultaban para ella intolerables? Es muy probable.

Segunda parte
Mi internado cuáquero
(1950-1956)

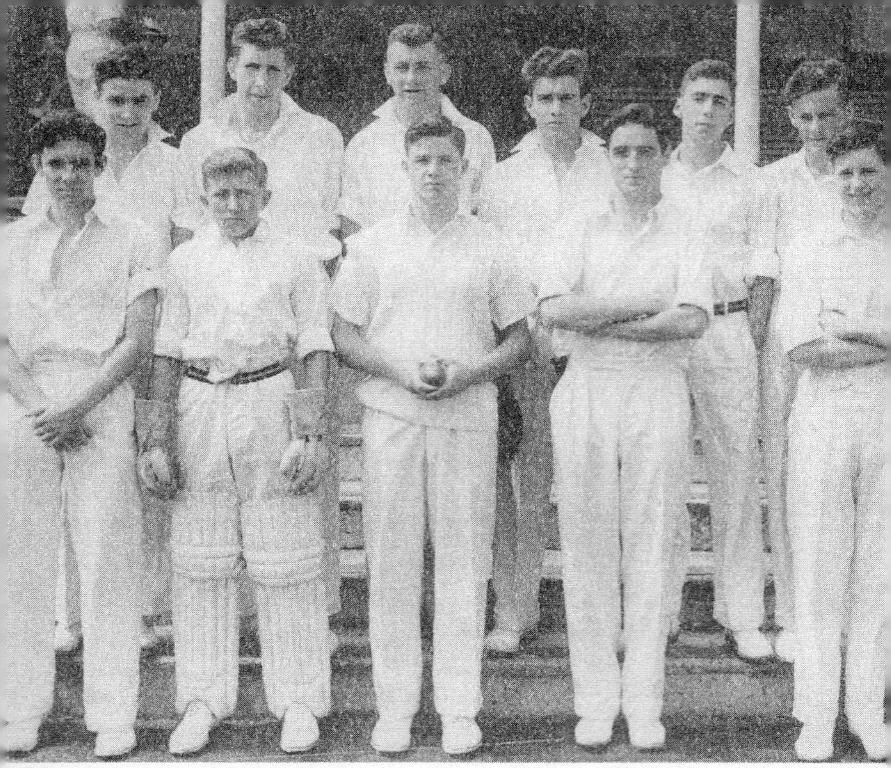

Con el equipo irlandés de críquet, Belfast, 1955. Soy el tercero por la derecha, en la segunda fila.

Septiembre de 1950: llega la mañana de partir hacia Newtown y mi madre, en un estado de colapso, se queda en la cama sin poder decirme adiós. Eso me inquieta en lo más hondo. Mientras vamos rumbo al tren en el Austin, le pregunto a mi padre qué le pasa. Contesta, algo sardónicamente, que no aguanta las despedidas, que las encuentra demasiado emotivas. No se explaya más.

En la estación, la mayoría de los chicos y chicas están acompañados por ambos progenitores. Todo el mundo parece feliz e ilusionado, charlando animadamente, aunque me imagino que hay alguna excepción.

Entre mis nuevos compañeros tan solo conozco, y no mucho, a un lejano pariente, Donald Bailey, a cuyo padre, el jovial Bill, ya he mencionado. Don lleva un año ya en el internado y la familia le ha encargado echarme una mano al principio. Hemos traído nuestras bicicletas y, al llegar a Waterford, nos dirigimos juntos a la escuela, situada en una colina detrás de la ciudad, entre extensos campos de deportes.

Mi primera reminiscencia del lugar es una especie de novatada nocturna que consistía en la obligación, impuesta por los chicos mayores, de escalar, con manos y pies, como monos, un poste de madera colocado en medio de los dormitorios, para luego, al bajar, ser sometidos a un zarandeo, bastante brusco, por parte de los mismos. Se trataba de un rito de iniciación. Nunca antes había recibido un trato parecido. Indignado, me defendí lo mejor posible. Después hubo otras pruebas, entre ellas la de forzarte a meter la cabeza en un cubo de agua y aguantar hasta no poder más. Mi torturador en este caso no fue sino el mencionado Donald. Pequeño, como su padre, y muy fuerte, buen deportista, nada intelectual y muy pagado de sí mismo, iba a resultar mi principal rival en Newtown.

En una de mis primeras cartas a casa no oculté, pero sin contarles nada en concreto, la reacción negativa que me estaban provocando mis días inaugurales en la escuela. «Hasta ahora no me ha gustado y os he echado muchísimo de menos», les escribí. «Si no me gusta más al final de este trimestre, no querré volver.» Muy alarmado, mi padre me visitó unas semanas más tarde. Cuando me abrió la puerta de la habitación del hotel me arrojé en sus brazos, sollozando. «¡Sácame de aquí, sácame de aquí!», le imploré. Hizo lo posible por que me calmara. «No puedo, no sería procedente, no sería correcto, no puedo», me dijo más o menos, «pero no te preocupes, dentro de poco te acostumbrarás.»

Era como una repetición de mis días iniciales en la High School: la compulsiva necesidad de huir de lo desconocido, de lo amenazante.

Mi padre no se equivocaba. La añoranza de los míos pronto se fue disipando, dejé de orinarme en la cama (había tenido una o dos recaídas) y empecé a disfrutar no solo de algunas clases, sino también de la oferta ornitológica del amplio recinto, cuyos árboles, jardines y setos resultaron albergar una considerable variedad de pájaros. Incluso hice pronto unas pequeñas excursiones en bicicleta a la ribera derecha del río Suir —Waterford, como Sevilla, es puerto fluvial—, donde había marismas y arroyos repletos de aves acuáticas y limícolas. Me ayudaron las prometidas cartas desde Greystones de Michael O'Loughlin, que contenían una profusión de información, dibujos incluidos, sobre lo que ocurría en Bray Head, Greystones y Kilcoole. Todo comenzaba a ir mejor.

Mi informe navideño demostraba que trabajé con ganas durante aquellos primeros meses, obteniendo buenas notas en casi todas las asignaturas.

No hubo trauma cuando volví a Newtown en enero. Había empezado una nueva etapa de mi vida.

Los cuáqueros, oficialmente denominados The Religious Society of Friends, o simplemente «Friends» (Amigos), habían nacido durante el siglo XVII como reacción contra lo que consideraban errores y abusos de la Iglesia anglicana. De ese modo, se parecían a los metodistas y otras sectas disidentes y puritanas, con las cuales compartían el rechazo tajante del alcohol. Pero pronto se fueron liberalizando hasta convertirse en uno de los grupos cristianos de pensamiento más avanzado del mundo. Según Wikipedia, en 2017 la comunidad sumaba unos 377.557 en el mundo, casi la mitad en África. O sea, que no eran muchos. En comparación, de acuerdo con la misma fuente, había unos 90 millones de metodistas, sobre todo en Estados Unidos (28 millones). ¡Asombroso!

Los cuáqueros abogaban —y siguen abogando— por un cristianismo práctico siempre atento al prójimo; prescindían totalmente de elementos litúrgicos, sacramentales; no tenían iglesias construidas *ad hoc* y se reunían en *«meetings»* celebrados en cualquier local alquilado adecuado y sencillo. En general se sentaban en silencio hasta que alguien experimentaba la necesidad perentoria de levantarse y hablar. Eran gente benévola, socialmente comprometida, y, a la vez, buenos hombres de negocios —negocios siempre honrados—, con una inclinación, que no me explico, por la producción industrial masiva de galletas, dulces y chocolate (las empresas inglesas Rowntree o Cadbury, por ejemplo). En Irlanda se sigue recordando hoy su magnanimidad y ayuda práctica durante la devastadora hambruna de la patata del siglo XIX, al socorrer, en la medida de sus posibilidades, a quienes padecían las nefastas consecuencias de aquella, en su gran mayoría campesinos católicos.

Estrictamente pacifistas, se negaban a matar, a luchar arma en mano, y se dedicaron, en ambas guerras mundiales, a los servicios médicos, la conducción de ambulancias y tareas humanitarias en general. En cuanto a la educación de los jóvenes, consideraban esencial que fuera mixta y que diera igual importancia a la vida intelectual, el desarrollo físico a través de deportes y los trabajos manuales (como la carpintería, la cocina —en el caso de las chicas— y la jardinería). Siempre con el énfasis puesto sobre la responsabilidad individual y el respeto al otro, claro. Tendían a reducir en la medida de lo posible la competitividad entre los alumnos, aunque siendo conscientes de que esta no se podía abolir del todo, dada la condición humana, y preferían la colaboración en grupos.

Lo más parecido en España a la iniciativa educativa de los cuáqueros fue quizás la fundación en Madrid, en 1876 —aunque no se trataba de un internado— de la Institución Libre de Enseñanza, dirigida por Francisco Giner de los Ríos y otros pedagogos disidentes amenazados por la restauración borbónica, tras el fracaso de la Primera República, en el desempeño de sus cátedras.

No sé por qué Newtown se llamaba así: Pueblo Nuevo. La propiedad fue comprada por los cuáqueros en 1798 con el propósito de convertir en internado la señorial mansión que se levantaba en su corazón, y durante el siglo XIX fue adquiriendo cierta fama como centro de enseñanza liberal. Para cuando yo llegué en 1950 era uno de los colegios más progresistas de las islas británicas.

Un folleto anónimo, publicado dos o tres años después, pregonaba el *ethos* de la escuela. Explicaba que su meollo, cristalizado en el lema latino «*Pro tanto quid retribuamus?*» (¿Qué daremos a cambio de tanto?), estribaba en ayudar a los alumnos a desarrollar el sentido de la responsabilidad hacia sí mismos, el prójimo y la comunidad en general. Luego pasaba a enumerar las ventajas de la coeducación:

> El compañerismo con otros chicos y chicas, en un ambiente que tiene mucho en común con el de una familia, ensancha la experiencia de la vida y propicia la formación de numerosas amistades duraderas. Hay espacios para el uso exclusivo de chicas y otros para chicos, permitiendo así que los miembros de cada sexo puedan, si quieren, retirarse mutuamente de la compañía del otro. Pero no hay ninguna segregación antinatural de los sexos, la cual da lugar con demasiada frecuencia a un romanticismo inepto o a curiosidades insanas. Quienes pasan en Newtown el curso secundario completo, máxime si llegan a ser prefectos, disfrutan de todas las oportunidades necesarias para conseguir un mejor conocimiento del otro sexo, con el correspondiente respeto mutuo. Siendo así están mucho mejor preparados para la vida adulta y sus responsabilidades.

«Un romanticismo inepto» *(foolish)* y «curiosidades insanas» *(unhealthy):* palabras cuidadosamente seleccionadas, pero idealistas en exceso, pues el sistema no podía garantizar la evitación de tales peligros, sobre todo al no impartir educación sexual alguna, lo cual, en un ambiente así, tan de «familia», tan libre, habría sido absolutamente recomendable. Se sobreentendía que nos enteraríamos por nosotros mismos, con «naturalidad», de los *«facts of life»* (realidades de la vida), como entonces se solían calificar. Y que, cuando esto ocurriera, actuaríamos con sentido de responsabilidad. En muchos casos, fatalmente, no era así ni podía ser así.

¿Se habían producido casos de embarazos no deseados antes de mi ingreso? No lo sé, pero escándalos sexuales sí.

Del más sonado me enteré casi nada más llegar. Resultaba que, en uno de los rincones de la finca más alejados del edificio central, había una pequeña área vallada conocida como The Forestry Club (el club de aficionados a los bosques), con varias especies arbóreas. Allí habían organizado una juerga amorosa nocturna un grupo de chicas y chicos mayores quienes, al ser descubiertos, fueron expulsados. Nunca supe los nombres de los delincuentes ni pude averiguar más detalles de la célebre, ya casi legendaria, hazaña. Había caído una espesa capa de silencio sobre lo ocurrido. Repensando mis seis años en Newtown, de todas maneras, me parece un milagro que no hubiera entonces más de un desliz fatal, dado el hecho de que gozábamos de una extraordinaria libertad, podíamos ir de paseo, andando o en bicicleta con quien quisiéramos de ambos sexos, y existían en las afueras de la ciudad infinidad de sitios frondosos e incitantes donde ocultarse de los ojos de los demás.

Añado que cuando arribé a Newtown no tenía todavía ni idea, aunque parezca mentira, de dónde procedían los bebés. Ni mi padre ni mi madre ni nadie me había explicado nada al respecto. Creía que llegaban automáticamente cuando la gente se casaba. No sabía que existía la copulación, no sabía lo que era una erección.

Muy pronto, en los años sesenta, los cuáqueros ingleses iban a estar a la cabeza del nuevo pensamiento cristiano en torno a la sexualidad. Pero por desgracia no había llegado el momento todavía.

Nuestro director, que lo seguiría siendo durante todo mi tiempo en Newtown, era un erudito afable, sobrio y algo tímido, de nombre William Glynn: cuáquero sincero y uno de los que presidían, cada domingo por la mañana, el *meeting* de los «Amigos» que tenía lugar en el centro de Waterford. El espacio, desprovisto de ornamentación, según la norma de la Sociedad, tenía una mesa donde se sentaban Glynn y otros miembros venerables de la comunidad, y largos y paralelos bancos de madera a ambos lados para acomodar al resto de los presentes.

Por parte de los cuáqueros no había proselitismo alguno, ningún intento de convencer a nadie. Todos los alumnos teníamos que asistir cada domingo a un culto, eso sí, pero de nuestra libre elección. Fui dos o tres veces al *meeting*. En él se guardaba silencio absoluto hasta que, como he indicado, algún inspirado empezaba a perorar. Entonces podía pasar cualquier cosa. Era el caso del vetusto Grandpa Pitt (Abuelito Pitt), como le llamábamos, especialista en alocadas especulaciones sobre asuntos astronómicos o matemáticos. Poseía una voz aguda y chirriante, como emitida por el gozne oxidado de una vieja cancela, y resultaba casi imposible no reírse por lo bajinis durante sus exposiciones. Cuando esto ocurría, los adustos de la mesa presidencial nos escrutaban displicentes, con el ceño fruncido. El intento de reprimir una carcajada puede ser muy doloroso. Cada vez que vuelvo a poner el DVD de *La vida de Brian,* con los soldados romanos procurando no desternillarse de risa ante el emperador gay con su pronunciación inglesa ridícula de clase dirigente, interpretado por el genial Michael Palin, pienso en aquel *meeting* cuáquero de Waterford y en el pintoresco Abuelito Pitt.

Habitualmente yo bajaba cada domingo por la mañana al templo metodista, aún más desangelado, si cabía, que el nuestro en Dublín. Tenía un viejo órgano raquítico y pocos fieles. Después de dos o tres años el pastor comenzaría a sospechar, durante mi preparación para la confirmación, que demostraba potencial como ministro de Cristo. Un día me preguntó si me sentía «llamado» *(called).* Dije que no sabía. A partir de entonces el asunto me empezó a inquietar cada vez más. ¿Era posible que Jesús me estuviera susurrando al oído que poseía vocación de discípulo profesional suyo? Y si era así y me negaba, ¿qué pasaría conmigo? ¿Sería cuestión de la bíblica piedra de molino alrededor del cuello?

Yo ya consideraba a los católicos, por muy simpáticos que me pudiesen parecer individualmente, seres abyectos controlados por los curas. En particular me producía horror el sacramento de la confesión. Nosotros, en el caso de cometer un pecado, teníamos que declararlo directamente ante Dios, sin intermediario alguno. No existía para los metodistas, como he dicho antes, la Virgen María, *Refugium Peccatorum,* y tampoco ayudaba mucho en este sentido su hijo. Resultado: nunca sabías si Dios te había perdonado o no. Era un dilema muy grave. Una angustia permanente. Un sufrimiento.

En un artículo en *El País* de mi admirado Manuel Vicent, me llamó la atención algo que le había dicho La Pasionaria, a su vuelta a España, sobre su infancia católica: «Me confesaba todos los sábados; era lo bueno que eso tenía, podías hacer lo que quisieras, luego te confesabas y comulgabas, y quedabas limpio de pecado». Era exactamente la opinión que yo, desde joven, me había formado del asunto. Y que conservo todavía. Dicho «sacramento», me parece, esclaviza a los fieles, aterrorizados por el temor al castigo eterno. Por un lado la Iglesia crea la conciencia del pecado, y luego, con la absolución, brinda la salida hasta la próxima vez. Sistema maquiavélico para hacerse con mentes y corazones. Y para acceder, por parte de los curas, a los secretos más íntimos de los creyentes. No es sorprendente que la corrupción florezca más en los países católicos que en los protestantes, como entiendo que es el caso.

Yo sabía, además, que, cuando era cuestión de matrimonio entre un, o una, protestante con alguien de la otra confesión, la Iglesia católica les hacía la vida casi imposible, insistiendo en que la progenie resultante se criara como católica, romana y apostólica. En cuanto al papa, me parecía una auténtica abominación, sobre todo cuando hablaba *ex cathedra*. Llegué a creer que era el Anticristo en persona.

Es decir, me estaba convirtiendo en un fanático protestante. Nunca se me ocurrió entonces la posibilidad de que todos los creyentes en dioses, y en un supuesto, pero nunca demostrado, mundo de ultratumba, eran igual de despistados e ingenuos. La lectura, unos años después, del *Retrato del artista adolescente* de James Joyce iba a contribuir decisivamente a que empezara a cuestionar mi formación religiosa. En especial la acalorada discusión que tiene lugar hacia el final del libro entre el protagonista, *alter ego* del escritor, y uno de sus amigos:

> —Pero —dijo Cranly— ¿no irás a hacerte protestante?
>
> —Te he dicho que he perdido la fe —contestó Stephen—, pero no que haya perdido el respeto a mí mismo. ¿Qué clase de liberación sería esa de abandonar un absurdo que es lógico y coherente para abrazar otro ilógico e incoherente?[1]

1. Traducción de Dámaso Alonso, Alianza Editorial.

Pero, como digo, esto fue algunos años después. Entretanto seguía siendo un fervoroso metodista anticatólico.

El domingo por la noche Newtown tenía su variedad propia de *meeting* cuáquero en la sala principal de la escuela, conocida como The Lecture Hall (Sala de Conferencias), que también albergaba la biblioteca. El acto no era excesivamente solemne: algunos himnos, acompañados al piano por uno de los profesores de música o algún alumno, y una breve homilía, o lectura de un texto literario, por parte del director.

De vez en cuando participaba un conferenciante distinguido. Mi preferido era Owen Sheehy-Skeffington, del Departamento de Francés del Trinity College de Dublín. Hijo de una madre sufragista y de un protestante nacionalista asesinado por un soldado inglés durante la revolución de 1916, «Skeff», como se le conocía familiarmente, era miembro del Senado irlandés y luchador socialista muy combativo en favor de los derechos humanos. Ateo sin ocultarlo, era odiado por la jerarquía católica del país, entonces ultraconservadora, que lo consideraba, con razón, uno de sus adversarios más peligrosos. Era un conferenciante fuera de serie, muy divertido y carismático. Recuerdo su vívida descripción de un recorrido por Francia en bicicleta, algo entonces poco frecuente. Tal fue la admiración que me suscitaba que decidí procurarme poco a poco las credenciales para, llegado el momento —si es que Cristo me dejaba en paz—, estudiar francés en el Trinity College como alumno suyo.

Dada la morbosidad en torno a los castigos corporales que me habían generado los tebeos que recibíamos en casa, además de lo que me había contado mi hermano y la confidencia de mi compañero de la High School, me preguntaba, antes de emprender el viaje al sur, si se practicaba en Newtown alguna variedad de azotes. No tardé en descubrir que, si bien no se recurría en absoluto a la vara, el castigo corriente y moliente por hablar en los dormitorios después de que el maestro de turno apagara las luces eran unos cuantos zapatillazos. Si dicho maestro oía, antes de retirarse a sus cuarteles, algún cuchicheo, era probable que regresara al dormitorio, volviera a encender la luz, preguntara por los culpables y les administrara su cuota de golpes en el trasero inclinado (nunca desnudo). Todo se acababa en un momento y, aunque no dolía casi nada, solía obtener el deseado resultado disuasorio.

Los prefectos también gozaban de licencia tácita para aplicar la zapatilla, y digo «tácita» porque no había norma oficial al respecto. Simplemente se hacía y no se cuestionaba. Ahora pienso que fue lamentable el hecho de que, en una escuela dirigida por los cuáqueros, tan progresistas ellos, pudiera subsistir la práctica del castigo corporal, por atenuado que fuera.

Un día un pariente lejano mío y su mujer me visitaron en Waterford y me invitaron a comer con ellos. De repente me preguntó ella si se castigaba con la vara en la escuela. Era lo que menos esperaba y me ruboricé atrozmente. Algo repuesto, farfullé que no, pero que sí había zapatillazos.

¿Qué pensaría ella ante la consternación que me había producido su inocente consulta?

Los cuchicheos ilícitos no eran lo único que perturbaba el silencio nocturno de los dormitorios masculinos de Newtown. En aquellas salas, las camas —treinta o así— apenas gozaban de espacio entre ellas. Poco a poco me había ido dando cuenta de que muchos de mis compañeros se dedicaban, apenas apagadas las luces, a una actividad llamada *revving,* vocablo derivado del verbo *to rev,* o sea, «darle gas», «revoluciones», a una moto. Cada noche los resortes de las camas chirriaban con una variedad de velocidades y ritmos distintos según el momento del proceso masturbatorio en curso: *lento, andante, allegretto, rallentando, molto presto...* El *revving,* fui coligiendo, consistía en frotar vigorosamente el pene hasta que, habiéndose puesto rígido, luego emitiera un fluido blanco. No me gustaba nada la idea y me negué a experimentar. «Pero, hombre, ¿no lo has hecho todavía?», me preguntaba noche tras noche el ocupante de una de las camas a mi lado. Finalmente perdió la paciencia, se metió en la mía y empezó a manejarme el miembro. Asustado, le hice parar, insistiendo en rematar el asunto yo mismo. Así fue como me convertí en *revver* habitual, como todos los demás. Me parece ahora que, en mi caso por lo menos, la masturbación no iba acompañada, al principio, por ninguna fantasía sexual.

Una noche, cuando estaba de vacaciones en Dublín y me acababa de acostar, mi madre se arrodilló junto a mí en la oscuridad y comenzó a decirme que no me preocupara si una noche me despertaba en medio de un sueño con el pijama mojado. Le interrumpí y le aseguré que ya estaba enterado del asunto y que no hacía falta que siguiera. Expresó su alivio. «Le he pedido a tu padre mil veces que te explicara todo», se quejó, «pero siempre se negaba. De modo que te lo iba a explicar yo.» Era verdad: mi padre jamás me había dicho una sola palabra al respecto. Ni me la diría nunca.

Newtown era pequeño, con unos cien alumnos y un promedio anual de quince profesores. Consultando ahora su página web veo que ha crecido bastante desde entonces.

Cada verano un fotógrafo profesional subía desde la ciudad y sacaba, delante del edificio principal, una placa de alta calidad de la escuela al completo, colocada en seis filas escalonadas. Conservo estas imágenes y reconozco la gran mayoría de las caras, aunque no retengo todos los nombres. Es fascinante constatar el desarrollo físico de los alumnos año tras año, como si uno estuviera viendo una película documental al ralentí.

El encargado de las matemáticas era un individuo cuya misión en la vida, según me parecía, consistía en hacerme sufrir lo más posible. Se llamaba William Boggs, procedía de Irlanda del Norte y hablaba, y gritaba, con el acento inconfundible de aquellos pagos. Nada más caer en sus manos se percató del pánico que me producía la asignatura, y no solo no hizo nada por aliviarlo, sino que lo agravó con sus críticas y su sarcasmo. Si hubiera sido una persona benévola, como correspondía a un centro educativo dirigido por los cuáqueros, quizás yo habría superado aquella parálisis, pero Billy, como lo llamábamos, no lo era en absoluto. Frisaba en los cincuenta y cinco años cuando ingresé en la escuela, era pequeño de estatura, más bien gordo, con el pelo prematuramente blanco, y facciones rojizas. Por lo visto soltero confirmado, o de vida sentimental fracasada, quién sabe, llevaba entonces más de dos décadas en Newtown, donde era toda una institución. Los que tenían aptitud para las matemáticas, sobre todo si eran chicas, gozaban de sus favores. A quienes carecíamos de ella nos tildaba de *«fools»* (imbéciles) o *«idiots»*.

Me complace poder señalar que el apellido Boggs significa, en jerigonza inglesa, «sentina». Boggs me parecía una mierda de ser humano y su nombre lo decía todo.

Lector empedernido, siempre enfrascado en una novela, Billy jamás comentaba sus preferencias literarias con nosotros, nunca recomendaba un libro ni nos hablaba de nada que en ellos le hubiera llamado la atención. Bebedor, a veces nos enterábamos de que alguien le había visto, bien entrada la noche, zigzagueando más o menos borracho por un pasillo.

Harina de otro costal era Leslie Matson, un tipo encantador que llegó a Newtown en la primavera de mi segundo curso, para enseñar francés e inglés. Tendría entonces unos veinticinco años. Maestro vocacional, carismático, sabía sacar lo mejor de sus alumnos. En mi primer informe trimestral de aquel año dijo que, por lo que tocaba a la literatura, yo demostraba «una disposición considerable», y que, en cuanto al idioma inglés, había trabajado con ahínco y esmero. ¿Y el francés? Que estaba «muy capacitado lingüísticamente». Al final del siguiente trimestre volvió a elogiar mis progresos en ambas asignaturas. Lo que no contó, ni tenía por qué, era su asombro, que me confió, ante mi facilidad en el manejo del subjuntivo francés.

¿De dónde me provenía? Yo lo desconocía, nadie en mi familia hablaba otro idioma. Solo sabía, por instinto, que después de *«il faut que»*, por ejemplo, el verbo cambiaba forzosa y sutilmente. Veinte años más tarde, en Londres, un escritor al que admiraba mucho, y al que sigo admirando, Victor Pritchett —autor, entre otros numerosos libros, de algunos excelentes títulos sobre España—, me dijo que él había heredado, con igual perplejidad, una facilidad parecida.

Yo quería a Matson. Además, tenía la ventaja añadida, al ser un aficionado al hockey, deporte que me gustaba cada vez más, de poder enseñarme unos trucos muy útiles para mejorar mi juego. La pena fue que, después de aquellos dos trimestres, se trasladó a otra escuela, no sé cuál, ni por qué razón o razones. En su último informe dijo que yo era «un alumno muy diligente y fiable, sin miedo a los entusiasmos». Me sorprende ahora que solo fuera su discípulo durante seis meses, pues mi sensación es de haber estado con él más tiempo, dos o tres años.

Eso demuestra la enorme importancia que puede tener para un joven encontrar a un profesor capaz de percibir y de estimular, justo cuando lo necesita, su potencial innato.

Cuando murió Matson en 2020, yo llevaba viviendo en España cuarenta y dos años y apenas ponía los pies en Irlanda. Me enteré de su fallecimiento por el obituario aparecido en *The Irish Times.* Allí descubrí que había vuelto a Newtown al poco tiempo de abandonarlo yo en 1956, y que, en las décadas siguientes, se había ido convirtiendo en experto sobre las islas Blasket, en el oeste del país, uno de los últimos reductos del gaélico. Falleció en Waterford, donde vivía jubilado. Lo enterraron al lado del mar en el pequeño puerto de Dunmore. Me gustaría poder transportarme hasta allí en este instante, decirle cuánto le debo y pasar una hora o dos a su lado viendo el mar. *Sit tibi terra levis!*

Me toca dedicar unos renglones a nuestro profesor de latín, de apellido Webster, que lo fue a lo largo de mis años en Newtown, así como de inglés durante los últimos dos. Calvo, extremadamente delgado, con una voz grave y pausada que parecía salir de las profundidades de una tumba, tenía cuarenta y dos años cuando empecé en el internado, era poco simpático y comunicativo, muy autoritario, muy culto y bastante perezoso a la hora de enseñar. Pero, cuando quería, era capaz de ser un maestro inspirador. Un día nos habló con tanto fervor de un libro del escritor católico Hilaire Belloc, *El camino hacia Roma,* que lo compré y lo leí enseguida. Me encantó. Recuerdo sobre todo el entusiasmo del autor al apuntar cómo, en cualquier alto de su largo recorrido a pie desde Toul, en Francia, hasta el Vaticano, y por pequeño y apartado del mundanal ruido que fuera, pudo disfrutar la idéntica misa latina en una fascinante variedad de acentos locales: contundente demostración de la universalidad de la Iglesia. Escribí un ensayo, quizás el primero, sobre el libro. Se lo mostré a Webster. Me lo elogió, y, a partir de aquel momento, empezó a hacerme un poco de caso.

Entre sus advertencias no olvido que nos previno contra el mal uso, muy frecuente en Irlanda, del adverbio *«literally»,* o sea, «literalmente». Gustaba de ir coleccionando los ejemplos más llamativos con los cuales tropezaba en sus lecturas. En uno de ellos se decía que la ovación concedida a un músico fue tan estruendosa que «literalmente levantó el techo». Me pareció muy divertido el asunto, y comencé a cazar más ejemplos por mí mismo. Lo que no sabía entonces, porque ni me sonaba todavía el nombre de James Joyce, es que el escritor demuestra, en una de las parodias del habla dublinesa contenida en el *Ulises,* ser muy consciente del abuso referido. Allí, en un comentario sobre el «Gloria» de la *Duodécima misa* de Mozart, se nos advierte de que constituye «el *summum* de la música de calidad, que literalmente echa por tierra todo lo demás». Luego, en un juicio sobre una infidelidad matrimonial, la información que escucha, fascinado, el público, es «literalmente electrificante».

Todavía conservo el cuadernito en que resumía los contenidos de los textos literarios en inglés que había que estudiar para la versión nuestra del bachillerato. Entre ellos no figuraba casi ningún escritor irlandés medianamente contemporáneo. Joyce, ni hablar. El *Ulises* estaba entonces proscrito por obsceno en la República de Irlanda. Nunca lo oí mencionar durante mis años en Newtown. Tampoco *Dublineses,* lo cual era el colmo. Hoy, claro, han cambiado las tornas y Joyce es el héroe nacional. Tampoco sabíamos nada de Oscar Wilde, George Bernard Shaw o Samuel Beckett, aunque, eso sí, leímos algunos poemas de W.B. Yeats.

Yo era muy consciente de mi pobre conocimiento del caudaloso vocabulario inglés, subrayaba todas las palabras desconocidas que iba encontrando en mis lecturas, y trataba de descifrarlas con la ayuda de diccionarios. También me habían empezado a fascinar las etimologías. Queda abundante testimonio de estos afanes en el cuadernito de marras, y debo admitir que, entre la multitud de vocablos apuntados, hay no pocos que jamás he utilizado. Muy al tanto también de que existía un inmenso mundo literario en el cual apenas había comenzado a penetrar, mi inquietud al respecto era honda. Quería aprender y aprender, leer y leer... pero entretanto no había más remedio que seguir padeciendo la tortura de las clases del detestable Boggs, así como el aburrimiento de otras asignaturas que apenas me interesaban.

Había otro problema. Si bien el latín se me daba bien, la pereza de Webster al respecto era lamentable. A veces no acudía a clase, o se limitaba, sentado detrás de su mesa, a trabajar en lo suyo y, como mucho, comentar con nosotros brevemente algún pasaje de César o Virgilio. Era escandaloso. Nuestros padres pagaban, y pagaban bien, para que estuviéramos en aquel privilegiado internado privado, y resultaba que el profesor de latín no nos atendía debidamente. Yo nunca tuve las agallas de protestar, ni le dije nada a mi padre porque sabía que él tampoco iba a intervenir.

En Newtown no se enseñaba griego, otra deficiencia mayúscula. Si hubiera existido la posibilidad de estudiarlo con un buen maestro, estoy convencido de que me habría dedicado en la universidad a Clásicos, porque Webster, cuando se le ocurría hablar de Homero, de la mitología griega o de Atenas y el Partenón, azuzaba mi entusiasmo al máximo. Consciente del efecto que me producían sus palabras, un día, hacia el final de mi tiempo en Newtown, me prestó —y luego me regaló— su ejemplar de un libro extraordinario, *Grecia y Roma (Mitos y leyendas)*, de H.A. Guerber. Lo tengo a mi lado mientras escribo. Me enganchó de un modo absoluto. Sobre todo, quizás, la historia de los amantes Hero y Leandro, que me hizo soñar con cruzar un día a nado el Helesponto (hoy estrecho de los Dardanelos) como hacía Leandro para encontrarse con su amada. Hazaña que imitó con éxito Lord Byron (aunque no sé si con una amiga esperándole al otro lado), pese a tener un pie deforme. Según leo en Wikipedia, el estrecho tiene 61 kilómetros de longitud y, de anchura, entre 1.600 y 6.500 metros. Supongo que Byron lo desafió, como Leandro, en su punto más corto.

Otra atracción del libro de Guerber eran sus reproducciones en blanco y negro de cuadros y esculturas de dioses y diosas, con una profusión de ninfas desnudas *(Eco y Narciso*, de Solomon J. Solomon, por ejemplo), y hasta de unos hermosos culos femeninos igualmente desprovistos de ropa (me gustaban sobre todo, en este sentido, *Ulises y las sirenas*, de Herbert James Draper, y *Pan y Psyché*, de Burne-Jones).

El libro se había publicado por primera vez en 1907. Hojeándolo ahora, tantos años después, me doy cuenta de que constituía, entre líneas, encubiertamente, un ataque sutil contra el puritanismo y la hipocresía de la pudibunda Inglaterra victoriana, que, como ya he comentado, se iban a prolongar cinco décadas más tras la muerte de la reina Victoria en 1902. De hecho, hasta la tumultuosa revolución sexual de los sesenta.

Como Boggs y Webster, nuestro profesor de irlandés era otra institución de Newtown. Se trataba de Frederick Ernest Foster, conocido familiarmente, por sus iniciales, como «Fef». Cuarentón bien parecido, simpático, capaz de repentinas irascibilidades, con una risa contagiosa y el pelo rizado y castaño, se ocupaba también de los deportes, sobre todo del rugby, y a mí me caía muy bien. En mi primer informe trimestral apuntó: «Va mejorando tanto en rugby como en hockey». En el segundo, que progresaba sin parar en ambos. Al término del verano siguiente me calificó de «*cricketer* muy prometedor», y aquellas Navidades dejó sentado que me iba convirtiendo, respecto al rugby, en un «excelente delantero que siempre apuesta fuerte y nunca deja de seguir con tenacidad la pelota». También constaba que continuaba mejorando como jugador de hockey.

Lo que no sabía Fef es que, desde mi iniciación en el rugby en la High School, había decidido que tarde o temprano dejaría atrás la miseria de ser delantero para intentar brillar con luz propia y, como ala o centro, marcar ensayos que pusiesen de pie a las gentes en las graderías. Confiaba en adquirir pronto las condiciones físicas que lo hiciesen posible.

Como profesor de irlandés, el método de Foster consistía en que repitiéramos una y otra vez frases hechas y modismos, y aprendiéramos de memoria poemas. No había el menor intento de hablar el idioma, extinguido prácticamente en toda la isla, como dije antes.

Entre los poemas había algunos con referencias a la amistad tradicional de Irlanda y España. Así como a la nostalgia de los adalides celtas que tuvieron que abandonar la isla con sus familias a principios del siglo XVII, tras la decisiva derrota contra los ingleses, en la batalla de Kinsale, de un ejército apoyado por tropas españolas. La diáspora, conocida como *The Flight of the Earls* (La desbandada de los condes), significó el hundimiento definitivo de la Irlanda celta, muchos de cuyos hijos se alistaron en los ejércitos de Francia y España. Yo creo que aquellos poemas, con la gratitud que expresaban hacia España, influyeron en mi decisión, venido el momento, de aprender el idioma. También el descubrimiento de que, según las viejas crónicas, los celtas llegados a Irlanda, los milesios, procedían de la península ibérica.

Los versos iniciales de otra composición, esta vez sin tener nada que ver con España, se me han quedado clavados en la memoria. Titulada «*Machnamh an Duine Dhoilghíosaigh*» (Meditación de un hombre dolorido), la compuso un maestro de escuela del siglo XVIII, Séan Ó Coileáin, tras contemplar las ruinas de un convento franciscano. Puesto que quizás el lector nunca ha visto un texto en gaélico, los cito en versión original:

Oídhche dhamh go doilg, dúbhach,
chois fhairge na dtonn dtréun,
ag léursmuaíneadh a's ag luadh,
air chorraibh chruadha an tsaoghail.
Bhídh an ré 's na réulta suas,
níor chlos fuaim toinne ná tráigh,
's ní raibh gal ann de'n ngaoith
do chroithfeadh bárr craínn ná bláith.

O sea, más o menos:

Una noche oscura y desolada
cerca del mar de olas tonantes,
meditando sin parar y lamentando
el duro discurrir de la vida.
La luna y las estrellas brillaban en el cielo,
se iba apagando el retumbar de las olas en la playa,
y ni la más leve brisa
movía la copa de los árboles o las hojas...

Preguntado con cierta frecuencia en España si hablo gaélico, siempre digo que no, pero que me sé de memoria el inicio de una elegía donde se expresa una morriña parecida a la que se encuentra en muchos poemas de Galicia, al fin y al cabo la región de España, como demuestra el topónimo, más obviamente asociada a los celtas.

De Historia se ocupaba Eileen Webster, la esposa de nuestro profesor de inglés y latín. Sentía pasión por su asignatura y nos estimulaba a ir apuntando con claridad y orden lo que nos contaba, o lo que descubríamos leyendo. Había un contacto fluido entre ella y sus alumnos, casi se podría decir un diálogo, algo que no ocurría, en absoluto, con su pareja. Recuerdo sobre todo sus clases sobre la llamada guerra de Sucesión en España, que contribuyeron a alimentar el interés que ya me provocaba el país. Su alumno más brillante iba a ser Roy Foster, hijo de «Fef», diez años más joven que yo y hoy quizás el historiador irlandés más célebre de su generación, autor del rompedor libro *Modern Ireland: 1600-1972* y, entre otras obras notables posteriores, una biografía monumental de W.B. Yeats y un ensayo sobre Seamus Heaney.

Pese a mi insatisfactoria iniciación pianística a golpes de nudillo propinados por la amiga de mi madre, había seguido con el instrumento, y con ella, a regañadientes, durante mis tres años en la High School, y se daba por descontado que no lo abandonaría en Newtown. Y así fue.

Había dos profesores de música en la escuela. Eric de Courcy, de una familia dublinesa muy culta, tenía unos treinta años cuando llegué, y me impresionó enseguida. En una de mis primeras cartas a casa les conté, entusiasmado, que tocaba estupendamente tanto el piano como el violonchelo. Pero yo no iba a ser uno de sus alumnos, por desgracia, sino de una pequeña criatura, más o menos de la misma edad, soltera, poco agraciada y flaquísima de carnes. Lo peor es que decidió convertirme en su mejor discípulo. «Buen trabajo y progreso», apuntó en su primer informe trimestral. «Posee, para su edad, un estilo distendido y fluido.» ¿Para su edad? Fue una exageración desmesurada. En el segundo escribió: «Espléndido trabajo y progreso. Es un alumno muy entusiasta». El tercero añadía que participaba en todas las actividades musicales de la escuela «con evidente fruición».

Nada de esto se corresponde con lo que recuerdo ni de aquel primer curso ni de los siguientes. Es verdad que participé en dichas actividades musicales, toqué en conciertos, acompañé himnos, aprobé, uno por uno, los exámenes anuales de no recuerdo qué asociación británica... pero siempre a sabiendas de que no había nacido con el don de la música.

Nina, así se llamaba, ejercía sobre mí un poderío que no me sé explicar, sobre todo teniendo en cuenta que, a diferencia de Eric de Courcy, no era ninguna inspirada pianista y, en consecuencia, no podía suscitar mi admiración. ¿Para qué seguir, pues? Recuerdo las horas interminables practicando, aprendiendo una pieza de Músorgski, por ejemplo, para luego interpretarla mediocremente. ¿Qué posible satisfacción me podía producir?

Hay una famosa canción popular inglesa de aquella época que tiene, como estribillo, «*doing what comes naturally*». En mi caso la música no era lo que yo hacía «naturalmente», por lo cual era inútil continuar, por lo menos con aquella profesora tan convencional.

Hubo un momento que casi me hizo desistir abruptamente. Nina había decidido que interpretara, para el concierto que ofrecía cada verano la escuela, una mazurca de Chopin. Me puse a aprenderla de memoria, pensando que impresionaría al público si fuera capaz de tocarla sin tener la partitura delante. Mi madre me había expresado muchas veces el asombro y la admiración que le producían los pianistas profesionales, capaces de interiorizar cualquier pieza hasta el punto de poder interpretarla, por larga y complicada que fuera, de memoria. Yo me moría por poseer aquella capacidad. Para impactar a la gente, claro. Con la mazurca de Chopin todo fue bien al principio pero, como el narrador del «Infierno» dantesco, me extravié *nel mezzo del cammin* y solo logré volver de milagro, casi presa del pánico, a la «directa vía». «Tengo la sensación de que no te has adueñado del todo de la obra», me comentó después, con la debida ironía, uno de los invitados al concierto. No le faltaba razón. Nunca más repetiría el mismo fatuo error.

Lo que más me habría gustado en la vida era poder tocar el piano de oído, improvisando, creando mi propia música sin tener que preocuparme de partituras. Sabía que se trataba de un don muy especial, que no tenía ni Eric de Courcy ni mucho menos mi profesora. Pero había alguien entre mis compañeros que sí lo poseía. Dos años más joven que yo, hijo de una conocida pintora paisajista, Fiachra Trench tenía la música en la sangre y tocaba el piano con ángel, casi iba a decir con duende. Cualquier canción escuchada en la radio, o en una película, la sabía reproducir casi exactamente, añadiendo su propia aportación personal. Nunca llegué a entender cómo lograban encontrar sus dedos las notas y los acordes correctos. Tampoco el hecho de que parecía darle igual tocar en tal clave u otra. Siempre me decía: «Son más fáciles las teclas negras que las blancas». Pero para mí las teclas negras eran un misterio, un reto insuperable, así que me limitaba prácticamente a experimentar en clave de sol.

Trench fue mi introductor al mundo del jazz, el primero en hablarme de Dave Brubeck y Erroll Garner. Creo recordar que tenía algunos discos de ambos. Aquella música le fascinaba. Me mostró cómo funcionaban los acordes de décimas con la mano izquierda, elemento esencial del género, pero la mía era demasiado pequeña para abarcar el intervalo sin arpegiarlo con la ayuda de la sordina.

Fiachra me enseñó un pequeño esquema dentro del cual, me aseguraba, se movían casi todas las canciones de moda, y que consistía fundamentalmente en la secuencia de tónica, relativa menor, subdominante y dominante con séptima añadida para luego volver a la tónica. Descubrí que, efectivamente, la mayoría de dichas canciones, *Blue Moon* por ejemplo, una de mis favoritas, obedecían a tal estructura de base, con, a menudo, una modulación para introducir un poco de variedad. Pero me sirvió de poco. Nunca sabría improvisar. Me desesperaba.

Lo visité una vez en la ciudad de Drogheda, ubicada en la desembocadura del río Boyne, al norte de Dublín, donde vivía con sus padres. Estos irradiaban el orgullo de tener un hijo nacido para la música. «Si uno tiene un don artístico», me dijo Fiachra aquel día, mientras tocaba algo de jazz, «es una obligación compartirlo con los demás.» Él lo hacía. Estudió luego en la Real Academia Irlandesa de la Música, se hizo un nombre como pianista y compositor, como se puede comprobar en Wikipedia, y, al parecer, hasta enseñó a tocar el piano a Linda, la esposa de Paul McCartney. Le recuerdo con cariño y admiración.

Poco después de mi llegada a Newtown mi padre había descubierto que el diario *The Irish Press* —el que leía nuestra criada católica Winnie Curran, pero que nosotros apenas lo hacíamos— publicaba una columna semanal dedicada a la naturaleza. Empezó a mandarme recortes cuando el asunto eran los pájaros, y yo los pegaba en mi *Diario ornitológico* (1951-1955). Un día el autor de la columna abordó la cuestión de cuántos huevos ponía el arao aliblanco, ave marina que yo conocía perfectamente porque, como apunté antes, había una colonia de ellas en Bray Head. Había investigado numerosos nidos suyos y tomado nota del número de huevos, de modo que decidí escribirle al columnista sobre el asunto. Unos días después se refirió a mi comentario. Fue el 5 de marzo de 1953, justo antes de cumplir los catorce años. Jamás había visto antes mi nombre en letras de molde. «¡Mi primer paso hacia la notoriedad!», pensé, ilusionado.

Muy poca gente estaba al tanto de la presencia de araos

en Bray Head, y el columnista tuvo buen cuidado de no ofrecer precisiones topográficas al respecto, no fuera que algún coleccionista de huevos empezara a indagar. Si yo le hubiera revelado otro de mis secretos ornitológicos del lugar, creo que habría andado aún con más precaución, porque realmente se trataba de algo insólito. Una noche de verano, cuando hacía un calor inusual para Irlanda, había decidido dormir al aire libre, cerca de nuestro bungaló, algo nunca contemplado antes. Para mi sorpresa me despertaron dos o tres horas después, en plena oscuridad, unas cercanas notas estridentes y luego golpes de pájaros aterrizando —solo podían ser pájaros— en medio del espeso retamal que se extendía al otro lado de nuestra linde. Pero, por Dios, ¿qué pájaros? Estaba intrigado.

Para la noche siguiente me equipé con una lámpara poderosa, y me senté a esperar. Se repitió el fenómeno. Resultó que eran pardelas pichonetas, aves marinas que anidan bajo tierra, cerca de las olas, en agujeros y madrigueras abandonadas. Apenas lo podía creer. ¡En Bray Head criaba sigilosamente entre nosotros una colonia de pardelas, pájaro que casi nadie ha visto nunca, capaz de volar varios centenares de kilómetros en un solo día y que siempre regresa nocturnamente a casa!

Puse al tanto de mi descubrimiento a dos reconocidos ornitólogos dublineses con quienes había hecho amistad. Se quedaron impresionados ante la noticia.

Uno de ellos, Michael Rowan, me habló un día, con enorme entusiasmo, del viaje que había hecho al coto de Doñana. Me mostró un mapa de las dunas hacia las cuales, me aseguró, volaban decenas de miles de ánsares al amanecer, desde las marismas, para comer la arena que necesitaban para poder digerir las castañuelas subacuáticas que conformaban su dieta fundamental. Yo no tenía ni idea de que mi pájaro preferido entre todos invernaba tan al sur de Europa, en la desembocadura del Guadalquivir, frente a África. Me prometí visitarla cuanto antes.

Añado que estuve a punto de matarme en una de mis correrías por Bray Head. Había llegado a nuestros riscos, resultado de una sorprendente expansión en las islas británicas, una colonia de fulmares, ave marina de la misma familia que las pardelas. Cuando una tarde descubrí el acantilado donde se habían establecido, cometí, presa de la excitación, una grave imprudencia al bajar a gatas por la abrupta pendiente hasta alcanzar uno de los nidos. Fue una locura. Nadie de mi familia sabía dónde estaba, y cualquier desliz habría podido precipitarme al abismo. Al darme cuenta del extremo peligro de mi situación por poco me desmayo. Nunca sabré cómo logré volver sobre mis pasos sin resbalarme, fue casi un milagro. A partir de entonces evitaría como la plaga los acantilados, y sigo teniendo pesadillas parecidas a las que cuenta Luis Buñuel en *Mi último suspiro*. En ellas veo allí abajo el mar batiéndose espumoso entre rocas puntiagudas, estoy a punto de desplomarme, ¡ya está!, me tambaleo..., pero, con inmenso alivio, no caigo.

Quizás fue por esas mismas fechas cuando tuvo lugar una de mis mayores confrontaciones con mi madre. Una gran amiga suya nos había llevado a sus hijos y a mí en su coche para disfrutar de un pícnic en Kilcoole. Yo, atento, como siempre, a los pájaros, tropecé en la playa con un alca común totalmente engrasada en aceite e incapaz de moverse. Mi instinto inmediato fue pedirle a nuestra anfitriona que me devolviera con el pájaro al bungaló, un viaje de media hora, para intentar limpiarlo y salvarle la vida. Claro, fue una petición muy egoísta, que no tuvo en cuenta a los otros, que querían bañarse y luego despachar, con tranquilidad, los suculentos platos, y las bebidas, preparados por la amiga de mi madre. Pero esta entendió la bondad de mi propuesta, conocía mi amor a la naturaleza y accedió con una sonrisa. Mi madre se puso como una furia cuando nos vio regresar tan pronto a Bray Head y la informé de lo ocurrido. Me dijo que me había comportado con una deconsideración intolerable, que era un sinvergüenza, que solo pensaba en mí mismo, y sin más me encerró en uno de los dormitorios. A mí me dolió en el alma su reacción y, abriendo la ventana de la habitación, me escapé y me fui corriendo montaña arriba. Era un episodio más de la guerra civil sin contemplaciones ya existente entre los dos, guerra civil que nunca iba a remitir. Es terrible tener que decirlo, pero casi la odiaba y era ya plenamente consciente de que mi única posibilidad de ser algo en la vida consistía en escaparme cuanto antes de casa.

Ya he explicado que uno de mis héroes era el naturalista Peter Scott. En el otoño de 1953, cuando había vuelto a Newtown para iniciar mi tercer año allí, mi padre se enteró de que iba a dar una conferencia en Dublín y consiguió una entrada. Llevó consigo mi ejemplar del mencionado libro *Morning Flight,* con la esperanza de que me lo firmara. No solo lo hizo, sino que, sacando su pluma, ejecutó allí mismo un precioso dibujo a tinta con la dedicatoria: «Un ánsar común para Ian». Por desgracia perdí el libro veinte años después cuando se incendió el almacén londinense donde mi mujer y yo habíamos depositado provisionalmente nuestras pertenencias. ¡Adiós para siempre a aquel ejemplar único de *Morning Flight!* Lamento más que nunca, al ir hilvanando estas memorias, su pérdida.

Tras la conferencia de Scott, mi padre decidió que había llegado el momento de visitar conmigo su reserva ornitológica en Slimbridge, pequeña localidad del condado británico de Gloucestershire, a orillas del río Severn, que albergaba una extraordinaria colección de patos y ánsares. Toda vez que el naturalista iba a dar una charla sobre Patagonia en el Royal Festival Hall de Londres el 12 de enero de 1954, mi padre organizó las cosas para que, después de Slimbridge, siguiéramos ruta hasta la capital, donde, además de asistir a la disertación, podríamos conocer el Museo Británico. Me pareció un plan estupendo.

Cuando por la mañana llegamos a la reserva, Scott rodaba en directo un programa para la BBC. Era la primera vez que habíamos visto trabajar a un equipo de televisión, y era evidente que al hijo del explorador, que ya disfrutaba de renombre en los medios, no le costaba trabajo hablar con desenvoltura ante las cámaras. Razón de más para mi admiración.

Después se dedicó, con afabilidad, a mostrarnos personalmente el recinto. Yo era consciente de que se trataba de un enorme privilegio, de un momento cumbre de mi vida hasta entonces. Nunca había estado con un famoso, y Scott no era un famoso cualquiera, sino alguien cuya obra ya había calado profundamente en mí. Le agradecí con efusividad su dibujo en mi ejemplar de *Morning Flight,* y me dijo que le encantaba la pasión que me suscitaban los ánsares. Conocerle en persona, y en aquellas circunstancias, fue una experiencia mágica.

Cuando llegamos al Royal Festival Hall unos días después nos saludó en el vestíbulo y nos dijo que le alegraba vernos otra vez. Me sentí como un pequeño dios. Resultó, además, ser mucho más que un conferenciante convencional: se movió por el escenario con soltura e incluso, cruzándolo de rodillas, imitó la aproximación cautelosa a no sé qué animal nocturno en medio de un bosque americano. Después de aquella *performance,* y quizás recordando mi propio fracaso teatral de unos años antes, nada podía ser lo mismo.

Tampoco tras mi descubrimiento fortuito, durante nuestra breve estancia londinense, de la pornografía.

Nos alojábamos en un hotel situado a dos pasos de Piccadilly Circus. Yo no sabía que el colindante barrio del Soho era el centro de la industria del sexo en Londres. Vamos, no tenía ni idea de que existía tal industria. Una tarde hice una excursión a solas por aquel laberinto de calles estrechas, dispuesto a disfrutar el ambiente, y, entrando en una librería, empecé a curiosear. Cogí algo al azar y, de repente, me encontré con una descripción de una pareja copulando. Mientras seguí leyendo, más y más excitado, el encargado me dijo bruscamente que era demasiado joven para estar allí, y que tendría que irme de inmediato. Le convencí para que me vendiera el libro y salí a toda prisa del antro.

Luego me senté en un banco para adentrarme en su contenido. Mi turbación era absoluta. Al regresar al hotel, no le dije nada de lo ocurrido a mi padre, por supuesto, y, sin que él lo viera, oculté mi compra clandestina lo mejor que pude en mi maleta. Apenas logré dormir aquella noche, tal era mi estado de excitación, y en la oscuridad de la habitación traté de sacar el libro para poder leerlo en el baño, pero al intentarlo desperté a medias a mi padre, que me preguntó qué hacía, y tuve que desistir.

En la horriblemente reprimida Irlanda de entonces aparecía con regularidad, en *The Irish Times,* una lista de los últimos libros prohibidos; sus títulos, en sí mismos, eran una incitación erótica. Temí que al volver a Dublín la aduana encontrara el pecaminoso tomo y hubiera, en consecuencia, una escena vergonzante en presencia de mi padre. Por suerte no pasó nada.

Gracias a nuestra visita a Peter Scott, pues, yo acababa de entrar en el mundo tabú del sexo.

Reinstalado en Newtown, tras haber leído y releído el libro, cuyo título he olvidado, se lo presté a algunos amigos... y nunca lo volvieron a ver mis ojos.

También por aquella época circulaban entre nosotros ejemplares de una revista inglesa titulada *Men Only,* prohibida en Irlanda, que leíamos bajo las sábanas con la ayuda de lamparitas. Contenía ilustraciones de mujeres desnudas maravillosas, y cuentos eróticos más o menos explícitos. Mis masturbaciones, al cumplir ya los quince años aquel abril, iban ahora acompañadas de imágenes de coyundas esplendorosas, y empezaba a ver con otros ojos a las chicas que me rodeaban en la escuela.

Vive dentro de mí todavía, con nitidez, una penosa experiencia acaecida por entonces en Newtown. Sería desleal conmigo, y con el lector, no recordarla aquí.

Ocurrió poco tiempo después de nuestra visita a Peter Scott y mi descubrimiento del porno. La escuela tenía una despensa con un hornillo de gas donde los chicos ya algo mayores podíamos calentar de vez en cuando algún plato sencillo para complementar lo que nos daban de comer, en general suficiente. Una noche, movido por un impulso loco, tiré una taza de café con leche contra la pared blanca. ¿Urgido por mi mejor amigo de clase, Michael, a modo de reto («¡a que no te atreves!»)? Quizás. El hecho es que lo hice y que me fui a la cama sin darle más importancia.

En la asamblea matutina del día siguiente el director anunció que se había organizado para aquella mañana una excursión de toda la escuela al mar, pero que había una condición previa: la persona culpable de la mancha de café en la despensa tenía que identificarse inmediatamente. Si no lo hacía, se postergaba la iniciativa.

Fui incapaz de levantar el brazo, por el escalofrío que me había invadido. Estuve como paralizado. «¡Hazlo!», me susurró al oído Michael. «¡Di que fuiste tú!» Pero me fue imposible. ¡La ignominia, delante de todos!

Al no producirse la confesión solicitada, William Glynn actuó en consecuencia y anuló la excursión.

¿Había sido Michael el único testigo de aquel acto mío tan imbécil? Yo creía que sí, pero me equivocaba. Durante tres terribles días y noches, mientras toda la escuela se preguntaba quién había sido el culpable, el espanto por mi cobardía, y por haber privado a la comunidad de una placentera mañana libre, me tuvo al borde de un colapso nervioso. Todo terminó cuando uno de los prefectos me dijo que ya sabían que era yo el responsable del desmán, y me ordenó, más que recomendó, que fuera de inmediato a ver al director. Lo hice. Le pedí perdón por mi abyecta cobardía al no haber admitido en el acto mi culpabilidad. Me escuchó con paciencia, luego me dijo que tendría que informar a la asamblea de la mañana siguiente. Le rogué que me permitiera disculparme entonces públicamente. Asintió. Me aseguró que con el tiempo el incidente se olvidaría.

Cumplí. No recuerdo mis palabras exactas, solo mi intensa vergüenza al tener que admitir, delante de todos —profesores y alumnos—, que me había comportado no solo como un irresponsable, al tirar el café contra la pared, sino, después, como el más miserable de los cobardes.

Pasado el calvario hubo quienes me agradecieron mi sinceridad y otros, pocos, que, con razón, me increparon por mi falta de valentía o me hicieron el vacío.

Pese a lo que me había dicho el director, yo nunca iba a olvidar aquel episodio. Ni lo olvido hoy. Y me sigue doliendo.

La excursión prometida tuvo lugar unos días más tarde, y nadie aludió, ni entonces ni más adelante, por lo menos estando yo, a mi pusilanimidad. Desde esta lejanía en el tiempo y el espacio, con el pie casi en el estribo, se lo agradezco.

Buena jugadora de hockey, rápida y decisiva, Jean era una morena corpulenta y fuerte, con una cara preciosa y una sonrisa pícara. Para el espectáculo de las Navidades de 1953 se montó *Sueño de una noche de verano*. A mí me dieron el papel de Teseo y a ella el de Hipólita. Viendo fotografías de los años anteriores constato que los dos habíamos crecido rápidamente. Quizás fue el hecho de ser marido y mujer en la obra del gran Will, no sé, pero el caso es que empecé a notar, a partir de los ensayos, que me dedicaba una mirada insinuante que hasta entonces ignoraba.

Unos meses después, Nina, mi profesora de música, todavía empeñada inútilmente en convertirme en estrella del piano, me llevó a Dublín para asistir a un concierto. Jean, en plan muy mandón, me anunció que a mi vuelta me esperaría en el Reading Club —una especie de pequeña barraca donde, por lo menos en teoría, se leía en silencio—, y me explicó que, puesto que yo era «diferente a todos los demás chicos que conocía, al no tener muchos amigos», quería decirme algo muy especial. Me entró tanto terror ante su insistencia que apenas pude disfrutar el concierto —se trataba del famoso pianista Denis Matthews—, pensando en lo que me podía ocurrir a mi regreso.

Fiel a su amenaza, Jean me esperaba en el club. Allí me reveló lo que había decidido hacer conmigo. Era reunirnos en secreto aquella noche en el Cricket Shed (cobertizo donde se guardaban todos los aparejos del deporte), situado a una distancia adecuadamente discreta de la parte trasera del edificio principal de la escuela. Me ordenó acudir a la cita con extremada cautela, deslizándome entre las sombras (era todavía invierno), no fuera que algún profesor me viera, porque, claro, ir allí estaba prohibido. Era evidente que sabía de lo que hablaba, y que no era la primera vez que llevaba al cobertizo al predilecto de turno.

Llegué a la hora convenida, temblando. Empujé la cancela. Jean estaba ya dentro, en la oscuridad, lista para poner en marcha su proyecto conmigo. Nada más entrar me agarró con sus fuertes brazos, empezó a cubrirme de besos, y, sin decir nada, me tiró, casi literalmente, con ella encima, sobre un montón de *cricket pads* (rodilleras largas que protegen las piernas contra la pelota), un montón destinado a formar nuestro tálamo. Pero no tuve reacción sexual alguna. No pasó absolutamente nada, estaba como petrificado. Sin duda fue una gran frustración para Jean, acostumbrada, cabe deducirlo, a jóvenes más fogosos.

Fuera brillaba, irónicamente, una luna llena. La besé en la boca como mejor pude diciendo «creo que esto es lo que hacen en las películas», y nos volvimos por separado a nuestros cuarteles. Nunca me habló del decepcionante episodio, nunca más hubo miradas, un segundo intento, nada. Ella desapareció de la escuela poco después, creo que tras un escándalo sexual encubierto, y jamás tuve noticias posteriores de ella. Me dicen ahora que emigró a Australia, que se casó con un piloto que murió antes de tiempo, que fue algo poeta y que abandonó este mundo no hace mucho. Me habría gustado volver a verla y preguntarle si recordaba aquel incidente. ¡Escuchar su versión! ¡Confrontarla con la mía! Después de todo no está nada mal que a los quince años alguien te encuentre lo suficientemente interesante para intentar copular contigo. Digo a los quince años de entonces. Hoy todo ha cambiado.

Querida Jean, que descanses en paz, como tantos compañeros y compañeras de Newtown ya desaparecidos. Siento haberte fallado aquella noche, de verdad, y espero que lo achacaras no a un rechazo sino a mi inexperiencia.

Evocar el Reading Club me trae el recuerdo de un compañero ornitólogo de Newtown, John Temple Lang, que, según leo en Wikipedia, ha sido abogado distinguido (con un libro notable sobre Derecho Comunitario Europeo) e infatigable luchador por el medio ambiente, especialmente en Irlanda. Algo puritano cuando le traté, John consideraba que los cuáqueros eran demasiado tolerantes en lo que concernía a las relaciones entre chicos y chicas, y que el club en cuestión era poco menos que una casa de citas. Quizás no le faltaba razón.

A todo esto yo me había fijado en una chica robusta, aunque menos que Jean, de nombre Margarita, que salía entonces con un muchacho que a mí me caía fatal. Le hice llegar un mensaje diciéndole que, si se cansaba del tipo, me encantaría reemplazarlo. Poco después me comunicó a través de una amiga que estaba «libre». Solo recuerdo haber salido con ella una vez, en bicicleta. Fuimos a un paraje a orillas del río Suir que yo visitaba con cierta frecuencia. Ella resultó ser tan amante de la naturaleza como yo, y compartía mi pasión por las aves. Como si sellase nuestra unión incipiente, mientras sentados sobre la hierba charlábamos animadamente, una agachadiza —esquivo pájaro de marisma— se levantó detrás de nosotros produciendo con las plumas exteriores de la cola su característico balido vibrante. Sonido extrañísimo que ella nunca había oído antes, pero yo sí. Pese a aquel signo en apariencia cómplice no nos abrazamos ni nos besamos. Llegaron enseguida las vacaciones, nos escribimos un poco, me invitó a pasar unos días con su familia, no pude o no quise, y la relación se extinguió antes de haber florecido.

Michael, testigo del bochornoso episodio del café lanzado contra la pared, era también, a su manera, mi torturador. Se había ido dando cuenta, poco a poco, de mi problema con la vergüenza, y había descubierto que, al mirarme fijamente, podía inducir mi desamparo. Yo le puse al tanto de mi obsesión con el rubor. Él no se sonrojaba nunca, y le costaba trabajo entender que pudiera constituir para alguien un sufrimiento. Muy consciente del poder que le confería conocer mi secreto, a veces me lanzaba una mirada intensa para confirmarlo. Y yo, claro, no podía impedir bajar la mía.

Entretanto, en casa, las cosas iban de mal en peor. No sé hasta qué punto mi madre le confesaba a mi hermano su infelicidad, pero conmigo, durante las vacaciones, estuvo cada vez más explícita al respecto. «Desearía que tu padre se cayera muerto», me llegó a decir un día, con absoluta seriedad.

Decidí que era mi obligación hablar con él de aquella situación atormentada. Elegí hacerlo durante una compartida visita al bungaló de Bray Head. Le pregunté si no sería posible hacer algo para enderezar las cosas, llegar a una solución de compromiso que permitiera que su vida conjunta fuera más llevadera, si mi hermano y yo no podíamos ayudar de alguna manera... ¡Tiempo perdido! El hombre no fue capaz de contestarme ni una sola palabra, se cerró herméticamente como una almeja, se volvió de piedra, no respondió. Fue terrible. Jamás habría podido concebir por su parte una reacción tan absolutamente negativa, como si se sintiera traicionado en lo más íntimo por lo que yo le planteaba.

Emprendimos el camino a casa envueltos en un silencio sepulcral, atroz, y jamás volví a tratar con él el asunto. Al recordar el episodio me inunda la desolación.

Mi primer verano en Newtown me había confirmado como *cricketer* prometedor. Cuando estaba en la High School, soñaba, como he dicho, con el día en que fuera capaz de darle a la pelota justo en el momento del rebote, enviándola fuera del campo y así marcar seis puntos. El día llegó en junio de 1953, cuando una tarde soleada la bola cayó exactamente en el sitio requerido. No me lo pensé dos veces y le di con todas mis fuerzas. Unos segundos después sobrevolaba los olmos que rodeaban el recinto. ¡Lo había conseguido! ¡Mi primer *six!*

A partir de aquel momento lo tenía claro: iba a ser el mejor *cricketer* de Newtown... el número uno incontestable. Hay que admitir que la competencia era mínima. Como no teníamos entrenador oficial, solo unos profesores poco entendidos en la materia, me puse a leer todo lo que encontraba sobre el deporte inglés por antonomasia, incluido un libro que me enseñó varias sutilezas que me sería difícil describir en castellano. Al mismo tiempo fui mejorando como *bowler* (boleador) bastante efectivo, y *fielder* (fildeador, qué horror, veo el término en los diccionarios), aunque esté mal que lo diga yo, excepcional, según un informe de Fef el mejor de la provincia de Munster. Suena a autobombo, pero es la pura verdad. Mis manos pequeñas no solo servían para pegar y romper cosas, sino para parar, o coger en el aire, las pelotas más rápidas.

Irlanda se divide en cuatro provincias. En el verano de 1954, ya cumplidos los quince años, fui seleccionado para formar parte del equipo escolar nuestro —o sea, de Munster— en un partido contra el de Leinster, en Dublín. El acontecimiento se me quedó grabado en la memoria por dos razones principales.

La primera es que yo nunca había tenido que enfrentarme a un boleador rápido *(fast bowler)*, de esos que pueden llegar a tirarte la pelota, que además es durísima, a unos cien kilómetros o más por hora. Me horroricé al comprobar que el equipo contrario no solo contaba con uno, sino que este era vertiginoso. Se me fue el alma viendo cómo caían uno tras otro nuestros bateadores, sin apenas marcar un punto. No tardó en llegar mi turno. Para alcanzar su velocidad máxima, antes de tirar, aquel boleador diabólico, de apellido Jackson, necesitaba correr unos treinta metros, acelerando todo el tiempo, y mientras venía hacia mí, como una máquina enloquecida, me temí lo peor. Apenas vi la primera pelota, que pasó de largo. Unos minutos después la segunda derribó uno de mis palos —el objetivo del ejercicio—, y tuve que volver, desconsolado y cabizbajo, al pabellón, eliminado a cero.

Una razón mucho más poderosa para recordar el partido es que el guardameta de nuestros adversarios, o, mejor, *guardapalos,* era el cada vez más famoso jugador de rugby Tony O'Reilly, que aquel otoño, a los dieciocho años, entraría a formar parte, contra Francia, de la selección irlandesa. Fue el inicio de una carrera internacional meteórica que le haría celebérrimo en el mundo del rugby. Me llamaron la atención su gran altura, superando con creces los clásicos seis pies (más o menos dos metros) a que aspirábamos los jóvenes, y su físico espléndido. Además, gozaba de una cabeza noble, coronada por una mata de pelo castaño rojizo. Por algo lo llegarían a llamar «Red O'Reilly». ¿Era la reencarnación de un mítico héroe celta, quizás Cú Chulainn? Así me parecía.

Durante la merienda yo estaba sentado no lejos del prodigio, y pude apreciar sus divertidos intercambios con sus compañeros, que le aupaban con estallidos de risas y aplausos. A nosotros no nos hicieron el menor caso los de Leinster, éramos unos provincianos y ellos los reyes de la juventud capitalina. Hablaban de la juerga con chicas a la que iban a asistir aquella noche para celebrar la que evidentemente sería una aplastante victoria. Y creo, aunque a lo mejor me equivoco, que ninguno de ellos nos dirigió la palabra. Hablaban también de lo que dirían los periódicos. Entre ellos yo me sentía completamente anulado.

Es una confesión patética, quizás patológica, pero no por ello me la voy a callar: aquel día fue el inicio de una obsesión mía con O'Reilly que duraría décadas. Dos años después me di cuenta una tarde, durante las vacaciones, de que el equipo irlandés se estaba entrenando en el campo de rugby del Trinity College. Fui a verlos. Entre ellos estaba O'Reilly, demostrando su devastadora combinación de alta velocidad, intuición y arrolladora fuerza física. Allí coincidí con mi amigo ornitólogo de Newtown, John Temple Lang. «¡Lo tiene todo el cabrón!», exclamó. «¡Míralo! Cabeza apolínea, cuerpo de dios griego, altura de un árbol, autoconfianza a prueba de bombas... Más fuerte que los demás, más rápido, y probablemente más inteligente también, lo tiene todo, ¡gran hideputa!»

Un día entré en una cafetería de Dublín, y allí, para mi disgusto, estaba el hombre, rodeado de aduladores. Ya para entonces, a los veinte años, Anthony Joseph Francis O'Reilly se había convertido en un ídolo de masas, un héroe nacional, reconocido en la calle, instantáneamente, por todo el mundo. Estar a su lado era, pude observarlo, algo así como recibir una descarga de carisma semejante a la que, según los Evangelios, percibía la gente con solo tocar el borde del vestido de Jesucristo. Obcecado con el empeño de ser yo mismo famoso un día, sin saber de qué manera, Tony O'Reilly invadió mi vida interior de una manera obsesiva, sísmica.

Wikipedia está atestada de información sobre su brillante carrera, no solo como estrella mundial del rugby, sino como empresario internacional que supo poner su celebridad al servicio de iniciativas que lo iban a convertir en multimillonario. Incluso, por el camino, llegó a ser director general de Heinz International, que no es moco de pavo. Hasta consiguió que la reina de Inglaterra le concediera el título de Sir, pese a no tener la nacionalidad británica, algo insólito (y que no fue el caso de nuestro vecino Ernest Walton, como queda dicho). Fue propietario de un periódico, *The Irish Independent.* Jugó al tenis con George Bush padre. Y muchas más cosas. Pero no sin tener sus crisis, lo cual me consolaba un poco.

Se decía que llegó el día en que, sin la ayuda de su segunda esposa, muy rica, habría estado al borde de la ruina. Había un chiste al respecto: «¿Te has enterado de lo último de O'Reilly? ¡Ya solo le queda un millón de libras!».

Se dice a menudo que los irlandeses y los españoles se parecen mucho en el aspecto de la envidia. Tiendo a pensar que es cierto. En ambos países el acoso y derribo del famoso es una actividad habitual, y Tony O'Reilly no podía pretender burlar la norma. A lo mejor le daba igual o incluso le complacía, quién sabe.

Lo que más recuerdo de sus múltiples apariciones como ala izquierda del equipo irlandés era la táctica demoledora mediante la cual seguía a todo tren un alto puntapié, previamente concertado, recogía la pelota en el aire, con *timing* perfecto, y continuaba, imparable, hacia la línea de marcaje, zigzagueando a toda velocidad y apartando, como si fuesen los títeres de Maese Pedro, a quienes intentaban en vano pararle los pies.

Otro truco, jamás visto en el rugby, pero sí en el fútbol norteamericano, su derivado, fueron sus innovadores saques de banda. Estos consistían tradicionalmente en que el ala tirara la pelota, con ambas manos, sobre las cabezas de los delanteros de los dos equipos alineados paralelamente, que luchaban entre sí por hacerse con ella. O'Reilly perfeccionó la técnica yanqui de lanzar la pelota con una sola mano, en rapidísima espiral, a sus compañeros del centro del campo, pasando por alto a los delanteros y abriéndole al juego posibilidades inéditas.

Luego había todo el chismorreo social en torno a su vida privada, reflejado en la prensa nacional y, cada vez más, en la internacional, a menudo con las fotografías correspondientes: O'Reilly con su novia más reciente, por supuesto guapísima; O'Reilly en su descapotable blanco marca Triumph; O'Reilly delante del University College, donde estudiaba empresariales, espiado desde las ventanas de una escuela de chicas situada enfrente, todas llamándole y haciéndole señas; O'Reilly rechazando la oferta de protagonizar una película; O'Reilly muy solicitado como conferenciante; O'Reilly brillante contador de anécdotas; O'Reilly como benefactor...

También proliferaban bulos sobre su persona, sobre todo relacionados con su brillante actuación, en África del Sur, con el equipo internacional de las islas británicas, Los Leones. Se decía, por ejemplo, que tenía una sesión cada mañana con un cura para ayudarle a rechazar las innumerables ofertas sexuales que recibía diariamente durante su estancia, tal era su atractivo para las mujeres.

Digo bulos, pero ¿quién sabe?

Después de abandonar Newtown me hice socio de un club de rugby de Dublín, y llegué a formar parte durante dos años de su primer equipo, ocupando, como O'Reilly, la posición de ala izquierda. No tenía sus magníficas cualidades físicas, desde luego, ni su velocidad, ni su fuerza, y con mis manos pequeñas no podía conseguir su espectacular saque de banda. Pero tampoco lo hacía del todo mal, y tuve la emoción, en un partido de no recuerdo qué competición, de marcar un ensayo en el estadio de Lansdowne Road, sanctasantórum del rugby irlandés. Demolido en 2007 y rebautizado Aviva Stadium, hoy acoge además partidos internacionales de fútbol, algo impensable en mis tiempos.

Pecado mortal para el cristianismo, la envidia nunca se confiesa abiertamente. Es capaz de envenenar a quien la padece, y también, en ocasiones, de matar con alevosía a la persona que la suscita. Ningún macho ha admitido nunca ser un envidioso, porque sabe que le reduce a un nivel humano ruin. Pero decir que odias a alguien sí que es lícito, varonil.

Confieso que a Tony O'Reilly nunca he podido quitármelo del todo de la cabeza. A veces ha aparecido en mis sueños, siempre venciendo, siempre acompañado de mujeres de postín, siempre el jefe, el *boss*, siempre el triunfador. Mi propia querencia de fama, mi *famafilia*, mi necesidad obsesiva de admiración, que existía ya a los ocho años, fue inflamada brutalmente por su epifanía. Tiene ahora ochenta y cinco años, dos más que yo, y el pelo rojizo se le ha vuelto blanco. Están colgadas numerosas entrevistas suyas en YouTube, así como secuencias filmadas de sus grandes hazañas como el *golden boy* del rugby internacional. Y, por supuesto, alguien ha escrito su biografía. Cualquiera puede informarse al respecto, si quiere, consultando en su teléfono móvil. Sospecho, y sería el colmo, que me sobrevivirá.

Tenía que bregar constantemente, en Newtown, con mi rival en el campo de deportes, Donald Bailey. Le superé pronto con creces como *cricketer,* pero me costaron más trabajo sus proezas en el rugby. Sobre todo cuando fue elegido para participar en una prueba, en la ciudad de Cork, de la cual saldría la selección provincial de Munster. El director le felicitó calurosamente en nuestra asamblea diaria, la mañana de su partida, y le expresó el apoyo, el orgullo y los mejores deseos de toda la escuela por su éxito. Casi me morí de envidia. Aquella noche, cuando volvió, nos dio un detallado relato desde su cama, no lejos de la mía, de lo bien que lo había hecho. Aunque no había marcado un ensayo, nos aseguró que, con su juego en el centro de campo, facilitó que otros lo pudiesen hacer, abriéndoles ventajosas posibilidades de ataque. Estaba seguro de que sería elegido por su actuación. Y es que, fanfarrón empedernido, nunca parecía dudar de sí mismo. Digo parecía porque a lo mejor padecía un complejo de inferioridad por su baja estatura, como mi padre, que procuraba compensar a su manera. Después de escuchar el relato de sus hazañas apenas pude dormir de pura rabia. Luego resultó que no fue seleccionado. Para alivio mío, no lo oculto.

Yo llevaba ya cuatro cursos en Newtown. En junio de 1954 aprobé con buenas notas las asignaturas del Examen Intermedio del Estado, primer peldaño del bachillerato. Académicamente, pues, todo iba sobre ruedas.

Un mes después mi padre nos llevó al pequeño pueblo costero de Portnoo, en Donegal, condado atlántico del noroeste del país, donde acampamos entre las dunas durante unos quince días.

Me fascinó la región por su riqueza ornitológica, y me hice amigo del carismático rector anglicano del pueblo, George Good, que solía organizar partidos de críquet, bailes y otras actividades para los turistas.

Conservo un recuerdo triste de la estancia. Un día un buen amigo de George Good, puesto al tanto por este de mi pasión ornitológica, nos invitó a mi padre y a mí a dar un paseo en su barca, con la promesa de que veríamos maravillosas aves. Las vimos. Al regresar a su casa, al lado del mar, salió un momento de la sala de estar, donde estábamos sentados, y volvió con una bandeja de copas: cerveza, jerez, oporto. Mi padre, confuso, le dijo enseguida, para la sorpresa del generoso anfitrión, que él no bebía alcohol y pidió una naranjada. Se extrañó el hombre: empapados por la lluvia, hacía falta algo que nos reanimara, ¿seguro que mi padre no quería algo un poco más fuerte? Mi mortificación fue extrema. Una vez más mi progenitor había demostrado ser el *«odd man out»*, el *«misfit»*, el socialmente torpe. Sentí vergüenza.

Cuando mi padre regresó a Dublín, George me invitó a prolongar mis vacaciones con él y su madre en el rectorado. Acepté con alivio y entusiasmo. Mejor estar allí con ellos, a solas. ¿No tenía derecho a mi propia vida?

Good era soltero y su madre dirigía todos los aspectos domésticos de la casa. Se trataba de una señora muy simpática, de mucha personalidad. Ellos no eran puritanos como los metodistas. Un día, cuando no había nadie en casa, me atreví a probar, en la despensa, una copa de jerez. El impacto fue inmediato y comprendí enseguida por qué mi padre temía tanto el alcohol. En unos segundos me sentía eufórico, dispuesto a todo. ¿Era el inicio de mi caída por la pendiente que conducía a la ruina? Pensé que tal vez era así.

En Portnoo conocí aquel verano a una chica muy guapa,

oriunda de la localidad de Lurgan, en Irlanda del Norte. Se llamaba Gill. Se dignó acompañarme por el pueblo y sus alrededores y sentarse a veces sobre mis rodillas. Pero para mi intensa irritación me hablaba, una y otra vez, de un conocido jugador de rugby, vecino suyo, de nombre Cecil Pedlow, que entraría en la selección irlandesa aquel otoño. ¡Qué ironía! Yo, ya obsesionado con Tony O'Reilly, tenía ahora la competencia de otra estrella del sector. Pero una estrella menos inquietante, es verdad, porque Pedlow no tenía las múltiples tablas de mi héroe.

Para bailar yo era bastante torpe, no dominaba ni el vals ni el *quickstep* ni mucho menos el rock and roll, que ya empezaba a hacer furor. Sintiéndome como pez fuera del agua entre aquellos jóvenes alegres y adeptos de los bailes organizados en la sala parroquial de George Good, decidí actuar. Había visto en un periódico el anuncio de un folleto garantizando que en una semana el que se hiciera con un ejemplar podría ser un Fred Astaire. Lo encargué. Me llegó justo a tiempo para que, en mi dormitorio del rectorado, pudiera practicar unos pasos y así mejorar mi pericia de bailarín, aunque no fue lo suficiente para impresionar a Gill, que además no paraba de elogiar, entretanto, los méritos del maldito Cecil Pedlow.

A pesar de mis deficiencias como pretendiente, me invitó a pasar unos días con ella y su familia a finales de aquel mes de agosto. Era la primera vez que estaba en Irlanda del Norte. Pronto me di cuenta de que estaba perdiendo el tiempo y de que a ella yo no le interesaba nada. Regresé antes de lo previsto a Dublín.

Añado una posdata. Diez años después, estando en Belfast, tuve que consultar a un dentista y resultó ser ni más ni menos que Cecil Pedlow. Cuando hubo resuelto mi problema le pregunté si sabía algo de una chica guapa de nombre Gill, como él de Lurgan, a quien yo había conocido en Portnoo, y que me había hecho la vida imposible hablando sin parar de él. Se rio estrepitosamente. ¡Claro que la recordaba! Me contó algo de su vida posterior, de su matrimonio, pero el tiempo, o el desinterés mío, ha borrado los datos.

Consultando Wikipedia me entero de que Cecil Pedlow murió en 2019, a la edad de ochenta y cinco años.

Creo que fue aquel mismo verano de 1954 cuando me di cuenta de que mi hermano Alan era gay, o, como entonces se decía, *queer*. Ocurrió cuando llegó a Bray Head, tras una visita a Provenza, acompañado de un francés joven y guapo. Supuso para mí una escena altamente turbadora verles a los dos, muy morenos tras su estancia junto al Mediterráneo y con bañadores ceñidísimos que enfatizaban sus partes, haciendo cabriolas y otras tonterías sobre la hierba delante del bungaló. Tras la partida de su amigo, Alan me dijo que había hecho todo lo posible por complacer al otro sexo, pero que las chicas nunca le habían excitado y que, poco a poco, había ido conociendo la verdad de sus propias inclinaciones. Si mis padres se enteraron aquel verano de lo que les venía encima con mi hermano, o si les confirmó en sus sospechas, no lo puedo decir. Solo que, de ser así, el descubrimiento, sobre todo para mi padre, debió de ser devastador, y tal vez le recordó, tan de la Biblia él, al momento en que Job lamenta que lo que más temía le acaba de acaecer.

Evocar la llegada de Alan y del francés a nuestra cabaña me ha recordado que, dos o tres años antes, yo había tenido un encuentro homosexual. Ocurrió cuando, todavía con pantalón corto, me hallaba mirando la cartelera en la entrada del Adelphi Cinema, en Dublín, uno de los coliseos más amplios de la capital. De repente se me acercó un individuo envuelto en la clásica gabardina marrón de los sospechosos. Me preguntó si entraba, y se ofreció a invitarme. No fui capaz de mandarle a la mierda, ocurrió lo de siempre —mi miedo a oponerme a una persona mayor— y acepté. Nada más comenzar la película sentí su mano sobre mi muslo derecho. Poco a poco fue subiendo hasta el borde de mis calzoncillos, para dar, finalmente, con mi pene, que empezó a frotar y acariciar. No dije ni pío. Le aparté la mano, pero volvió enseguida, insistente. Recuerdo haber pensado entonces: «¿Le pego un puñetazo y me voy corriendo?». Pero allí seguí, paralizado. Al salir me dio una moneda. La cogí a regañadientes. Luego, cuando se hubo largado, la tiré debajo de un coche, asqueado de mí mismo al haber permitido que abusara de mí.

Inútil añadir que, al llegar a casa, no le conté a nadie, ni a mi hermano, lo que me acababa de ocurrir.

En la fotografía oficial de la escuela al completo tomada en el verano de 1951, al final de mi primer curso, una chica rubia de once años, con pelo largo y cara ovalada, mira la cámara con una ligera sonrisa. Se llama Julia y su familia vive en una población del condado de Kilkenny. Yo estoy al final de la fila, con ademán más bien serio. Al año siguiente, diez alumnos interpretamos la *Sinfonía de los juguetes,* de Haydn, en el Teatro Real de Waterford. La prensa local incluyó una imagen, que conservo, de la actuación. Julia ocupa el centro del grupo. Yo estoy a su lado, todavía con pantalón corto. Aquel junio ella y yo formamos parte de un trío pianístico que tocó, en otro concierto, el *Valse Noble* de Cornelius Gurlitt. Dos veranos después, en 1954, la fotografía anual de la escuela demuestra que Julia era ya una hermosa adolescente.

Aquel otoño me di cuenta, de repente, de que me atraía poderosamente. ¿Por qué no me había percatado de ello antes? Quizás al no estar ambos en la misma clase. De mediana estatura, con pechos desarrollados, talle de avispa y piernas perfectas —se podía apreciar cuando jugaba al tenis—, su cara ovalada no poseía tal vez una belleza excepcional, pero guapa sí que era. Además, estaba llena de vitalidad, siempre dispuesta a reírse, con una voz suave, acariciadora.

Yo estaba vagamente al tanto de que había sido la chica de mi archirrival Don Bailey, de la misma clase.

Un día noté, estremecido, que me acababa de dirigir una mirada penetrante, casi de complicidad, que me parecía decir: «Intuyo que me deseas para ti. Estoy de acuerdo».

No me equivocaba. Una tarde estaba yo solo en la sala de conferencias, que también albergaba la biblioteca, leyendo algo apoyado contra la pared. De repente se abrió la puerta, entró Julia, corrió hacia mí, me envolvió en sus brazos, me cogió la cabeza, la tiró hacia ella y me empezó a besar apasionadamente en la boca. Sentía el palpitar de sus senos pegados contra mí. ¡Cómo de apasionado fue aquel inesperado beso, aquel primer abrazo amoroso!

Creo que le pregunté, alborotado, si ya no estaba con Don, y que me dijo, con cierto desprecio, que no. Años después, cuando él murió mucho antes de tiempo, no sé de qué, me escribió: «Pobre, nunca tuvo mucho a su favor». Me pareció muy cruel.

De todos los poetas que he reverenciado, Paul Verlaine es quien con más sutileza ha logrado plasmar el momento irrepetible de la experiencia amorosa inaugural, cuando todo lo anterior parece pálido en comparación y, en unos segundos, la vida cambia radicalmente de rumbo. Con quince años —los que teníamos ambos cuando Julia irrumpió en mi vida— compuso el soneto «*Nevermore*» (Nunca más), cuyo título reconoce su deuda para con el famoso estribillo de «The Raven» (El cuervo), de Edgar Allan Poe. Tengo arraigado en el alma su segundo terceto:

Ah, les premières fleurs, qu'elles sont parfumées!
Et qu'il bruit avec un murmure charmant
Le premier oui qui sort des lèvres bien-aimées![1]

1. «¡Ah, las primeras flores, qué perfumadas son! / ¡Y qué sonido,

La seducción —pues de seducción en toda regla se había tratado— dio lugar, cuando las circunstancias lo permitían, a mi progresiva exploración del complaciente cuerpo de Julia. De vez en cuando se organizaba, los sábados, la proyección de películas, en general documentales. Si hacía frío, podíamos cubrirnos las rodillas con una manta. Una noche aproveché aquella licencia para pasar la mano, debajo de la falda de Julia, por el interior de sus muslos. Me maravillaron su frescor y su lisura. Más abajo me sorprendió dar con unos pelos suaves y rizados: nadie me había hablado nunca de vello púbico, ni había visto todavía, creo, su representación pictórica o fotográfica. Todo era de una deslumbrante novedad absoluta.

Como he dicho, el liberalismo de la escuela nos permitía salir a ciertas horas del fin de semana, en bicicleta o andando, con quien o quienes quisiéramos. Julia y yo no tardamos en beneficiarnos de esta licencia. ¿Cómo y cuándo había localizado ella aquel bancal acogedor a orillas del río Suir adonde me llevó una tarde, muy segura de la ruta? ¿Quizás buscando rincones propicios con Don? Me desvivía por preguntárselo, pero no me atreví ni entonces ni después.

En el citado poema de Verlaine, la chica, dirigiéndose al poeta-narrador con un *«regard émouvant»*, le hace una pregunta inesperada, para mí inolvidable:

> *«Quel fut ton plus beau jour?» fit sa voix d'or vivant,*
> *Sa voix douce et sonore, au frais timbre angélique.*[1]

Mi día más hermoso con Julia tuvo lugar unos pocos meses después del inicio de nuestra relación, concretamente en mayo de 1955, durante una visita al pequeño puerto de Dunmore, no lejos de Waterford, donde yacen los restos de mi querido profesor Leslie Matson. Era uno de mis rincones loca-

con un murmullo encantador, / El primer sí que brota de labios amados!»

1. «"¿Cuál fue tu día más hermoso?", preguntó su voz de oro. / Su voz dulce y sonora, de fresco timbre angélico.»

les favoritos porque, entre otras razones, sus riscos bajos y oscuros albergaban, y supongo que lo hacen todavía, una colonia de gaviotas tridáctilas *(Rissa tridactyla)*, cuyo simpático nombre en inglés, *kittiwake*, intenta imitar el sonoro «quitti-ujeic» o «caca-uuiic» que caracteriza su voz.

Un grupo de alumnos habíamos alquilado un bote para dar una vuelta por la bahía. Lucía un sol brillante, hacía calor y se me ocurrió de pronto sugerir que nuestros compañeros nos dejasen a Julia y a mí en un islote cercano, y que prometía, les dije, dar cobijo a pájaros nidificantes. ¿O fue una excusa, una intuición de lo que iba a pasar? Acordamos que nos recogiesen allí media hora después. En vez de atender a posibles aves, nos tumbamos sin perder un instante, guiados por el instinto, entre una mata de altas hierbas. Me bajé el pantalón y los calzoncillos, diciendo más o menos «creo que se hace así», y la penetré enseguida, como guiado por el mismo Pan, retirándome justo a tiempo antes de eyacular.

Así fue mi día más hermoso, no sé si el de ella; más bien me imagino ahora que no, y que había habido, previamente, coyundas con otros favorecidos, Don incluido.

A lo largo de las pocas semanas del trimestre que quedaban hicimos el amor como locos no solo durante nuestras habituales salidas de fin de semana, sino aprovechando cualquier oportunidad que se nos ofreciera dentro del mismo recinto del colegio, siempre con el temor de ser cogidos *in fraganti* y expulsados.

Guardo una foto de Julia sacada aquel verano en el mismo pueblo costero de Dunmore. Está saliendo, radiante, del mar en una de las pequeñas calas de la localidad, con la torre de la iglesia al fondo. Lleva un bañador negro, ceñido, sostenido por dos tirantes —no ha llegado todavía la hora del bikini—, y luce un escote tentador. En la mano izquierda lleva su gorro de baño recién quitado, que ha dejado libre su abundante pelo rubio. Todo en ella es incitante.

Hubo tiempo para otra aventura marinera con ella antes de que acabara aquel trimestre. Fue la visita que hizo nuestra clase, a la que ella ya se había incorporado, a una isla ubicada a cinco kilómetros de la costa del condado de Wexford y famosa como reserva de aves.

Tuvo lugar el 10 de junio de 1955. ¡Fecha para mí sagrada! ¡Que me quiten lo *bailao!*

Hacía un tiempo maravilloso cuando salimos de Waterford temprano por la mañana en una pequeña caravana de coches, y el sol se mantuvo benigno todo el día, algo bastante inusual en la Verde Erin. Todavía tengo la secuencia de nueve fotografías (en blanco y negro) que saqué durante la jornada. Empieza con tres tomas de la preparación del barco, en el pequeño puerto de salida. Allí está mi odiado Billy Boggs, inmerso en su periódico, indiferente a los demás. Allí Julia, con su larga y reglamentaria falda ligera de verano —aún no había llegado, por desgracia, la minifalda—, sus calcetines blancos, sus sandalias, su blusa blanca mostrando su garganta adorable pero nada más, y, encima, una rebeca que recuerdo de color ciruela.

Una de las fotos demuestra que llevaba aquel día una venda en el dedo segundo de la mano derecha. Sé que al posible lector de este relato le importa un bledo la tal circunstancia, pero a mí, como mi propio cronista, me intriga el minúsculo detalle: el hecho de que un aparato fotográfico sea capaz de registrar, y colocarlo fuera del tiempo, un pormenor de tan aparentemente mínima relevancia. Otra instantánea capta a Julia soltando una de sus tremendas carcajadas, revelando al hacerlo la blancura de sus dientes. Era un rasgo muy suyo: una explosión repentina de risa.

La imagen me recuerda que, en otras excursiones del internado, en tren o autobús, ella siempre demostraba conocer todas las letras de las canciones del momento. Yo nunca. Me lo recriminó varias veces, preguntándome por qué tenía que ser diferente a los demás, por qué no gustaba de participar plenamente en tales sesiones. Sin duda tenía razón, pero es que yo, hasta no empezar a beber, siempre me sentía «extranjero» en medio de la tribu.

En mi fotografía favorita de la secuencia, Julia sostiene en la mano izquierda un pequeño polluelo de gaviota, que acaricia con la derecha.

Como yo, ella tenía una dificultad seria con el sonrojo. Cuando se ruborizaba, y eso ocurría con frecuencia, sus facciones pálidas parecían brasas encendidas. Un día me contó que había encontrado una referencia, en una revista de cine, a una pequeña intervención quirúrgica, popular entre las actrices norteamericanas, que acababa con el rubor para siempre. «¿No sería fantástico resolver así, de una vez, el problema?», me dijo. «¿Te imaginas?» Sí, me lo imaginaba.

Al inicio de mi segundo curso en Newtown llegó al internado un personaje extraordinario. Nacido como yo en 1939, Jeremy Johnston era delgadísimo, débil, nervioso e intelectualmente brillante, con una cara de duendecillo y orejas saledizas.

Se trataba del hijo ilegítimo del dramaturgo irlandés Dennis Johnston —hoy algo olvidado—, y la actriz Shelagh Richard. A mi madre, que, como he relatado, escudriñaba de joven a la pareja en Bewley's, la mítica cafetería de Grafton Street, ubicada en el corazón de Dublín, le impresionó que estuviera ahora en mi escuela el fruto de sus amores. Cuando, para las Navidades de 1955, montamos una opereta de Gilbert y Sullivan, *Los piratas de Penzance,* con Jeremy en el papel del líder (y yo en el del teniente coronel Stanley), su padre acudió desde Dublín para ver la representación. Pude comprobar aquel día que, efectivamente, Dennis Johnston era un portento de hombre, tan bien parecido como alto y carismático, aunque ya para entonces canoso.

Jeremy había heredado algo del talento artístico de sus progenitores, y poseía un devastador y cáustico sentido del humor. Me chocó descubrir que se declaraba ateo militante, el primero con quien me tropezaba. Tuvimos acaloradas discusiones sobre Dios y Jesús, a quienes desdeñaba por igual, mientras yo, todavía metodista, intentaba defenderlos. «¿Crees seriamente en un Dios personal?», me espetó un día con sarcasmo. «¡Hay que ser gilipollas! ¡Es una locura!» Ante sus arremetidas dialécticas me sentía desarbolado, cuestionado en lo más hondo. ¡Nadie me había preguntado nunca si creía en «un Dios personal»!

Todas las mañanas, en la asamblea, uno de los alumnos leía un pasaje bíblico de su elección. Un día, poco después de iniciada mi relación con Julia, le tocó el turno a Jeremy, que lo utilizó, siendo quien y como era, para hacer una de las suyas. Eligió nada más y nada menos que el cuarto capítulo del Cantar de los Cantares, donde el Esposo encomia los encantos físicos de la Esposa en una serie de imágenes de asombrosa sensualidad. Dueño de una voz profunda y engolada, leyó los versos pausadamente, como si fuera un rabino o quizás el mismísimo Salomón:

Tus labios son cinta escarlata,
y tu hablar melodioso;
tus mejillas, entre el velo,
dos mitades de granada.

Es tu cuello torre de David,
construido con sillares,
de la que penden miles de escudos,
miles de adargas de capitanes.

Son tus pechos
dos crías mellizas de gacela
paciendo entre azucenas...

El atril desde el cual entonaba Jeremy los versos bíblicos se situaba justo al lado de la mesa del director. Al llegar el cantar a los pechos de la Esposa, las mejillas del tímido William Glynn se tiñeron de rojo. Me imagino que también las mías... y quizás las de Julia. Yo jamás había oído pronunciar públicamente la palabra *breasts* (pechos), en plural, y ahora, en plena asamblea de una escuela cuáquera, Jeremy se atrevía a hacerlo, escudándose en que se trataba de un texto sagrado. Nos dijo después que el director le reconvino duramente por su atrevimiento, pero que él había sabido defenderse.

Yo no había leído el Cantar de los Cantares, pero, impactado, lo hice aquella misma noche. Quedé consternado. ¿Cómo podía haber en la Biblia un himno tan libidinoso, con, para colmo, múltiples alusiones al vino y la embriaguez como incitantes eróticos? No era cuestión ahora, evidentemente, del supuesto, y tan insulso, mosto palestino en que insistía en creer, contra toda evidencia, mi padre, sino de vino de verdad. Del vino que yo había probado por vez primera en la despensa del pastor anglicano George Good... y cuyos efectos había notado de inmediato.

Unos días antes, al admirar a Julia participando en una carrera de cien metros, me había hipnotizado el oscilar de sus maravillosos pechos. Ahora resultaba que el autor de uno de los textos hebreos considerados de inspiración divina por judíos y cristianos encomiaba los atractivos del seno femenino. Apenas podía creerlo.

Claro, yo no sabía nada entonces del misticismo oriental. Ignoraba que estaba ante un intento de expresar, a través del simbolismo erótico, la relación del alma con su Creador.

Me sometí por aquellas fechas al examen de ingreso en el Trinity College de Dublín, con el propósito de entrar en el Departamento de Francés. Recuerdo con nitidez la prueba oral de latín, con un profesor vestido de toga negra. Tuvo lugar en una sala inmensa que me llenó de pavor. Me tendió el primer libro de *La guerra de las Galias,* de Julio César, cuyo estudio previo era un requerimiento del examen, y me pidió que tradujera el pasaje señalado. Lo hice tan mal que empecé a temblar, casi a desmayarme, y le pedí lloriqueando que tuviera piedad de mí. Fue una escena lamentable. Me dijo que no me preocupara, que continuara, que me calmara. Me asombra ahora constatar una vez más la fuerza de mi temor a las autoridades, representadas en este caso por una figura vestida de juez. Pese a todo, aprobé.

Toda vez que, por otro lado, ya había superado con éxito, en 1954, el Examen Intermedio del Estado, podría haber abandonado Newtown al final del curso. Pero el director me aconsejó, muy sabiamente, que, para tener una garantía académica añadida —en el caso, por ejemplo, de querer optar por otra universidad que no fuera el Trinity College dublinés—, siguiera en la escuela un año más y me preparara tranquilamente para el llamado Examen Estatal Final. Además, me dijo, sería prefecto, con las ventajas correspondientes. Acepté sin rechistar, pues me permitiría estar al lado de mi adorada Melibea tres trimestres más.

Entretanto, había organizado un nuevo viaje a Donegal. Esta vez el proyecto consistía en acompañar a uno de los ornitólogos más distinguidos de Irlanda, un exmilitar inglés de apellido Ruttledge, a la pequeña isla de Roaninish, que yo ya conocía. Nuestro propósito: acampar en ella tres días con sus noches y anillar a la mayor cantidad posible de paíños comunes *(Hydrobates pelagicus)*, diminutas aves de la familia de los petreles y las pardelas que allí anidaban en colonia. En mi diario apunté mi intensa emoción la primera noche, con los paíños zigzagueando sobre nuestras cabezas «como grandes mariposas negras» y dejando oír, por todos lados, desde sus madrigueras bajo las rocas, «el ronroneo de sus voces terminando en un extraño hipo».

En Portnoo recibí la fabulosa noticia de que había sido elegido para formar parte del equipo juvenil irlandés que iba a disputar un partido, en Belfast, contra una selección de los mejores *cricketers* adultos de todo el país. Aquella invitación me llenó de satisfacción: el reconocimiento oficial de que no solo había conseguido la meta de ser el mejor jugador de críquet de Newtown sino de ser apreciado a escala nacional.

La primera mañana fui despachado sin marcar, cogido en una trampa mortal por un avezado *spin bowler*, o sea, un especialista en darle un efecto inesperado a la pelota capaz de engañar al bateador más experimentado. También fallé, algo rarísimo en mí, al dejar caer, con estupefacción, una pelota que vino en el aire directamente hacia mí. Apenas podía creerlo.

El segundo día me fue mejor, esta vez como boleador, y tuve varias víctimas. Gracias al alto nivel del resto del equipo salimos ganando. Lo importante para mí, con todo, fue haber sido seleccionado y salir en los periódicos: mi *famafilia,* mi obsesión con tener un nombre, seguía pertinaz, aunque, como no podía desconocer, un talento por el críquet, al fin y al cabo deporte minoritario en Irlanda, no iba a ser en absoluto suficiente.

Echaba intensamente de menos a Julia, y lamentaba la mala suerte de que no viviera en Dublín sino en una población de provincias. Allí la visité poco después, utilizando la moto de mi hermano. Cuando llegué, me esperaba en las afueras. «Vino a mi encuentro por la carretera», apunté en mi diario, «con un vestido nuevo precioso. ¡Qué maravilla poder volver a estar con ella!»

Era la primera vez que veía a sus padres. Él me pareció encantador, lleno de buen humor y vitalidad. Ella, inglesa de amplios contornos, resultó ser amante de los libros, y nos llevamos bien enseguida. Gracias a su recomendación, no tardé en leer *Mi familia y otros animales,* de Gerald Durrell, naturalista hermano del famoso novelista, que estimuló mi sueño de escapar un día del clima gris de Irlanda y encontrar un rincón acogedor a orillas del Mediterráneo.

Fui invitado a pasar la noche con ellos, algo no previsto. Me asignaron la cama de Julia, en la primera planta de la casa, mientras que ella se acostó abajo en la de su hermano pequeño. Insistió en que la visitara cuando todo el mundo estuviera dormido. Así lo hice. Nada más entrar en el cuarto se incorporó, blanca, desnuda, deslumbrante, y se volvió a tender en la cama, ahora conmigo encima. «Vamos a despertar a tu hermano y lo contará todo», le susurré al oído. «No se despertará, y, si lo hace, no comprenderá nada, venga.» Así era Julia. Hicimos el amor enseguida y, temeroso de dormirme, regresé poco después a mi cuarto, profundamente inquieto por si acaso coincidiera con su padre o su madre en la escalera. Todavía me asombra nuestro atrevimiento.

También el que habíamos tenido previamente, esta vez en mi casa, cuando Julia se quedó con nosotros una noche, instalada en el dormitorio donde, diez años atrás, me habían prohibido ver a mi madre dando el pecho a mi hermana menor. Copular allí, a pocos metros de mis progenitores, lo sigo considerando como uno de los intentos de liberación personal más sobresalientes de mi vida.

Antes de volver a Dublín tras mi breve visita a Julia, concertamos que poco después pasara una semana con nosotros en Bray Head, acompañada de una de sus mejores amigas de Newtown.

Fueron días intensísimos. Al lado del bungaló mi padre había hecho construir una especie de cobertizo para guardar utensilios y alojar a visitantes ocasionales. Allí una noche pasé tres horas en la cama con Julia. A su amiga, acostada a dos pasos en la otra, no pareció molestarle en absoluto lo que hacíamos. ¡Cómo eran las chicas de nuestro querido internado!

Julia me preguntó con desparpajo, durante su estancia, acerca de las erecciones. Creía que los chicos podían decidir tener una cuando les hacía falta. ¿Era verdad? Le dije que no, que ocurrían espontáneamente. Con preguntas así empezaban ya a crecer mis sospechas, mis celos. Era evidente que no le faltaba experiencia sexual. Además, me confesó que en el pueblo había un muchacho loco por ella. Incluso me dijo su nombre. Sin pensármelo dos veces le dirigí al tipo, una semana después, una carta furibunda. Julia era mía, le dije. Que la dejara en paz, que desistiera. Y que si no... Me contestó que me fuera a la mierda y que haría lo posible por robármela. Cuando le conté luego a Julia lo que había hecho se molestó mucho, con razón. «Pero ¿de verdad le has escrito?» «¡Sí, y el cabrón me ha respondido en plan retador!» Fui comprendiendo, atormentado, que ser tan celoso iba a poner en grave peligro, o ya lo había puesto, nuestra relación.

Lo cierto es que Julia, con sus dieciséis años ya cumplidos, era un volcán sexual. En Bray Head, donde nos bañábamos entre las rocas, me dijo una mañana: «¡Qué pena que no estemos solos! ¡Me podrías secar con la toalla!». Mi obsesión con sus pechos le encantaba, era la confirmación, como si la necesitara, de que su cuerpo era irresistible. Estando a solas con ella nunca podía dejarlos en paz.

Cuando ya faltaban pocas horas para su vuelta a casa, se apoderó de mí la desolación más absoluta. La última tarde fuimos andando con su amiga a Greystones para ver una película. De repente rompí a llorar amargamente ante la inminencia de otro mes de separación. Procuró calmarme. «¡Cuando estemos casados todo irá bien!», me aseguró. ¡Casados! ¿Cuándo? ¿Cómo? Teníamos la edad que teníamos, nos quedaba un curso en Newtown, y había que pensar en nuestras carreras profesionales. Todo era incierto, inseguro.

Entretanto mis padres me habían persuadido de que me uniera a un pequeño grupo de dublineses que iban a pasar unas semanas en Lugano. Antes de embarcarnos en Dover pasamos unos días en Londres. Allí mi hermano, ya en plena lucha contra su homosexualidad, había entrado en las filas de una organización religiosa internacional peligrosísima, Moral Re-Armament (MRA), y vivía provisionalmente en la casa que tenían en la ciudad, a dos pasos de Berkeley Square.

Mi madre odiaba y temía el MRA, en el cual se había involucrado mi tío Sydney. Este jamás le había caído bien, como sabe el lector, y ahora menos que nunca, porque le creía culpable en gran parte del acercamiento de mi hermano al movimiento fundado en 1938 por el pastor protestante estadounidense Frank Buchman. ¿La propuesta de este? Que no bastaba el rearme *militar* en aquel mundo otra vez al borde de la guerra, sino que a las naciones les hacía falta uno *moral.* La iniciativa tuvo un éxito enorme y el movimiento atrajo a muchas figuras públicas, británicas y otras, en todo el mundo, entre ellas no pocos políticos.

Syd, para empeorar las cosas, había tratado de arrastrar a mi padre hacia ellos, pero sin éxito, debido en gran parte a la violenta protesta de mi madre. Yo, en consecuencia, estaba dispuesto a rechazar a aquella gente, con sus alocados y puritanísimos Cuatro Valores Morales Absolutos (honradez, pureza sexual, solidaridad y amor). Eran, en realidad, como iba a descubrir, mucho peores que los metodistas.

Conocer a los amigos de Alan me condujo por el momento, sin embargo, ingenuamente, a abandonar algunos de mis prejuicios al respecto, y en mi diario apunté que me habían «impresionado», entre otras razones porque te estrechaban la mano con firmeza y eran, además, «muy divertidos y muy sinceros». Me pasma ahora tal ingenuidad.

Me invitaron a cenar. Estaba presente un diputado nigeriano, descrito en mi diario como «persona de buen humor e interesante, director en su país de una fábrica de automóviles Jaguar». ¡Ah, los buchmanitas siempre a la caza de gente influyente, gente capaz de «cambiar» —habiendo sido ellos «cambiados»— a los demás! *«To be changed», «to change»:* concepto clave del MRA, se trataba del gran «cambio» que, según ellos, se efectuaba cuando una persona se entregaba en cuerpo y alma a Dios, escuchaba sus mensajes dirigidos a cada uno y practicaba al pie de la letra los Cuatro Valores Morales Absolutos.

Durante el mes en Suiza eché intensamente de menos a Julia y le escribí casi cada día, imaginando que se refocilaba durante mi ausencia con otros chicos de su rincón de provincias. Interrumpí, por desgracia, el diario que había comenzado aquel verano. No relata, pues, nuestra visita a Milán, para conocer el Duomo y otros monumentos destacados de la ciudad, ni que en Lugano viera mi primera película francesa erótica. En una de sus escenas una pareja caminaba enlazada por una playa bajo la luz de la luna. De repente se paran, el hombre le levanta la falda a la chica, se echan en la arena y empiezan a hacer el amor. La escena me impactó e hizo que la ausencia de Julia me doliera aún más. Estaba, de verdad, totalmente poseído por ella.

Corría el mes de septiembre de 1955 y había llegado el último curso de Newtown. Ya prefecto, como Julia y dos o tres más, y con mi ingreso en el Trinity College garantizado, lo primero que hice fue abandonar las matemáticas y así liberarme del odiado Billy Boggs. Era cuestión ahora de concentrarme exclusivamente en las cuatro asignaturas elegidas para el Examen Estatal Final: Francés, Inglés, Arte y Geografía. Además había una ventaja añadida: Donald Bailey ya se había ido, dejándome a mí como el deportista más destacado de la escuela (ninguna proeza, la verdad, dada la escasez de competidores).

Boggs fue incapaz de asumir que yo le había quitado de en medio. En sus clases, mientras yo trabajaba a conciencia en lo mío, no dejaba de dirigirme, de vez en cuando, algún comentario sarcástico. Julia, que tenía facilidad para las matemáticas, era una de sus alumnas predilectas, y Billy, en consecuencia, siempre la mimaba. Al tanto, como no podía ser de otra manera, de nuestra relación —obvia para todo el mundo—, hizo lo posible por estorbarla. Una vez, el año anterior, nos había pillado besándonos en un rincón oscuro, y me impuso a mí, pero no a ella, una nota de mala conducta, el máximo castigo del sistema imperante. Sospecho que me envidiaba.

Añado que ninguno de los profesores nos advirtió nunca, ni a mí ni a Julia, de los peligros que entrañaba nuestro amor. En Irlanda los preservativos estaban entonces prohibidos. El vulgo los llamaba *French letters,* pero ni yo ni ninguno de mis compañeros de confianza sabíamos cómo eran ni habíamos visto uno jamás. De modo que no había más remedio que seguir practicando siempre el tan poco satisfactorio *coitus interruptus,* por otro lado nada seguro. Todos los meses esperábamos ansiosos la siguiente regla de Julia, que, por suerte, nunca falló.

Un día, hacia el final del curso, el director sí me hizo saber que quería hablar conmigo, dándome a entender que tenía que ver con mi relación con Julia, y que pronto me llamaría a su despacho. Pero nunca lo hizo. Me imagino que pensó que ya no valía la pena en vista de que a las pocas semanas ya no estaríamos allí.

Pero respecto al detestable Boggs, tengo que dejar constancia de cómo terminó el asunto. Cerca ya del adiós definitivo, comentó que todos los alumnos de la clase habían trabajado muy bien a lo largo del curso, menos yo. O algo por el estilo. No tenía ninguna razón para proferir tal insidia, porque yo había hecho un gran esfuerzo a lo largo del año, sobre todo en literatura inglesa y francesa, como luego demostrarían los resultados del examen estatal. De modo que me puse de pie y le increpé con rabia, no recuerdo con qué palabras. Lo encajó sin decir nada. Debí haberle atizado un par de bofetadas en aquel momento, allí mismo, o, mejor, haberle invitado a salir fuera juntos para resolver, «como hombres», el asunto. No habría pasado nada, con tal de no hacerle verdadero daño, y, aunque me expulsasen, tampoco, pues, como acabo de decir, estaba ya aceptado mi ingreso en el Trinity College. Lo peor es que, unas horas más tarde, le pedí perdón por lo que le había dicho. Aceptó con cierta dignidad mis disculpas. Después me sentí doblemente rebajado. Primero por no haberle pegado, y luego por aquella especie de arrepentimiento miserable.

Espero que Dios haya perdonado a Billy Boggs, de todas maneras. Poseía una cabaña en el oeste de Irlanda, creo que en una de sus numerosas islas atlánticas, donde se jubiló seis años después. Allí murió, por lo visto muy apreciado por sus vecinos. Julia me dijo que visitó su tumba. Sigo pensando que su presencia en el internado era incompatible con la ética cuáquera.

Antes de dejar para siempre en paz a Boggs, una breve reflexión sobre la agresividad. Durante mi infancia la sociedad, tanto la británica como la irlandesa, aceptaba difícilmente que los niños se opusieran a sus padres, sobre todo pegando voces. Ya he evocado la reacción de mi madre ante mis salidas. También he recordado que jamás oí una discusión, por callada que fuera, entre mis progenitores. Mi problema con la agresividad ha sido un permanente y lamentable «agujero» en mi personalidad, según la metáfora de Fritz Perls, psicoanalista innovador y creador de la terapia Gestalt.

¿Y qué pasaba, entretanto, con mis estudios pianísticos? Nina, mi profesora, se había despedido de Newtown al final del curso anterior para casarse con un hombre mucho mayor que ella, y le cayó a Eric de Courcy cargar conmigo a partir de aquel otoño de 1955. Fue una pena, porque acababa de llegar desde Belfast, para sustituir a Nina, un fascinante joven realmente dotado para la música. Muy simpático y muy guapo —se parecía a James Dean—, hizo furor enseguida entre las chicas (y más de una maestra). Tocaba muy bien el piano, no tardamos en ser amigos —solo tenía cuatro o cinco años más que yo—, y me confió que su madre le había rogado a Dios, cuando lo llevaba en el vientre, que naciera con el don de la música.

Si Eddie McCombe hubiera sido mi profesor durante aquel último año quizás hubiera logrado desbloquear mi creatividad musical. Pero no pudo ser. El primer informe trimestral de Eric de Courcy sobre mí rezaba: «Con su indudable habilidad, es una pena que sus otros muchos quehaceres le dejen tan poco tiempo para practicar. Sin embargo, ha mejorado en algo su técnica». ¡Vaya! ¡En algo! En el siguiente informe solo estampó dos palabras: «Buen trabajo». En el último, quizás con el alivio de verse liberado de mí, se extendió un poco: «Ha alcanzado un alto nivel de interpretación musical por su constante trabajo e interés durante su tiempo en la escuela. En el futuro su música será para él una enorme fuente de satisfacción».

Palabras, palabras, mi querido Eric, a lo mejor bien intencionadas pero que nada tenían que ver con la realidad del asunto. Lo sabías perfectamente. La música *mía* no existía, a decir verdad, y, por lo tanto, nunca podría ser fuente de satisfacción personal, y mucho menos «enorme».

Lo más horrible, con todo, era que, ya iniciado mi curso universitario inaugural, Nina, instalada en Dublín con su marido, se puso en contacto conmigo y me convenció para que acometiera, otra vez bajo su tutela, el último grado de nuestra asociación musical. No tuve la valentía de negarme. Nunca me lo llegué a perdonar ni me lo perdono hoy. Fue una pesadilla. Aprobado el examen, me despedí de ella para siempre.

¿Y Eddie, qué tanto prometía? ¿Qué fue de él? Lo acabo de buscar en internet. Nada. Ha desaparecido entre la neblina, como un fantasma.

Aquel último curso, quizás recomendado por Webster, leí *El toro de Minos,* de Leonard Cottrell, apasionado y apasionante recorrido por los grandes descubrimientos arqueológicos del siglo XIX en Asia Menor, Creta y Grecia. Me imantó, sobre todo, su evocación de las excavaciones de Heinrich Schliemann en Troya y Micenas. Otra vez lamenté que Newtown no nos diera la oportunidad de estudiar griego.

Hablando de Webster, me acuerdo de que un día, aquel año final, nos preguntó si a nuestro juicio la novela moderna dedicaba demasiado espacio al tema del amor. Me sentí expuesto, de repente, en lo más íntimo. El rubor seguía siendo para mí un problema agudo, y el inesperado requerimiento de hablar del amor en clase provocó, automáticamente, un ataque de vergüenza, máxime estando a dos pasos de Julia. En aquel momento, y, para encubrir mi azoramiento, contesté atropelladamente que sí (pese a mi desconocimiento casi absoluto de la ficción contemporánea).

Me pregunto ahora si, quizás, Webster, detrás de su máscara de indiferencia, era un perverso que, al tanto de nuestra relación, como todo el mundo en la escuela, quería someternos con aquella pregunta a una especie de juicio inquisitorial.

¡El amor! ¡El sexo! Durante el último curso se fue convirtiendo en costumbre que, en el dormitorio de los chicos mayores, alguien, antes de que se apagasen las luces y se hubiera ido el profesor de turno, nos leyera un cuento, poema u otro texto literario de su preferencia. Una noche, cuando me tocó a mí, elegí unos pasajes eróticos de *Los cuentos de Canterbury*. En cuanto a Jeremy Johnston, optó por el episodio que cierra el segundo capítulo de *El asno de oro,* de Apuleyo. Yo no sabía nada del autor ni del libro, y me impactó la narración de cómo la libidinosa (y bien designada) criada Fotis, tras deshacer su melena, y con una rosa entre los pechos desnudos, inflama, y luego sacia, la lujuria del narrador.

Hoy me parece evidente que Jeremy entendía como su misión en la escuela conseguir que el mayor número posible de sus compañeros abandonasen su adhesión al cristianismo, por tenue que fuera, y transfiriesen su fervor al culto de Afrodita. Después de Newtown estuvo en Harvard, luego trabajó en Londres para la BBC, donde se implicó en el movimiento sindical, para desembocar finalmente en la televisión irlandesa. Nunca le volví a ver y solo me acabo de enterar de que murió todavía joven, de un cáncer.

Jeremy, en fin, que ya me había iniciado en la lectura del Cantar de los Cantares, completó su trabajo de zapa con la recomendación de *El asno de oro:* otro poderoso acicate para aprovechar cualquier oportunidad, durante aquellos últimos meses en el bendito internado cuáquero, de fornicar con Julia, actividad a la cual nos entregábamos, insaciables como tórtolas, durante nuestras salidas habituales de fin de semana: por praderas, calas, playas, bosques, riberas, dunas, donde fuera... y hasta en una cueva, donde nos llenamos de barro.

Me da pena recordar que, en todo el tiempo de nuestra relación, jamás pasamos una noche entera juntos. La naturaleza nos llamaba poderosamente a la cohabitación, y la sociedad decía que no, en absoluto. Hoy todo ha cambiado, e Irlanda, por suerte, ya no es un país dominado por la Iglesia. Pero por lo menos conocí entonces el amor loco, como dirían los surrealistas. A mí, y lo agradezco con todo mi corazón, no me hace falta decir, en palabras de Antonio Machado:

Bajo ese almendro florido,
todo cargado de flor
—recordé—, yo he maldecido
mi juventud sin amor.

Hoy, en mitad de la vida,
me he parado a meditar...
¡Juventud nunca vivida,
quién te volviera a soñar!

Un día, durante nuestro último trimestre, Julia y yo dábamos un paseo por el campo de críquet —donde yo disfrutaba como nunca de los partidos contra los equipos que había en Waterford y sus alrededores— cuando, de repente, se echó a llorar amargamente. ¿Qué le pasaba? Resultó, según me dijo entre sollozos, que hacía poco, al volver de una visita a Inglaterra, su madre había encontrado pelos de otra mujer en la cama matrimonial y estaba convencida de que su marido le era infiel. Hice lo que pude por consolarla. ¡Seguro que había un error! Muchos años después me contó que su padre tenía con el alcohol «un problema desastroso» y que, antes de que ella abandonara Newtown, el matrimonio se había venido abajo. No entiendo por qué no me lo dijo en su momento.

Conservo una fotografía de Fef Foster tomada por mí en nuestra última clase con él. Acababa de escribir en la pizarra, en irlandés, un improvisado mensaje de despedida. Decía más o menos: «Pasará mucho tiempo antes de que tengamos en Newtown a un grupo de alumnos como vosotros». Todos aplaudimos y hubo alguna lágrima. Me di cuenta, súbitamente, de que ya se terminó, de que la seguridad que daba pertenecer a una familia extensa —cada miembro conocido y con su papel asignado— ya se desmoronaba. De que a partir de entonces habría que afrontar a solas un mundo competitivo donde a cada uno le cabría luchar por sobrevivir y conseguir su parcela de autonomía.

Reflexionando sobre Newtown tantas décadas después, me llaman la atención no solo sus méritos sino sus deficiencias. No había debates, por ejemplo, en los cuales discutir sobre política u otros temas de importancia. No existía apenas conciencia de lo que pasaba políticamente en Irlanda ni en el exterior. No leíamos la prensa. Vivíamos como encerrados en nosotros mismos, en un limbo. El nivel intelectual no era más que mediano. Y faltaba un comité de profesores y representantes de los alumnos para hablar del funcionamiento de la escuela, sugerir mejoras, supresiones, revisiones, esbozar posibles críticas. Jamás se me ocurrió que teníamos el derecho de protestar formalmente contra lo que no nos pareciera bien. En todo ello los cuáqueros nos fallaron, pese a sus buenas intenciones.

Y un breve comentario final: yo nunca, ni una sola vez, ejercí mi derecho, como prefecto, a utilizar como castigo el zapatillazo. Uno de mis compañeros sí lo hizo en una ocasión, y recuerdo que Julia me expresó su profundo disgusto al enterarse. Sigo pensando que los cuáqueros traicionaban su *ethos* al permitir que en Newtown existiera cualquier conato de castigo corporal, por leve que fuera.

Terminado el curso todavía no sabía a qué me iba a dedicar profesionalmente. ¿Qué haría, completada mi licenciatura de francés en el Trinity College? ¿Entrar, a diferencia de mi hermano (que, tras un intento, se había retirado), en la empresa dirigida por mi padre y el tío Syd? En cuanto a Julia, había decidido que quería ser fisioterapeuta, con lo cual, ya abandonado Newtown, estaríamos los dos —después de las vacaciones— en Dublín.

Era imprescindible para mí emplear aquel verano de 1956 en tratar de convertirme en francoparlante. No me iba a bastar, al ingresar en el Trinity, mi aptitud innata para el idioma, necesitaba sumergirme en él, utilizarlo, escucharlo, hablar con franceses para que me corrigiesen mis errores. Todo lo cual, hasta el momento, había sido imposible. Máxime porque en Newtown no se ponía ningún énfasis sobre la lengua hablada. ¿Quién me sugirió, o les sugirió a mis padres, que participara en un curso para extranjeros aquel agosto en la Universidad de Tours? No tengo idea. El hecho es que me puse en contacto con los responsables y me apunté.

Unas semanas después, allí estaba. Me alojaron con una familia de apellido Deslis, numerosa y simpatiquísima, que vivía en la localidad de Saint-Avertin, situada a orillas del Loira, no lejos de la ciudad. La casa, rodeada por una finca con una pista de tenis, resultó antigua y espaciosa.

En Tours me dediqué en cuerpo y alma a mi meta, pero sin olvidar un solo minuto, por supuesto, a Julia. Los Deslis, con su amabilidad y cortesía, me ayudaron y animaron mucho a sacar el mayor provecho posible de mis semanas entre ellos. Me acuerdo sobre todo de las animadas comidas y cenas celebradas alrededor de una enorme mesa, con vino abundante e intercambios conversacionales de alto voltaje y buen humor.

Entre los otros huéspedes había una aristócrata inglesa con sus dos hijos y un ingeniero francés, de nombre Philippe, que resultó ser un gay desinhibido cuyas arremetidas, insistentes, me costó trabajo detener. Una de ellas consistió en masturbarse delante de mí una tarde, correrse inmediatamente y, de la manera más desvergonzada, mostrarme, orgulloso, la palma de la mano llena de esperma. Yo estaba horrorizado y salí corriendo de su habitación. Era, con todo, un tipo encantador y culto que, renunciando a que yo fuera su amor de verano, se limitó a llevarme en su Panhard fabuloso a algunos de los bellos *châteaux* del Loira, entre ellos Chenonceaux y Chambord.

Un día visitamos juntos el famoso viñedo de Vouvray. El primer sorbo de aquel delicioso caldo, con su *bouquet* único, me convenció para siempre de que la prohibición metodista del alcohol, que debido a mi padre tenía tan interiorizada, era una aberración nefasta. Y que me incumbía liberarme de ella cuanto antes y para siempre. El vino cotidiano de los Deslis fue cómplice. ¿Para qué privarme de lo que, evidentemente, era uno de los mayores placeres de la vida, y además muy socializante?

En medio de una conferencia sobre música en la universidad se produjo el milagro con el idioma. Al principio no entendía casi nada, solo lograba descifrar palabras sueltas aquí y allá, pero de repente, tras media hora, me di cuenta no solo de que captaba todo, sino de que ¡pensaba en francés! ¡Qué maravilla! Recuerdo aquel instante como uno de los más absolutamente felices de mi vida. ¡Por fin lo había conseguido, era bilingüe!

Se lo conté a Julia con regocijo.

Hubo otros acontecimientos. El descubrimiento, por ejemplo, de las bellísimas ediciones críticas de la colección La Pléiade, de Gallimard. Adquirí el tomo correspondiente a *La Chanson de Roland* y otros poemas épicos galos (perdido, ¡ay!, durante tanto traslado posterior).

Hice un peregrinaje sentimental a la tumba de Pierre de Ronsard en el monasterio de San Cosme, del cual fue prior entre 1565 y 1568. Se encuentra a tres kilómetros de Tours. Yo ya me sabía de memoria su oda *«Mignonne, allons voir si la rose...»*, que me parecía uno de los poemas más hermosos con que me había tropezado hasta la fecha. Hoy pienso que ningún poeta ha expresado nunca, con tanta sutileza, la tristeza que ocasiona el paso inexorable del tiempo, y, sobre todo, la pérdida de la juventud. No por nada Machado lo veneraba. Tengo el poema siempre presente, especialmente los versos donde el «yo», acompañado de la amada, contempla con desolación el desmoronamiento de la flor que vestía, solo algunas horas antes, sus mejores galas:

Las! voyez comme en peu d'espace,
Mignonne, elle a dessus la place
Las! las! ses beautez laissé cheoir!
O vrayment marastre Nature,
Puis qu'une telle fleur ne dure
Que du matin jusques au soir![1]

También visité varias veces la catedral gótica de Tours, con su extraordinaria colección de vidrieras, quizás solo comparables con las que unos años más tarde contemplaría, extasiado, en la de León.

Catorce años después, al ver la genial película de Luis Buñuel *La Vía Láctea*, me encantó descubrir que los dos peregrinos decrépitos que van bajando como pueden desde París hacia Santiago de Compostela, llegan a la ciudad del Loira por ferrocarril, en plan polizonte, y se escapan corriendo presurosos a través de las vías, con la catedral al fondo.

En la misma estación, tras completar mi curso de verano, subí muy satisfecho al tren, rumbo a París e Irlanda. Me hacía una ilusión tremenda estar ya en condiciones de iniciar con arrojo mis estudios universitarios de literatura francesa. Y también, hambriento de besos apasionados, poder volver a estar pronto con Julia.

1. «Pues ya ves cómo en tan breve tiempo, / ay, muchacha, se empieza a deshojar / y caen en la tierra sus bellezas. / ¡Oh, tú, naturaleza, cruel madrastra, / pues una flor así tan solo dura / desde que sale el sol hasta la noche.» Traducción de Carlos Pujol, editorial Pre-Textos.

Tercera parte
Del Trinity a Belfast
(1956-1964)

Por fin termino con éxito, en 1961, mi licenciatura en Francés y Español en el Trinity College de Dublín. En la imagen, lo celebro con mis padres.

1. El joven deportista en Mount Temple School. «Descubrí en Mount Temple que tenía aptitudes atléticas [...] La escuela tenía acceso al colindante campo de deportes de la residencia femenina del Trinity College, y allí, cada verano, a final de curso, se celebraba nuestro Sports Day. En el de 1947, cuando acababa de cumplir ocho años, gané una carrera y recibí, como premio, un libro sobre animales, confirmación de que el interés que me suscitaba la naturaleza era ya apreciado por mis profesoras».

2. Con mi hermana Janet, y el Austin familiar, en junio de 1946. Yo, con cara de pocos amigos.

3. Acompañando, en junio de 1945, a mi padre y a mis hermanas Janet y la recién nacida Heather, objeto de un fracasado atentado mío.

4. Con aspecto tétrico al lado de Janet en el parque zoológico de Dublín.

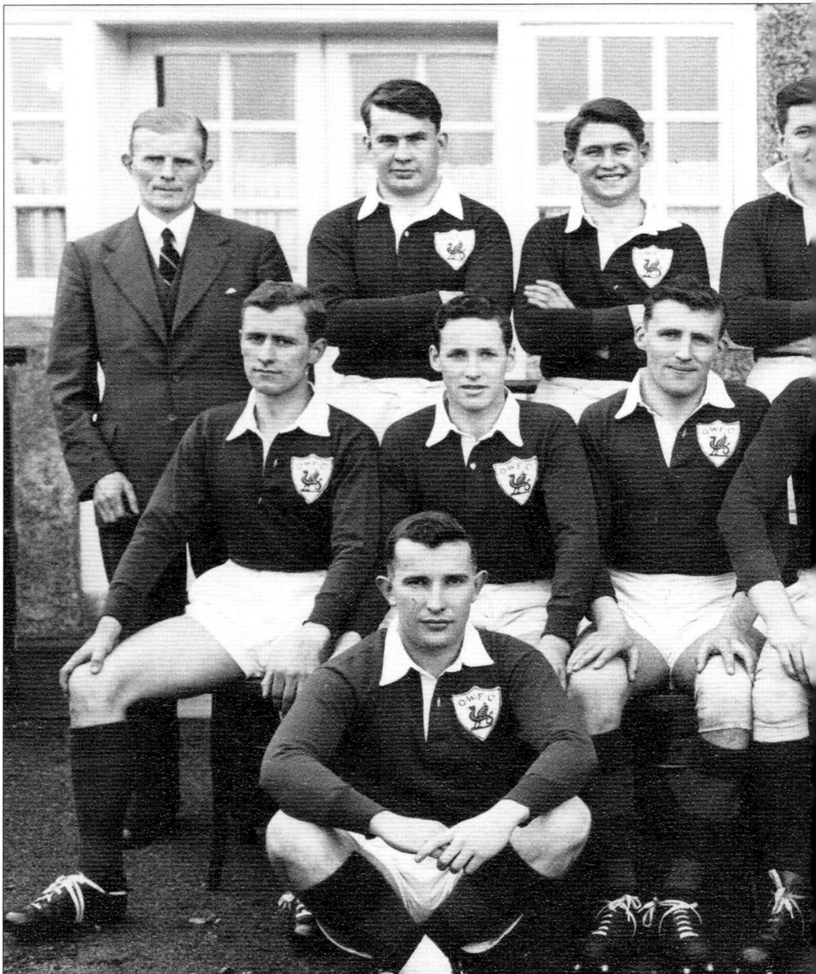

5. «Después de abandonar Newtown me hice socio de un club de rugby de Dublín, y llegué a formar parte durante dos años de su primer equipo, ocupando [...] la posición de ala izquierda. [...] tampoco lo hacía del todo mal, y tuve la emoción, en un partido de no recuerdo qué competición, de marcar un en-

sayo en el estadio de Lansdowne Road, sanctasanctórum del rugby irlandés.» En la fotografía, se me ve sentado, el primero por la derecha, con mi equipo en Dublín a mediados de los cincuenta.

6. «... mi hermano [Alan] poseía, en palabras de mi madre, "una personalidad arrolladora". "Es capaz de hablar con todo el mundo", proclamaba, "desde el más alto hasta el más bajo." Era verdad. Había nacido con la convicción de tener una vocación teatral o, aún más, cinematográfica. Soñaba con moverse por el mundo del espectáculo, codeándose con famosos actores, con estrellas y productores cosmopolitas.» Un sonriente Alan aparece en la imagen como maestro de ceremonias en la boda de nuestra hermana Janet (1965).

7. Disfrutando de un intercambio de impresiones con Joan Manuel Serrat en un acto de Madrid.

8. Con mi «gurú», el hispanista norteamericano Sanford Shepard, en la terraza superior del carmen de Santa Ana durante el verano de 1965, antes de que lo «heredásemos» nosotros. Al fondo, el barrio del Albaicín.

9. Angelina Cordobilla González fue la criada de la familia García Lorca que llevó comida a Federico en el Gobierno Civil de Granada. «La localicé en un barrio humilde de las afueras de Granada, La Chana, donde vivía con una hija. Al principio no me quería contar nada, tenía mucho miedo. Pero su hija confió en mí desde el primer momento, y en mis siguientes visitas Angelina se mostró mucho más relajada.» En la imagen aparece fotografiada por mí en 1966.

10. El pintor Manuel Ángeles Ortiz (izquierda) con el doctor José Rodríguez Contreras en la finca granadina de este, río Darro arriba, fotografiados por mí en el verano de 1966.

11. Conversando con Francisco García Lorca y su hermana Isabel en Madrid, hacia 1973.

12. El investigador norteamericano Herbert Southworth, autor de *El mito de la cruzada de Franco,* que recomendó a Ruedo Ibérico la publicación de mi libro sobre el asesinato de Lorca, fotografiado por mí en 1974.

13. José Martínez, presidente de la editorial Ruedo Ibérico, durante el rodaje del documental *Las dos memorias* (1974), de Jorge Semprún.

14. En Vigo, 1977, con los escritores (de izquierda a derecha) Carlos Casares, José Luis Franco Grande, José Landeira Yrago y su amigo César Torres Martínez, gobernador civil republicano de Granada cuando estalló la sublevación. El testimonio de Torres resultó fundamental y espeluznante para el avance de mis investigaciones.

15. Barcelona, Sant Jordi 1982, cambiando impresiones con el entonces presidente de la Generalitat Jordi Pujol.

16. Con Gerald Brenan —empedernido fumador de Celtas— y Gabriel Jackson, en la casa malagueña del autor de *El laberinto español,* unos pocos años antes de su fallecimiento en 1987.

17. Visita al santuario de San Sebastián, patrón de Cadaqués, con el gran crítico de arte Rafael Santos Torroella (a la derecha), Carole y otros amigos.

18. Rafael Santos Torroella delante de la casa de Salvador Dalí en Portlligat (Girona). La amistad y el apoyo del profundo conocedor de la obra de Dalí fueron fundamentales para mi biografía del pintor ampurdanés.

19. Con Juan de Loxa, primer director e inspirador de la Casa-Museo de Lorca en Fuente Vaqueros.

20. Con Amanda Lear en Saint-Rémy-de-Provence, durante el rodaje de un documental de la BBC sobre Dalí (1996).

21. Imagen de Restábal, nuestro pueblo granadino, visto desde la terraza de casa.

22. Con Carlos Cano y otros amigos en Padul (Granada).

23. Junto a Manuel Chaves en Sevilla el día que recibí la Medalla de Andalucía (1998).

24. «Finalmente, en el otoño de 1959, llegó quien iba a ser mi esposa, [...] Carole Elliott, oriunda de Bournemouth, en el sur de Inglaterra, y un año más joven que yo. Sigue a mi lado todavía, más de sesenta años después. [...] Sin ella no existirían mis libros.» Carole en Covadonga, 1987.

25. Mis hijos, Tracey y Dominic, con dos curiosos ante el minibús Volkswagen en el cual, despidiéndonos de Inglaterra, dimos en 1975 el salto a Francia y a la aventura.

26. «Valle hondo y hermosísimo, lleno de olivares, naranjales y limonares, que había atisbado, allí abajo, en un viaje en autobús a Almuñécar en 1966. No había olvidado la impresión que me había producido. Fui a verlo y pronto supe que no me equivocaba. Luego me enteré de que "Lecrín" significa, en árabe, "alegría".» En la imagen, Carole con Tracey y Dominic en un mirador del Valle de Lecrín, no lejos del pueblo de Restábal, donde terminamos instalándonos.

El Trinity College Dublin (TCD), universalmente conocido en Irlanda como «Trinity» sin más, está situado en el centro mismo de la ciudad. Esto le da una notable ventaja sobre Oxford y Cambridge, que, si bien tan vetustos y famosos como él, no están ubicados en la capital de su país. O sea, en Londres. Al salir a la calle, tras pasar bajo el arco de su entrada principal, inserta justo en medio de la magnífica y larga fachada oeste del noble conjunto arquitectónico, de clásica sobriedad —con sendas estatuas delante de los célebres escritores del setecientos Edmund Burke y Oliver Goldsmith—, uno ya está en plena ciudad. La interacción del colegio y los dublineses ha sido continua y beneficiosa para ambos a lo largo de casi cinco siglos.

Me esperaba una sorpresa con la cual no contaba. Y era que regía entonces en el Trinity, no creo que ahora persista, un sistema según el cual, para licenciarse en literatura francesa, había la obligación de cursar, a un nivel inicialmente algo inferior, español o italiano, con su cultura correspondiente. No recuerdo que nadie me lo hubiera explicado antes. Sin apenas dudarlo, opté por el castellano. ¿Por qué? En parte debido a lo que me había comentado mi amigo ornitólogo, Michael Rowan, acerca del coto de Doñana, que ya me tenía fascinado y que quería ver con mis propios ojos cuanto antes, en parte a las clases de historia en Newtown, que me pusieron al tanto de que habían existido entre España e Irlanda, a lo largo de siglos, vínculos de amistad. Y también a mi creciente convicción de que los celtas que llegaron a Irlanda antes del nacimiento de Cristo, o sea, los milesios, procedían, como mantenían las antiguas crónicas, de la península ibérica. Otro factor, quizás, fue el entusiasmo que me suscitaban las aventuras de don Quijote y Sancho, de algunas de las cuales me había ido enterando desde mi niñez. En fin, no pocas razones para inclinarme hacia el castellano en vez del italiano.

Tomada mi decisión, me dijeron que, tras estudiar a fondo el idioma durante el curso inaugural, asistiendo a clases de gramática y de conversación, debería pasar unos meses en España durante el verano de 1957 con el objeto de alcanzar un nivel lingüístico suficiente para poder afrontar, en las condiciones debidas, el segundo año.

Mi elección del castellano iba a cambiar el curso de mi vida. Resultó, para empezar, que el titular del Departamento de Español era Edward C. Riley, reconocida autoridad en Cervantes, lo cual ya de por sí era un buen augurio. Otra circunstancia positiva: mientras ingresaban cada año en el Departamento de Francés una multitud de estudiantes, el de Español era mucho más pequeño, lo que permitía un contacto estrecho con los profesores.

Aquel primer año me fue bien y trabajé a conciencia la gramática de mi nuevo idioma. Una simpática señora aragonesa, de apellido Doporto, fue la encargada de las clases de conversación. Siempre llegaba vestida de riguroso negro, con los labios pintados de un rojo subido exorbitante. Tenía una sonrisa encantadora. La recuerdo con cariño.

El 11 de marzo de 1957 me ocurrió algo extraordinario en una librería llamada Eason's, situada casi al inicio de la principal calle de Dublín, O'Connell Street, en la ribera norte del Liffey. La casa tenía una sección de libros de ocasión. Allí, curioseando una tarde, vi frente a mí, como si me estuviera escrutando, una hilera de volúmenes españoles. Los fui bajando. Todos iban firmados por un tal John E. Doyle, con la indicación de que los había comprado en Madrid en 1929. Entre ellos había un ejemplar de las *Poesías completas* de Antonio Machado, profusamente subrayado por Doyle, en una edición de Losada, Buenos Aires, y otro, encuadernado en tela verde, en cuyo lomo se leía «AZAR, CÁNTICO, LORCA». Lo bajé y empecé a hojear. Contenía tres libros hermosamente impresos: *Cántico,* de Jorge Guillén, *Seguro azar,* de Pedro Salinas, y el *Primer romancero gitano* de Federico García Lorca. Se deducía que, al encuadernarlos juntos, tenían para Doyle una relevancia especial.

De los tres, el único nombre que me sonaba era el de García Lorca, de quien, empero, no conocía todavía ni una línea. Me puse a leer, allí mismo, el poema inicial de la colección, el «Romance de la luna, luna», en el cual, ante el asombro y terror de un niño gitano, aparece la Diosa Blanca convertida en bailarina mortal que, al final, se lo lleva con ella, muerto, al cielo. Me quedé sin aliento. El vocabulario del poema no suponía para mí mucha dificultad, menos dos o tres palabras *(polisón, almidonado, zumaya),* y me impactó la imagen del jinete que se acerca a la fragua «tocando el tambor del llano». ¡Vaya metáfora! ¡Casi se oía el redoblar de los cascos del caballo!

Tuve, de inmediato, la convicción de haber tropezado por casualidad con un poeta que iba a ser vital para mí. ¿Casualidad? ¡Quién sabe! Solo puedo decir que a partir de aquellos segundos, minutos, y luego mi lectura del libro completo poco después, se apoderó de mí una fascinación con Lorca parecida a la ejercida por la luna sobre el niño imantado del romance.

Iba a tardar en dar con el vocablo *telúrico,* que el mismo Lorca utilizó por lo menos en una ocasión para definirse como poeta: poeta nacido en el corazón de la Vega de Granada y fruto de una larga infancia de once años pasados entre cultivos, acequias y ríos, con todo el esplendoroso panorama de Sierra Nevada a la vista y, al fondo, la Colina Roja de la Alhambra. El maravilloso encuentro con el libro encuadernado por John E. Doyle, que hoy está en mi archivo de Fuente Vaqueros, iba a ser decisivo en mi vocación.

No puedo dejar de añadir que el ejemplar de *Seguro azar* lleva una hermosa dedicatoria manuscrita de Pedro Salinas que dice: «John E. Doyle, gongorista férvido en la lírica Irlanda».

Nunca he podido averiguar más datos acerca de Doyle, aunque creo que fue profesor de la Universidad Nacional en Dublín. «Gongorista férvido», según Salinas, no me consta que publicara nada ni sobre el ilustre cordobés ni sobre el país. Me alegro de estar en condiciones de aportar estos pocos datos. Quizás algún día sepamos más acerca del personaje y de su interés, evidentemente profundo, por España y su poesía.

Poco después se representó *La casa de Bernarda Alba* en Dublín, con un elenco de excelentes actrices irlandesas cuyas voces, a diferencia de la «oficial» de la BBC, sonaban a campo, a cielo abierto. Me acompañó mi madre. No recuerdo qué tal le pareció la obra, pero a mí me confirmó en mi creciente apego al poeta granadino, en cuya tragedia intuí elementos que le asemejaban a las obras rurales del irlandés John Millington Synge.

Entretanto seguía con Julia, pero, tan inmersa ahora en su carrera de fisioterapeuta como yo en la mía galoespañola, no la veía con la frecuencia que hubiera querido. Y, claro, vivir juntos era literalmente impensable, pues, como he dicho, aún no se había producido la revolución sexual de los años sesenta; una revolución que, aunque no lo sabíamos, estaba ya a la vuelta de la esquina, y que trastornaría hasta la raíz la sociedad. Nadie, todavía, vivía en pareja sin casarse. Y el sexo era una actividad furtiva, clandestina casi. ¡Malditos sean los puritanos de toda condición y procedencia!

Hacia finales de mi año iniciático en el Departamento de Español me organizaron un curso de verano en la Universidad Complutense de Madrid, pagado, claro está, como el de Tours, ¡como todo!, por mi padre.

La noche antes de salir para España estuve con Julia hasta poco antes del alba en el bungaló de Bray Head. Recuerdo que lloró mientras volvíamos a Dublín en el Morris Minor de mi madre, que a veces me prestaba (y con el cual yo había aprendido a conducir). La iba a abandonar todo el verano, sollozó, ¿y qué haría sin mí? Yo sabía en mi fuero interno que le sería muy difícil, si no imposible, resistir la tentación de consolarse con otros admiradores. La veía incluso capaz de romper conmigo antes o después de mi vuelta. Pero no había más remedio que seguir por el camino que me había trazado.

Rumbo a España el tren se detuvo en Tours, trayéndome recuerdos del «milagro» lingüístico que me tocara experimentar allí el verano anterior.

Solo conservo impresiones borrosas de la frontera, de Hendaya, de la aduana. Pero son nítidas las de las verdes montañas del norte peninsular: de barrancos, torrentes caudalosos, bosques y, allí arriba, girando pausadamente, mis primeros buitres.

A mediodía llegamos a Pancorbo, tan caro a los pintores románticos del siglo XIX, que disfrutaban exagerando la altitud de sus riscos y no dudaban en añadir, para más énfasis, la presencia de unos bandoleros al acecho de viajeros adinerados.

Caía sobre el desfiladero, donde paramos media hora, un sol de justicia, un sol como hasta entonces nunca había conocido ni apenas imaginado.

Otra vez en marcha el tren, penetramos en la Meseta. No estaba preparado para el *shock* que me produjo. Sabía que el centro de la península era una alta e inmensa planicie, y que los franceses opinaban que África empezaba en España, pero jamás me había figurado una llanura tan despiadada. «Ancha es Castilla»: después tropezaría con el dicho, real y metafóricamente certero. Y, al poco de mi arribada a Madrid, con lo de los «nueve meses de invierno y tres de infierno», que entonces definía el clima de la zona. Habituado como estaba a la humedad de Irlanda, donde nada más terminaba de llover ya empezaba a hacerlo otra vez, donde ni en pleno agosto se podían planificar los fines de semana, porque el tiempo era siempre imprevisible, aquel paisaje me sacudió desde el primer instante por su aspecto inmisericorde, sus gigantescas cordilleras desnudas, tan hermosas al ir declinando la tarde, y lo descarnado de su suelo, que unos años después contemplaría mitigado en primavera por efímeras alfombras de flores multicolores.

Esto no era, ni mucho menos, *la douce France*.

En Madrid me instalé en casa de una viuda, de apellido Olgado, y su hijo Sixto, cuarentón que trabajaba en una agencia de viajes, Marsans. Vivían en la calle de Altamirano, número 33. A veces Sixto me llevaba con él los fines de semana al modesto chalé que poseían en Aravaca, y le ayudaba en el jardín. Un día penetré en el cementerio del pueblo —hoy casi barrio de Madrid— donde me encontré con un monumento cargado de banderas españolas, con abundancia de águilas negras, yugos y flechas. Tenía una inscripción que rezaba: «Por Dios y por la Patria. ¡Presentes!». No entendía nada de nada, y le pregunté a Sixto, al regresar al chalé, de qué se trataba. «Es un memorial a los fusilados allí durante la Guerra Civil», me explicó. «Entre ellos, curas y monjas. Lo llaman el Cementerio de los Mártires de Aravaca».

Yo ignoraba aquella lucha fratricida, apenas sabía quién era Franco y en absoluto José Antonio Primo de Rivera. Tras la visita al cementerio me fui enterando un poco de lo ocurrido en Madrid a partir de 1936. No fue fácil conseguir información fidedigna al respecto, y noté que, si estábamos juntos en un contexto público, la gente, Sixto incluido, solía contestar a mis preguntas con cautela, mirando a su alrededor. Había mucho miedo a la policía y a posibles delatores. Pese a todo, al volver a Irlanda aquel septiembre ya había adquirido unas nociones generales acerca de la tragedia, así como de la brutal represión franquista que, según me aseguraban, todavía seguía.

Acabo de regresar por vez primera, casi sesenta y cinco años después, a aquel cementerio. El monumento estaba cerrado, pero pude comprobar, a través de la cancela, que apenas había cambiado. Lamento que allí fuesen asesinadas tantas gentes de derechas. Odio la pena de muerte, desprecio a los que disfrutan matando, sean de la facción que sea. Me permito añadir que uno de los momentos más satisfactorios de mi vida tuvo lugar cuando Ricardo de la Cierva, historiador «oficial» del franquismo, y en su momento ministro de Cultura, elogió en una crítica mi libro sobre lo ocurrido en Paracuellos del Jarama, opinando que, pese a mi calidad de «rojo» a sueldo del PSOE —lo cual era absolutamente falso—, había procurado ser lo más objetivo posible.

Me habían informado en Dublín de que estudiaríamos, durante mi segundo año, entre otras materias, a los escritores y pensadores de la llamada Generación del 98. A estos efectos me fui surtiendo, en la Casa del Libro de la Gran Vía, de los títulos que serían tratados. Los adquirí en la benemérita colección Austral. Entre ellos figuraban *En torno al casticismo,* de Miguel de Unamuno; *Idearium español,* de Ángel Ganivet; la novela *El mundo es ansí,* de Pío Baroja, y *Campos de Castilla,* de Antonio Machado. Descubrí en la misma librería los hermosísimos tomitos de la colección Crisol, de la Editorial Aguilar, encuadernados en piel. Elegí, un poco al azar, las *Poesías completas* de Bécquer, Góngora y Rubén Darío. También, en otras ediciones, me hice con varias novelas de Pérez Galdós, que, empezando con *Trafalgar,* iría leyendo a lo largo de aquellos intensos tres meses.

Yo había llegado al Trinity sin saber apenas nada de la España contemporánea. Enfrentarme a los textos seleccionados para mi segundo curso era un agobio. Intenté adentrarme, sin éxito, en los de Unamuno y Ganivet. ¡Qué manera, pienso ahora, de iniciar a un alumno extranjero barbilampiño en el conocimiento de la literatura española! ¡Qué aburrimiento! ¡Dos escritores, que había que suponer preclaros, que se dedicaban a plantear obsesivamente qué pasaba con su país, por qué estaba sumido en una abulia profunda, en una postración nefasta, y cómo había sido posible llegar al trance de perder tan ignominiosamente los últimos vestigios de un vasto Imperio! Dos escritores que preguntaban, sobre todo, hacia dónde caminaba ahora España, si es que en realidad caminaba, a su juicio, hacia alguna parte. Huérfano de conocimientos acerca de la historia española, y sin dominar todavía ni medianamente el idioma, apenas captaba nada.

Sí encontré en Ganivet, entre tanta intensidad, unas líneas que me divirtieron... y que me siguen divirtiendo. Se trata de la tendencia de los españoles, según el escritor granadino, a no querer aceptar órdenes de nadie. Reflexionando sobre el «atomismo legislativo» existente durante la llamada «Reconquista», dice: «Entonces estuvo nuestra patria a dos pasos de realizar su ideal jurídico: que todos los españoles llevasen en el bolsillo una carta foral con un solo artículo, redactado en estos términos breves, claros y contundentes: "Este español está autorizado para hacer lo que le dé la gana"».

Pienso hoy, muchas décadas después, que Ganivet no se equivocaba.

Al ir hojeando el primorosamente editado librito de las *Poesías completas* de Rubén Darío, di, en compensación, con un poema que me afectó en lo más hondo, y que casi me provocó la determinación de volver de inmediato a Irlanda al lado de Julia, recortando mi estancia madrileña. Hablo del romance «Primaveral», de *Azul...* (1888), el pequeño poemario que, a su publicación, cuando Rubén tenía más o menos los mismos años que yo entonces, tanto había impresionado a Juan Valera. Desde mi descubrimiento de Lorca, unos meses antes, no había leído ningún poema que me afectara tanto. Me quedé atónito ante el intenso panegírico del amor desenfrenado que me llegaba, allí en Madrid, desde el corazón de una exuberante floresta nicaragüense, «templo de amor». El impacto me recordó al que había recibido unos meses antes, aunque de otro orden, al abrir el *Romancero gitano* de Lorca y dar allí con el baile mortal de la luna.

Queda en mi memoria, sobre todo, el maravilloso clímax del romance:

No quiero el vino de Naxos
ni el ánfora de asas bellas,
ni la copa donde Cipria
al gallardo Adonis ruega.

Quiero beber el amor
sólo en tu boca bermeja.
¡Oh, amada mía! Es el dulce
tiempo de la primavera.

Comenté mi descubrimiento con Sixto. No conocía el poema y le produjo un entusiasmo afín al mío. Un amigo suyo me dijo que el nicaragüense había vivido en el París finisecular, que tuvo tiempo de conocer en persona a mi tan admirado Paul Verlaine y que había iniciado y capitaneado un movimiento poético en España e Hispanoamérica, el modernismo, muy influido por la poesía contemporánea gala. Saberlo me llenó de curiosidad.

Al ir conociendo otros poemas de Darío en mi preciosa edición de Crisol, de Aguilar, que todavía conservo, tenía la sensación, que se iría tornando en convicción, de haber dado con un poeta que, gracias a mi ya consolidada francofilia, sería crucial en mi vida. No me equivocaba.

Mi mencionado amigo Michael Rowan me había entregado una carta de presentación para el distinguido ornitólogo español Francisco Bernis, que me recibió amablemente en su despacho del Museo de Ciencias Naturales, Castellana arriba. Se acababa de editar la edición española de *Guía de campo de las aves de España y demás países de Europa,* con su colaboración, y llevé mi ejemplar conmigo. Me habló con tanta pasión de Doñana, confirmando lo que me había dicho Rowan, que creció mi deseo de conocer cuanto antes la reserva. Pero la gran aventura tendría que esperar veinte años.

El curso de verano de la Complutense incluía breves estancias en otras ciudades. En Segovia penetramos en el santuario de la humilde pensión de Antonio Machado, con su dormitorio espartano. Yo ya le leía con atención y me entusiasmó el panorama que se disfrutaba desde la explanada del Alcázar. ¡Aquellos sí que eran campos de Castilla! Me enteré de que había coincidido en París con Darío y se habían hecho íntimos amigos. Las cosas empezaban a encajar.

Aún más impactante que Segovia me resultó Toledo. Una noche, un profesor nos leyó, en la ribera izquierda del Tajo, algunos párrafos del cuento «El beso», de Bécquer, cuya acción transcurre en la ciudad imperial. Me impresionaron. Años después descubriría que el relato había inspirado la secuencia inicial de la película *El fantasma de la libertad,* de Luis Buñuel, que antes había adaptado para la pantalla la novela *Tristana,* de Galdós, ubicada en Toledo, con la inolvidable escena de una joven Catherine Deneuve inclinándose sobre la cabeza marmórea del cardenal Tavera en su sepulcro del Hospital de Afuera.

Visitamos, bajo un sol de justicia, un frondoso cigarral, con el Tajo discurriendo delante, y alguien recitó los versos de la «Tercera égloga» de Garcilaso de la Vega, en la que se evoca el río a su paso por allí, camino de Lisboa y el Atlántico:

> Cerca del Tajo, en soledad amena,
> de verdes sauces hay una espesura
> toda de yedra revestida y llena,
> que por el tronco va hasta la altura
> y así la teje arriba y encadena
> que el sol no halla paso a la verdura...

Nunca había oído el nombre del gran poeta, que no tardó en convertirse en uno de mis predilectos entre los de la llamada Edad de Oro de la literatura española.

Comimos aquel día en una taberna cercana, y conservo en mi archivo una foto en que, entre compañeros y compañeras de clase, brindamos con unas copas de vino tinto. Me veo plenamente feliz y compruebo que el proceso de ir perdiendo mi terror puritano al alcohol, iniciado en Francia el verano anterior, ya cobraba ímpetu.

Al volver a Dublín aquel septiembre de 1957 hablaba un castellano todavía imperfecto pero pasable, y fui aceptado por el Departamento de Español, ya con pleno derecho, para el nuevo año académico. Me esperaba, además, una fabulosa sorpresa. Y era que, aparte del programa previsto de la Generación del 98, iba a haber un breve curso sobre mi admirado Rubén. Y no solo eso, sino que el profesor encargado del curso, que acababa de llegar al Trinity, resultó ser un joven inglés brillante, Donald Shaw, apasionado del modernismo poético en general y del poeta de *Azul...* y *Prosas profanas* en particular.

Acabo de ver por internet que Shaw tenía entonces veintisiete años, nueve más que yo, y que había nacido en Manchester. Tenía aspecto italiano. Alto, espigado, moreno, con pelo negrísimo peinado hacia atrás y ojos de iluminado, hablaba del erotismo del nicaragüense con una desenvoltura que me dejaba pasmado y, al mismo tiempo, muy consciente de mi condición de pequeño protestante irlandés cohibido. Recuerdo, todavía vivo dentro de mí, el momento en que recitó con pasión, y luego comentó, unos versos de *Cantos de vida y esperanza*,

> ¡Carne, celeste carne de la mujer! Arcilla,
> —dijo Hugo—: ambrosía más bien, ¡oh maravilla!
> La vida se soporta,
> tan doliente y tan corta,
> solamente por eso...

y de cómo el rubor, ese rubor que no me abandonaba, se me subió de repente a las mejillas, hasta el punto de tener que bajar los ojos. Y es que me embargaba todavía oír hablar en público del sexo. El reflejo condicionado de Pávlov, el tic automático, solo desaparecía cuando bebía. Era desesperante.

Shaw se refirió varias veces ante nosotros a un libro que consideraba fundamental sobre Darío y del cual había un ejemplar, nos aseguró, en la Biblioteca Nacional de Dublín, ya que no en la nuestra del TCD (por cierto, una de las tres o cuatro más importantes de las islas británicas, con derecho legal a un ejemplar de todo lo publicado en Irlanda y el Reino Unido). Nos sugirió que lo consultáramos. Se trataba del estudio de un hispanista norteamericano, Erwin K. Mapes, titulado *L'influence française dans l'œuvre de Rubén Darío*. Yo era el único alumno del pequeño grupo, creo, que no solo hablaba francés con soltura, sino que amaba con fervor el idioma. No me consta que ninguno de los otros le hiciera caso a la recomendación.

Yo tenía otra razón poderosa para ir corriendo a la Biblioteca Nacional, ubicada muy cerca del Trinity, en Kildare Street, y donde todavía no había puesto los pies. Y es que leía entonces el tan prohibido *Ulises* de Joyce, conseguido bajo cuerda, y había llegado al capítulo donde Stephen expone, en dicho magnífico edificio, delante del bibliotecario (por cierto, cuáquero) y otros eruditos, su estrafalaria tesis sobre los contenidos autobiográficos de *Hamlet*. Sentarme por primera vez en la elegante sala de lectura de la Biblioteca Nacional y esperar que me llevasen el tomo requerido era una experiencia inolvidable.

El libro de Mapes me atrapó desde la primera página. Pasé varios días tomando notas y copiando los pasajes que más me interesaban (todavía no había fotocopiadoras). No me sorprendió descubrir allí que Rubén, como sospechaba, admiraba profundamente el Cantar de los Cantares, y recordé mi propio descubrimiento de esta obra en Newtown gracias al desparpajo de Jeremy Johnston. Cerré el denso volumen, el último día, con mi devoción a Darío reforzada, y durante los siguientes meses me saturé de sus versos. Cosas de la vida: nunca volvería a pisar la Biblioteca Nacional de Irlanda.

Al final del curso, Shaw se fue a otra universidad. Sin su breve estancia en Dublín, su pasión por Rubén y aquel casi providencial cursillo, difícilmente se habría confirmado mi apego al poeta de «Primaveral», en medio de tantas tentaciones francesas (Baudelaire, Gide o Paul Verlaine, por ejemplo). Fue gracias a él por lo que empecé a profundizar en su obra. Cuarenta y cinco años después, en el inicio de mi pequeño libro *Yo, Rubén Darío* (2002), estampé la siguiente dedicatoria: «Para Donald Shaw, que transmitió la llama». Él era ya un hispanista renombrado, enseñaba en Estados Unidos, cuya nacionalidad había adquirido, y le envié un ejemplar. Me contestó muy afectado. No era consciente, claro, de haberme suscitado aquel fervor, y el libro le resultaba una sorpresa de las más inauditas e inesperadas. Me agradeció calurosamente la dedicatoria.

He mencionado que Edward Riley, titular de la cátedra de Español, era especialista en Cervantes. Soltero, alto y elegante, con una cara ovalada y una calvicie ya pronunciada, rondaba entonces los cuarenta años. Tenía maneras tranquilas y una sonrisa afable. Por internet me entero ahora de que había nacido en 1924 en México, hijo de un ingeniero, que a los siete años la familia se trasladó a Cuba y que, a partir de los diez, ya en Inglaterra, se educó en un prestigioso colegio privado de Bristol.

En Oxford quedó seducido por el *Quijote* —no sé quién influyó en ello— y, sobre todo, por la relación entre Cervantes y las teorías literarias que circulaban por la Europa de los siglos XVI y XVII. Todavía no había publicado el libro en el que trabajaba afanosamente, *Cervantes's Theory of the Novel* (1962), que hoy, traducido al español y otros idiomas, ocupa un lugar de honor entre los estudios sobre el manco de Lepanto. No era un profesor estimulante en clase como Donald

Shaw, le faltaba carisma, pero debo mucho, ahora me doy cuenta, a sus consideraciones sobre la estructura narrativa del *Quijote*. Con razón, a Ted, como le conocíamos todos, le parecía genial la invención de Cide Hamete Benengeli como autor del libro, con lo cual —ficción dentro de la ficción— estamos leyendo la versión castellana de un original redactado en árabe. Técnica cuya ironía protegía a Cervantes de posibles o probables ataques de la Inquisición.

Un día noté que desde una estantería de su despacho me miraba un ejemplar del *Ulises* de Joyce. Creo ahora que se trataba de la primera edición, de 1922, publicada por Sylvia Beach en París. Ya me he referido varias veces a la novela, que terminé de leer por vez primera en octubre de 1957. No me di cuenta entonces de su extraordinaria profundidad, pero sí de que trataba la sexualidad con una desenvoltura asombrosa y de que, además, contenía muchas referencias a España. Desde entonces la he vuelto a leer cinco o seis veces, encontrando en cada nuevo buceo más matices, más enjundia, más historia, más conocimientos de toda índole. Joyce, además, fue no solo un escritor genial, sino un ser humano muy valiente. Romper con todo, renegar de su catolicismo impuesto y escaparse de Dublín a Europa para crear su obra fue un acto heroico. Tardé en saberlo, metido como estaba en la tarea urgente de adquirir otro idioma y proseguir al mismo tiempo con mis estudios franceses.

El encargado de literatura medieval era otro inglés, Keith Whinnom, tres años más joven que Riley. Raro personaje, especialista en Diego de San Pedro, tenía un ademán triste a veces iluminado por una ingenua sonrisa de niño. Me sorprendió descubrir que era un aficionado a la ornitología, y que preparaba un glosario de los nombres de los pájaros en los distintos países de habla española. Fue publicado unos años después por la editorial Tamesis Books Limited, de Londres, fundada por otro hispanista, John Varey.

Las clases de Whinnom sobre el *Cantar de mio Cid* me interesaron vivamente, y me sorprendió descubrir que la epopeya del Campeador se podía leer con relativa facilidad, no como la dificilísima *Chanson de Roland*, épica nacional francesa, casi impenetrable incluso para los que conocen bien la lengua en su forma actual. Al parecer el castellano no había conocido profundas transformaciones desde los tiempos de la redacción del mágno poema. ¡Qué raro!

He vuelto a leer muchas veces desde entonces el *Poema de myo Cid*, tan impregnado de incidentes peregrinos y de pormenores humanos inolvidables, como el de la niña burgalesa de nueve años que le advierte al Cid desde una ventana de la ciudad que no le pueden echar una mano porque el rey se lo tiene prohibido, o como la conversación de los dos judíos, Raquel y Vidas, a quienes el Campeador engaña con las arcas llenas de arena. Qué divertido cuando uno de ellos le recrimina a Álvar Fáñez, brazo derecho del Cid encargado de la picaresca misión: «Non se faze assi el mercado, sinon primero prendiendo e despues dando».

Muy pesado, en contraste, resultaba el curso de Whinnom sobre Gustavo Adolfo Bécquer, con el hombre sentado acurrucado en un rincón del aula, envuelto en su toga, disertando con languidez sobre la deuda del poeta sevillano con la lírica alemana.

A todo esto mi relación con Julia se desmoronaba poco a poco. El colmo fue un despectivo comentario suyo sobre mi madre —por sus pretensiones sociales y falta de sofisticación—, que me hirió tan profundamente que le dije que ya no quería seguir con ella. Sí quería seguir, hasta la muerte si hacía falta, pero algo en mí me hizo decir aquello, y eso que en muchos aspectos detestaba a mi madre y estaba de acuerdo con Julia. Nunca iba a tener la valentía de volver sobre lo dicho, pese al atroz sufrimiento de los siguientes meses. Para Julia, sin duda alguna, recobrar su libertad supuso un alivio, pues mi condición de celoso y posesivo ya le resultaba cada vez más intolerable.

Me es imposible reconstruir con exactitud la cronología de la ruptura, máxime porque, cuando por fin se desplomó del todo la relación, me devolvió todas mis cartas, atadas con una cinta creo recordar que violeta, y las quemé con las suyas, esperando así, en vano, olvidarla. He lamentado siempre aquella destrucción documental y he reflexionado sobre ella cada vez que, en mi tarea posterior de biógrafo, me faltaban misivas cruciales, como en el caso de las dirigidas por Lorca a Dalí, o por Pilar de Valderrama («Guiomar») a Antonio Machado.

Nos seguimos viendo de vez en cuando, pese a la ruptura. Durante las Navidades de 1957 me regaló el libro *A Stranger in Spain (Un extranjero en España),* de H.V. Morton. Lo conservo. «Ian», reza la dedicatoria, «con mucho amor y mis mejores deseos.»

Un día me dijo, en un encuentro fortuito, que, decidida a conquistar a alguien, jamás había fracasado en el intento. Yo no lo dudaba. Otro, cuando salía con un chico que yo conocía vagamente del Trinity: «Si te lo pregunta, te ruego que no le digas que follábamos en Newtown». Yo estaba mortificado, me parecía una traición: no porque el tipo (un guaperas simpático) quisiera creer haber sido el primero en hacer el amor con Julia, sino por no tener ella la entereza de decirle la verdad.

En la primavera de 1958 le diagnosticaron una tuberculosis no muy grave, pero que requería su hospitalización aquel otoño. Como yo había organizado una visita en agosto a la Costa Brava con mi familia, la invité a acompañarnos. El plan era llevar tiendas de campaña, utilizando para nuestro transporte un minibús Volkswagen, una marca entonces muy en boga. Pensando que le vendría bien antes de su internamiento, aceptó con la condición de poder llevar consigo a una de sus mejores amigas de Newtown. Trato hecho.

Nunca he podido olvidar aquel viaje. Nada más cruzar la frontera le imploré, con desgarro, que ignorara durante las tres semanas nuestra separación y me permitiera volver a ser su amante. Accedió. Recuerdo vívidamente nuestro primer baño en el Mediterráneo, el calor del mar, y la gloria de poder acariciar su cuerpo bajo el agua.

Algunas noches después, en Sant Feliu de Guíxols, hicimos el amor junto a las olas, temiendo la repentina aparición, con antorchas, de la Guardia Civil. Antes de empezar —yo no aguantaba más— me regañó. ¿No podía esperar un poco? ¿Para qué siempre tanta urgencia? Claro, ya mucho más experimentada que yo en el juego de las coyundas, habría preferido algunos preliminares. Pero yo de ellos no tenía idea. Solo había estado con ella y nunca había habido ni tiempo, ni lugar, para tomar las cosas con calma, para ir aprendiendo las artes del amor. ¡Si, como dije antes, jamás habíamos estado juntos una noche entera!

No recuerdo nada más de nuestros intercambios conversacionales durante las tres semanas, ni si hubo otros coitos, pero parece lógico que sí. ¿Cómo es posible tener la memoria tan bloqueada?

En septiembre Julia ingresó en su hospital. Me sorprende intensamente ahora que no la visitara allí ni una sola vez. Quizás me dijo que no lo hiciera porque seguía con el mismo chico, o estaba con otro, y tal vez habría provocado celos, o recelos, mi presencia a su lado, no sé. El hecho es que no volví a verla hasta su salida al año siguiente, completamente curada.

Todavía obsesionado tantos años después por nuestra separación, por la necesidad de desentrañarla, y convencido de que el motivo principal, por mi parte, eran aquellas críticas suyas a mi madre, me puse en contacto con ella justo antes de que los dos cumpliésemos los ochenta y dos años —yo le había escrito en alguna ocasión anterior— y le pedí que me diera su versión de los hechos. Su respuesta me fascinó... y desorientó. Tenía un recuerdo de mi madre que en nada encajaba con el mío:

> En primer lugar, y lo más importante, siento profundamente haber dicho algo ofensivo de ella. Desde luego fue inmerecido y absolutamente imperdonable. Tuviste mucha suerte: tu madre era una persona estupenda y recuerdo con cariño su hospitalidad

sin condiciones, su asombrosa bondad *(amazing goodness)* y su caridad, por ejemplo sus detalles para con mi abuela, tan exigente. Me siento profundamente avergonzada de ello y solo puedo suponer que te quería herir en lo más hondo... Encantador, ¿verdad? No te voy a pedir perdón, hay cosas imperdonables... Sé por qué rompimos. Sencillamente porque tú fuiste al Trinity y yo no. Si has visto *Normal People,* basada en la novela de Sally Rooney, creo que lo comprenderás. Yo me identifiqué totalmente con el chico en la película... Tú, con razón, abrazaste la vida universitaria con gran entusiasmo, conociste a gente de tu propia onda... Yo me sentía increíblemente incómoda con tus amigos universitarios, me parecían tan sofisticados, y, claro, yo no era así, y la poca autoestima que poseía se desvaneció. Creo, retrospectivamente, que me producía envidia el estar tan lejos de aquel aspecto de tu vida que no podía compartir... todo resultaba más allá de mis posibilidades y comprendí, con razón, que nunca podría participar en ella...

En el internado teníamos todo en común... el lugar mismo, sus actividades cotidianas, los amigos, el ambiente. Fue una época estupenda de nuestra vida, pero irrecuperable después de seguir cada uno por su lado...

Julia me reveló que conservaba un diario íntimo de aquellos tiempos, algo que jamás me había dicho ni yo sospechaba. Y que había apuntado allí que «estuvimos a la greña sin parar todo un año». Pero ¿qué año exactamente? ¿1956, 1957? Le rogué encarecidamente, en abril de 2021, cuando ya había empezado la pandemia, que me enviara los pasajes que me permitirían reconstruir la separación, con las fechas correspondientes. No hubo respuesta. Ella estaba entonces muy ocupada cuidando de su marido, ocho años mayor que ella y víctima de un alzhéimer avanzado. Lo último que necesitaba, claro, era el agobio de un vetusto examante pidiéndole información sobre hechos que habían tenido lugar sesenta años atrás, y que a ella ya le importaban poco o nada.

Mi último encuentro con Julia se produjo en el otoño de 1959, cuando, sintiéndome muy solo, de repente se me ocurrió invitarla a tomar una copa conmigo. Accedió. Había comprado un pequeño MG descapotable antiguo, y tenerla a mi lado mientras circulábamos por las calles de Dublín fue excitante. Después, en el piso que compartía con una compañera, le imploré que se acostara conmigo. Se negó, aunque, tras insistir mucho, me permitió acariciar sus pechos. Salí desesperado.

Al día siguiente me pidió que no la volviera a llamar porque, me dijo, tenía la sensación de que «todo empezaba otra vez». Lo cual, según ella, era totalmente imposible.

La obedecí. No la volvería a ver hasta pasados varios años.

En este punto no tengo más opción que expresar mi sintonía con el narrador de *La única historia,* del célebre novelista inglés Julian Barnes, cuando dice que, a veces, «el primer amor cauteriza el corazón, y lo único que encontrará después el investigador es tejido dañado *(scar tissue)*». Es mi caso, lo admito, y lamentaré hasta la muerte no haber podido vivir a fondo aquella relación, por culpa de mi imbecilidad, inexperiencia y torpeza además de por la insensibilidad de una sociedad sexualmente anclada en el pasado, que no permitía a los jóvenes vivir al máximo los mejores momentos de su vida.

La pérdida definitiva de Julia coincidió, además, por si no fuera suficiente, con la irrupción de un miedo atroz: el de haber perdido mi «vigor masculino».

Solo me había familiarizado paulatinamente con la palabra *impotencia,* entonces todavía casi tabú. Jamás la había oído en Newtown. Me enteré de que en la película *Fiesta: the Sun Also Rises,* basada en la famosa novela de Hemingway, que se acababa de estrenar en Dublín, se trataba de ella. No había leído la novela y fui, fascinado y temeroso, a ver su versión cinematográfica. En ella, a su protagonista, Jake, interpretado por Tyrone Power, un médico militar le informa, compungido, de que por desgracia la herida sufrida en Italia durante la invasión yanqui lo ha vuelto impotente para el resto de su vida. Yo creía, al principio, que el problema era que Jake no podría tener hijos. Pero no era eso, era que nunca más iba a tener erecciones ni a copular con una mujer. ¡Y eso que a su novia, Brett, la interpretaba Ava Gardner nada menos!

El temor al gatillazo puede acabar provocando uno. Salí con varias chicas, siempre obsesionado con el miedo a fracasar en la cama. Y fracasé en más de una ocasión. Sospechaba, y creo ahora que con razón, que fue la pérdida de Julia la causa de lo que me ocurría. Y decidí esperar hasta que llegara una suplente que me cautivara poderosamente, dedicándome entretanto a mis estudios.

El año 1959 fue el de la liberación judicial de la novela *El amante de Lady Chatterley*, de D.H. Lawrence, escrita en 1928 y solo publicada después en ediciones expurgadas. Eso supuso el rescate literario, por fin, del verbo *to fuck* (follar), siempre omnipresente en el habla popular, así como del aún más anatematizado sustantivo *cunt* (coño). El acontecimiento provocó un tsunami de libertad vital y sexual tras tantas y tantas décadas de repelentes hipocresía y pudibundez «posvictorianas».

El libro se convirtió de la noche a la mañana en un best-seller masivo, pero en la Santa Irlanda, aún regida por sus obispos católicos todopoderosos, siguió prohibido, lo cual dio lugar a un incremento fenomenal en el número de visitas a Irlanda del Norte por parte de ciudadanos de la República. En coches particulares, en autobuses, en tren. El problema, camino de vuelta a casa con la novela escondida lo mejor posible, era la aduana, que estaba muy sobre aviso. ¿Lleva usted en la maleta un libro sucio *(dirty book)?*

Si resultaba que sí, pese a tu negación, te lo quitaban en el acto sin derecho a rechistar.

Llegó el momento en que, más aquejado que nunca por mi ereutofobia, ahora incrementada por mi temor a la impotencia, no hubo más remedio que decirles a mis padres que necesitaba ver a un psiquiatra. ¿Y quién mejor que el expastor metodista Thomas McCracken? Mi madre lo había mencionado varias veces, siempre con aprecio. Creo que había tratado a varias amigas suyas. De modo que me dijeron que sí, sin pedirme muchas explicaciones.

McCracken tenía su consulta no lejos de la famosa torre de Joyce en Sandycove, en una hermosa casa ubicada al lado del mar, con un jardín casi rozado por las olas. Resultó ser muy amable. Le conté mi problema con el rubor. Solo le vi una o dos veces más, y no me dio ningún consejo que me valiera.

Mientras tanto, había llegado a Dublín un hipnotista que, con el nombre de Victor Vinmar —me imagino que falso—, se las daba de terapeuta extraordinario, capaz de curar todo tipo de cuadros psicosomáticos negativos, entre ellos el sonrojo. También realizaba sesiones públicas en las cuales la gente, supuestamente en trance profundo, hacía cosas raras. Hablé otra vez con mis padres. ¿Podía hacer una prueba con él? Mi padre, que nunca me preguntaba nada acerca de mis problemas, siempre estaba dispuesto a pagar el pato. Volvieron a dar su asentimiento, aunque esta vez no sin cierta inquietud, porque no se fiaban de aquel sujeto. ¿Cuánto le cobró Vinmar por aquellas dos o tres sesiones? ¿Cuánto le había cobrado McCracken? Nunca se lo pregunté. Pobre hombre, no solo con la infelicidad de su matrimonio y el desastre de su primogénito, sino ahora con el segundón necesitado de ayuda profesional.

El método de Vinmar, por lo menos conmigo, consistió en invitarme a tenderme de espaldas en un diván, poner, muy bajo, el inicio del primer movimiento de la sinfonía *Pastoral* de Beethoven y asegurarme, paulatinamente, que yo entraba en trance. Luego me susurraba palabras reconfortantes, por el estilo de «estás en un sueño profundo, cuando despiertes te encontrarás muy bien, muy seguro de ti mismo, muy feliz de estar con la gente, sin preocupaciones...».

Salía sintiéndome un poco mejor, eso sí, pero media hora después todo volvía a ser lo mismo. Era un timo.

No encuentro casi nada sobre Vinmar en internet. Solo una fotografía del individuo, más joven que cuando yo lo conocí, y una referencia según la cual provenía de Belfast, donde le puso una querella alguien a quien había «tratado» por algún problema psicológico.

Mi tío Jack, el cirujano, utilizaba con éxito la hipnosis, como he dicho, para operar casos graves. Le consternaron las noticias que le llegaban acerca de Vinmar, y más cuando le confesé que yo había estado con él. Me contó cómo, en uno de los *«displays»* hipnóticos públicos de Vinmar, creo que en un teatro, le había acusado de abusar de la intimidad de quienes aceptaban la invitación de subir al escenario. Según mi tío, Vinmar carecía de cualquier credencial médica.

A Jack también le interesaba la posible utilidad de la hipnosis para curar desórdenes nerviosos. Accedí a una sesión con él, que no tuvo mejor resultado que las de Vinmar.

Más tarde mi tío decidió elaborar comercialmente una serie de cintas para la curación, por «hipnosis a distancia», de dichos desórdenes —entre ellos el sonrojo—, pero no creo que tuviesen gran fortuna, menos, quizás, la titulada «Cómo dejar de fumar».

Llegué a la conclusión, por mis lecturas, de que el único sistema que me podía ayudar era el psicoanálisis, pero al parecer no había ningún médico ni en la República ni en Irlanda del Norte que lo practicara. Decidí, por tanto, que iba a ser necesario dar el salto a Londres. Pero ¿cuándo y cómo?

Por las mismas fechas alguien me recomendó encarecidamente, en el Departamento de Francés del Trinity, la lectura de las *Confesiones,* de Jean-Jacques Rousseau. Y cuál no sería mi zozobra al descubrir que el primer libro de esa obra contenía una descripción extraordinariamente valiente de lo que el autor designa como su «vergonzosa proclividad *(penchant)*» vitalicia, que no era otra que la flagelomanía, atribuida a unos azotes recibidos a los ocho años por parte de una joven institutriz, Mademoiselle Lambercier. No dice explícitamente que se trataba de una *fessée* (nalgada), pero se deduce que sí. Opina Rousseau que, si hubiera recibido el castigo de manos del hermano de su profesora, y no de ella, el efecto no habría sido el mismo. No duda de que se trataba de una reacción sexual precoz *(quelque instinct précoce du sexe)*. Explica al lector que nunca ha sido capaz de confesar a una mujer amada su condición aberrante, solo aliviada, da a entender, por visitas a burdeles especializados en la materia. «¡Cuán de otra manera tratarían las personas a sus niños si pudiesen ver los resultados de los indiscriminados, y a menudo culpables, métodos de castigo que utilizan!», exclama. «La magnitud de la lección que se puede derivar de un caso tan común y tan desafortunado como el mío me ha convencido de la obligación de describirlo.» Jura que, cumplida dicha obligación, nada le será ya tan difícil.

Pensando en mi hermano y su flagelomanía, no pude por menos de concluir que tal vez mi apasionada relación «normal» con Julia me había salvado de caer en el mismo pozo de perversidad. Urgía encontrar, como he dicho, a una suplente. Pero ¿cómo, embargado por mi ereutofobia y, ahora, por el temor a la impotencia?

El mejor profesor del Departamento de Francés del Trinity era, sin lugar a dudas, Owen Sheehy-Skeffington, quien, como he contado, nos había visitado en Newtown. Recuerdo sobre todo sus clases —más que clases, charlas— sobre la novela francesa, con Flaubert, Proust, Gide, Camus y Sartre a la cabeza. Nunca nos lo dijo, pero me enteré de que en París había conocido a Joyce —que alude en el *Ulises* a su padre, como ya señalé—, y a su discípulo Samuel Beckett, sin duda uno de los graduados más célebres del colegio.

Hablando de alumnos famosos del Trinity, no habría que olvidar a Oscar Wilde. Corrían de boca en boca chistes acerca de su desparpajo homosexual. Uno de ellos estaba basado en un divertido juego de palabras. «*Where's Oscar?*», empezaba. Contestación: «*He's upstairs feeling a little queer*». «*Queer*» (extraño) era entonces, como dije antes, el término inglés despectivo más generalizado cuando de homosexuales se trataba. Pero también puede significar «algo enfermo». De modo que, en la planta de arriba, Oscar o bien se encontraba repentinamente indispuesto o estaba acariciando a un apetitoso mancebo. No sabía si reírme de tales chistes o no, pensando en el martirio al que lo sometieron, en la cárcel de Reading, los miserables e hipócritas ingleses.

Volviendo un segundo a Skeffington, fue él quien me persuadió de estar siempre atento a los símiles utilizados por los novelistas. El ejemplo que nunca he olvidado es el momento en que el narrador de *Madame Bovary* describe despectivamente la conversación, o ausencia de ella, del pobre marido de la protagonista: «*La conversation de Charles était plate comme un trottoir de rue, et les idées de tout le monde y défilaient dans leur costume ordinaire, sans exciter d'émotion, de rire ou de rêverie*».[1] Nunca había leído nada tan cruel. Flaubert escribía muy despacio, según confesaba. ¿Cuánto tiempo le costó construir aquel símil demoledor? Quizás días.

1. «La conversación de Charles era plana como una acera, y los lugares comunes transitaban por ella con su rutinario ropaje, sin despertar emoción, risa o ensoñación alguna.» Traducción de Javier Albiñana, editorial Vicens Vives.

Mis años en el Trinity fueron todo menos gozo y *joie de vivre,* aunque por descontado hubo momentos estupendos. Muy consciente de las graves deficiencias de mi formación intelectual previa, y del reto que suponía estudiar dos culturas foráneas al mismo tiempo, una totalmente nueva, abandoné al poco tiempo el rugby y el críquet, y me dediqué casi por entero a mi carrera, vacaciones incluidas. Quería conseguir una licenciatura *cum laude,* y no me contentaría con menos. Apenas participé en las múltiples actividades extracurriculares del colegio —la sociedad de debates, por ejemplo, o el teatro—, y, por lo que tocaba a la vida cultural de extramuros, tampoco mucho. Y eso que la del Dublín de entonces era rica y plural. Todo ello fue un grave error, una lástima. Perdí mucho en el camino pero, a cambio, logré lo que me había propuesto.

Finalmente, en el otoño de 1959, llegó quien iba a ser mi esposa, ¡mi sufrida esposa inglesa!, Carole Elliott, oriunda de Bournemouth, en el sur de Inglaterra, y un año más joven que yo. Sigue a mi lado todavía, más de sesenta años después. No sé, la verdad, cómo me ha podido aguantar. Sí sé que, sin ella, no existirían mis libros.

Nos conocimos gracias a un amigo ornitólogo común de dicha ciudad costera del sur de Inglaterra, que, al tanto de que ella había optado por estudiar alemán y francés en el Trinity, me previno de su llegada a Dublín. El encuentro tuvo lugar en la famosa entrada del colegio, donde me reconoció por una foto que le había pasado el referido amigo. Me pareció muy guapa y me cautivó enseguida su sonrisa. Le propuse tomar algo en una cercana cafetería, nos llevamos bien desde el primer momento, nos vimos con frecuencia a lo largo de las siguientes semanas y poco a poco nos fuimos enamorando. Me intrigó el hecho de que no tenía la menor preocupación religiosa. No le habían inculcado el cristianismo, que le provocaba una absoluta indiferencia, excepto su énfasis sobre el respeto al prójimo.

Todo aquel año académico estuve ansioso al ir preparándome para los exámenes finales de mi doble licenciatura francoespañola, que tendrían lugar aquel otoño. Para tomar un respiro volví con unos amigos, otra vez en un minibús Volkswagen, a la Costa Brava. Nos acompañó Carole, quien, no sé cómo, logró que no se opusieran sus padres. Es que los tiempos empezaban a cambiar, como ya he indicado al comentar la publicación de *El amante de Lady Chatterley*. En el camino, en un hotelito francés, pasamos nuestra primera noche entera juntos. Me desperté sintiendo un inmenso alivio después de tanta angustia y soledad. Por fin empezaba a funcionar sexualmente como antes. Ahora recuerdo aquellas semanas, sobre todo una breve estancia en Tossa de Mar, como entre las más felices de mi vida.

Pasadas las vacaciones tuve una especie de fiebre psicosomática que me tendió durante dos o tres semanas en la cama. Edward Riley me visitó en casa y trató de convencerme de que me presentara a los exámenes, pero me negué. ¡Otra vez la cobardía visceral ante el peligro! También es cierto que, según mis cálculos, y dado mi todavía muy deficiente conocimiento de la literatura española, todo iría mucho mejor con un año más para leer y estudiar sin presiones.

Unos meses después, a mediados de noviembre de 1960, mi hermano me informó de que iba a pasar una temporada en el cuartel general internacional de Moral Re-Armament en Caux, localidad situada entre las altas montañas suizas detrás de Montreux. Con vistas estupendas, me aseguró, sobre el lago de Ginebra. Me invitó a juntarme allí con él durante una semana. Le dije que me lo pensaría. Finalmente accedí, considerando que no iba a interrumpir demasiado mi plan de trabajo.

Mi madre seguía extremadamente disgustada y preocupada por la involucración de Alan en el MRA, iniciada cinco años antes, y, como he dicho, culpaba de ello al tío Syd, que militaba en sus filas. Yo sabía por mi hermano que le había confesado a Syd su homosexualidad, cosa que en absoluto podía hacer con nuestro padre. Cuando mi madre se enteró de mi decisión de visitarlo en Caux se subió por las paredes. ¿No nos dábamos cuenta de que aquella gente eran todos unos chiflados y neuróticos, como el propio Syd? ¡Y ahora iban a por mí! Nuestra casa era ya más infierno que nunca.

Hice el viaje de Londres a Caux con varios amigos de mi hermano. Uno de ellos me confesó en el tren, con pelos y señales, cómo el MRA le había liberado de una tendencia homosexual contra la cual había luchado hasta entonces en vano. Otro me confió que el MRA le había quitado su obsesión con las mujeres. Ambos, ahora «cambiados», dedicaban todas sus energías a predicar la buena nueva del movimiento fundado por Frank Buchman, enviado por Dios con la misión de salvar al mundo de sus errores.

El cuartel general del MRA resultó imponente. Se trataba de un hotel abandonado comprado *ad hoc*, en 1946, por unas cincuenta familias suizas pertenecientes a la organización. Una multitud de gentes de distintas razas y procedencias hormigueaba por las salas. Durante las comidas solo se hablaba de un tema: la imperiosa necesidad de cambiar el mundo cumpliendo rigurosamente los Cuatro Valores Morales Absolutos y atendiendo cada mañana, lápiz en mano, los requerimientos del Creador, dirigidos personalmente a cada uno. No importaba la religión particular, me aseguraban, el método servía igual para todos: musulmanes, cristianos, judíos, confucionistas, lo que fuera.

A los incondicionales a quienes iba conociendo les producía una vivísima satisfacción el libro que le había dedicado al movimiento unos años antes el célebre filósofo francés Gabriel Marcel, *Un Changement d'Espérance à la Rencontre du Réarmement Moral* (1958). Y me hablaban incesantemente de los famosos que se habían unido al movimiento. Siempre iban en pos de ellos.

A cada paso, a cada momento, alguien me contaba cómo se había escapado de alguna tendencia nefasta gracias a la fórmula preconizada por Buchman. Todo era sexo reprimido, claro, muchas veces reflejado en «desviaciones». Repasando las breves notas que conservo de aquellos pocos días deduzco que la crisis que yo atravesaba entonces era tan aguda que estaba dispuesto a probar cualquier sistema que me prometiera algún alivio, aunque fuese a cambio de renunciar a mis deseos más profundos.

El ambiente era de tal intensidad que resolví dejarme llevar a ver qué pasaba. Adiestrado por Alan, sabía que iba a tener que confesarme ante unos adeptos como necesario prolegómeno a mi «cambio». Contagiado por el ambiente circundante —no sé si en parte producto del aire enrarecido de la alta localidad montañosa—, dije que estaba dispuesto a hacerlo.

¿Quién nombró a los dos o tres confesores que me fueron asignados? No tengo idea. ¡Quizás Dios, en una sesión matutina! El hecho es que me comunicaron que tenía que preparar un documento en el que relacionaba todos mis pecados, sin excluir ninguno. El resultado, como no podía ser de otra manera, fue una especie de recuento de los polvos echados con Julia, a lo largo de cuatro años, con detalles de mi relación con mi nueva novia. La experiencia de leer aquellos folios delante de tales individuos fue horrible. Cuando hube terminado, uno de ellos, un norteamericano que me caía fatal —recuerdo que se llamaba Arthur—, me dijo que estaba seguro de que no me había sincerado del todo con ellos. Sospechaba que ocultaba algo. Luego me dijeron que tenía que romper con mi novia, pues les parecía evidente que seguir con ella era incompatible con mi entera entrega al servicio de Dios. Me exigieron que les leyera la versión revisada de mi confesión y después el borrador de la carta. Así lo hice. El borrador no los satisfizo: «dejaba la puerta abierta», dijeron, a que, más adelante, se retomara la relación. Hice la revisión requerida y la mandé.

Por desgracia la misiva no se conserva. Carole aceptó que la relación había terminado y, requeridos sus favores por otros admiradores, salió con algunos de ellos mientras esperaba mi vuelta y el cara a cara definitivo.

Entretanto, habiendo renunciado a mi chica en aras de pertenecer solo a Dios (¿no me había preguntado aquel pastor metodista si Cristo llamaba a mi puerta?), esperé, ya «cambiado», las órdenes del Creador. Compartía habitación en aquellos momentos con un joven inglés muy tímido, muy cohibido. Se llamaba Peter. Tendría unos veinte años. Una noche tuve un sueño muy vívido en que me confesó padecer un terrible problema con el rubor: se sonrojaba constantemente, lo cual hacía miserable su vida social, estaba al borde del suicidio y esperaba que el MRA le ayudara. Pero ¿fue un sueño o me había hablado realmente durante la noche de su infelicidad, en una especie de encuentro de sonámbulos en la oscuridad? Nunca lo pude resolver del todo. El hecho es que, al día siguiente, le conté lo que me había dicho y, en vez de ponerse rojo, palideció. Negó haber hablado conmigo durante la noche y negó tener aquella obsesión. Pero unas horas después me buscó y me dijo que sí, que era verdad, que el problema le abrumaba y que no había podido hablar de él nunca con nadie. Como yo, apenas podía creer que hubiera podido comunicármelo de manera tan extraña. Me describió su sufrimiento y evocó varios episodios de fracaso amoroso causado por su condición. Yo le dije que también la padecía, que me podía hablar de ella con toda franqueza, y que a lo mejor Dios nos había juntado para que nos ayudáramos mutuamente.

Aquella experiencia me dejó atónito. Porque no cabía duda de que, sueño o no, algo excepcional había ocurrido entre nosotros, tal vez una especie de transmisión de pensamiento desencadenada por la intensidad del ambiente.

Hubo otros episodios parecidos, pero no de la misma magnitud. Uno concernía a un pobre individuo, mayor que

Peter, que tenía un marcado aspecto de avergonzado. ¡No lo iba a notar yo! Un día me sentí «guiado» a hablar con él para decirle que me parecía que ocultaba algún hábito sexual inconfesable. Me dijo que sí. Era que no podía, pese a sus esfuerzos, dejar de masturbarse cada noche y cada mañana. No sé qué le recomendé.

Una mañana, cuando, cuadernito en mano, esperaba que Dios me dictara sus órdenes del día, recibí la consigna de escribirle a mi admirado maestro Owen Sheehy-Skeffington, para decirle, nada menos, que desaprobaba su ateísmo. Él me contestó con amabilidad que sentía mucho que yo hubiera «cambiado tan completamente», porque le gustaba más cómo era yo antes.

A Buchman solo le vi una vez, cuando presidió un mitin gigantesco sentado en una silla de ruedas. Tenía un aspecto muy frágil. En medio del acto pidieron desde la plataforma que se levantasen quienes se sentían llamados a hacer un sacrificio por el movimiento, con el ofrecimiento de dinero u otra contribución. Yo prometí vender, al volver a Irlanda, mi pequeño descapotable MG y entregarles el dinero. Era una especie de histeria de masas.

Poco después, convencido por suerte de mi extravío, y con terror en el alma, me escapé del lugar, sin decir nada a nadie, con la excepción de mi hermano, que me prometió no decir nada. Bajé en el funicular a Montreux, cogí el tren de Zúrich, temiendo a cada paso que me interceptasen, y regresé en avión a casa.

Los del MRA me pidieron luego que recapacitara. Inútil: había intentado con absoluta sinceridad entregarme a Dios, abandonando todo para servir a la causa, y no me sentía nada cambiado. Todo era ficticio. Un espejismo. Una aberración. No volví a tener nunca nada que ver con nadie de la organización.

Buchman murió seis o siete meses después, a los ochenta y tres años. Tras su desaparición el movimiento perdió poco a poco fuelle y más adelante su nombre sería sustituido por el de Initiatives of Change. Hoy no creo que nadie hable de él. Y eso que decían sus adeptos que el movimiento iba a cambiar el mundo. No lo hizo. Si no lo logró Cristo, ¿cómo lo iban a conseguir aquellos puritanos semifanáticos con sus Cuatro Valores Morales Absolutos?

Pobre Alan. En este relato solo cabe narrar someramente lo que le pasó después. Me cuesta reconstruirlo en orden cronológico. Había entrado en el MRA con la esperanza desesperada de liberarse, una vez «cambiado», de su complicada condición sexual. Esperanza frustrada. Luego vino su momento de gloria en la televisión irlandesa dirigiendo un programa titulado *Mr Coast to Coast* (Don Costa a Costa), en que entrevistaba, con su carisma habitual, a diversos personajes de la isla. El éxito se le subió a la cabeza, era inevitable, y compró una casa de campo en un monte de las afueras de Dublín. Tenía, por cierto, nombre español: Las Alturas. Allí organizaba fiestas para sus amigos del mundo gay. Un día tuvo un acceso maniaco en el plató y suspendieron el programa. ¡Adiós a su carrera televisiva! Más adelante, algo repuesto, fracasó en su intento de ser productor teatral, específicamente de una pantomima navideña en Dublín. Después sufrió un acceso de locura en Londres y olvidó en qué aparcamiento de la ciudad había dejado el coche. Hubo más tarde un conato de suicidio y el internamiento esporádico en clínicas psiquiátricas tanto en Dublín como luego en Inglaterra.

No puedo olvidar la noche en que lo tuve que llevar en avión desde Londres a Dublín. Supongo que había dejado de tomar el litio con el cual trataban su condición maniaco-depresiva. Gritó e hizo aspavientos durante todo el trayecto. Fue un viaje infernal. Nuestro padre nos esperaba en el coche. Mi hermano insistió en que nos llevara de paseo por la costa, y, de repente, sacó la cabeza por la ventanilla, gritando: «¿No lo veis, no veis el Sputnik allí arriba? ¡Mirad! ¡Miradlo! ¡Nos está siguiendo!».

Aquella noche el psiquiatra y expastor metodista McCracken nos dejó unos comprimidos que, nos aseguró, tendrían a Alan dormido toda la noche hasta la llegada de la ambulancia por la mañana temprano. Pero no cerró los ojos una sola vez y estuvo bajando y subiendo continuamente la escalera, convencido de ser el director de una oficina donde le daba órdenes a mi padre.

Yo le acompañé al hospital: Saint Patrick's, fundado en el siglo XVIII por Jonathan Swift, autor de *Los viajes de Gulliver,* entonces deán de la catedral del mismo nombre. Cuando entramos, Alan se dio cuenta de dónde nos encontrábamos y se echó a llorar como yo jamás había visto llorar a nadie. De pura angustia, con lágrimas que le brotaron de los ojos en espesos chorros verticales de unos ocho o diez centímetros de largo.

En las coplas del cante jondo andaluz hay frecuentes referencias a lágrimas de sangre. Creo casi casi haberlas visto.

Qué pena me da recordar aquel momento.

Y otros similares. La de Alan fue una historia trágica que quedará para siempre sin contar más allá de lo que estampo aquí. Solo puedo añadir que, a pesar de la envidia que, sin proponérselo, me había suscitado durante mis años tempranos, llegué a quererlo, a admirar su sentido del humor, a compadecer su condición de gay en una sociedad donde serlo era imposible y, finalmente, a lamentar su terrible caída. También es verdad que su caso me infundió un miedo atroz a haber heredado su condición bipolar (palabra todavía no inventada entonces, creo). Algo de ello, desde luego, tenía y tengo dentro de mí, por suerte más o menos atenuado.

De vuelta en Dublín tras mi desvarío suizo con el MRA, le rogué de rodillas a Carole que me perdonara y me permitiera volver a su lado, prometiéndole que ya se había acabado para siempre aquella locura. Accedió, y eso que, como ya he dicho, no le faltaban numerosos pretendientes. Más bien delgada, no era una réplica de Julia, pese a la belleza de su cara, su precioso cuello, su elegancia innata y las manos femeninas más hermosas que jamás había visto. Lo más importante era que teníamos una verdadera sintonía intelectual, compartíamos el amor por los idiomas, la literatura, el campo, los viajes. Poco a poco fui conociendo a su familia, a su padre mandón y exigente; fui descubriendo cómo, procediendo de un hogar con pocos medios, había logrado una beca pública para acceder a una escuela privada de alta categoría donde, a fuerza de tesón, y de luchar contra el esnobismo del sistema, había obtenido las notas de excelencia necesarias para entrar en la universidad. Su curso de alemán y francés en el Trinity —luego se cansó del alemán y lo cambió por psicología— iba a durar cuatro años. Tiempo había para que nos organizáramos... y para que yo volviera a la cordura.

Estaba ya obsesionado con llevar a buen puerto mis propios estudios de francés y español y conseguir mi tan deseada licenciatura *cum laude*. Otra vez intervino Ted Riley, que me sugirió un curso avanzado del idioma en la Universidad de Salamanca con el gran filólogo Fernando Lázaro Carreter. También estaban allí, me dijo, Manuel García Blanco, experto en Unamuno, y otros especialistas interesantes. Seguro que me sería provechosa una estancia entre ellos.

Seguí su recomendación y estuve en Salamanca entre marzo y finales de mayo de 1962, hospedándome en una pensión, situada justo detrás de la plaza Mayor y regida por una mujer adorable, de nombre Marisa González, y su amiga María Goenaga. Éramos unos ocho o diez estudiantes.

Un día vi en la calle, cerca de la pensión, a una pequeña rubia, evidentemente extranjera, que me pareció muy guapa, y tuve luego la sorpresa de descubrir que estaba inscrita en el mismo curso que yo. Se llamaba Verena Rufener y era suiza. No sabía mucho castellano, pero sí bastante inglés y francés, y yo nada de alemán, de modo que nos comunicábamos mayormente en mi lengua materna. Un día, estando a su lado en una clase de Lázaro Carreter, que explicaba los distintos usos del infinitivo («los intereses de las madres...»), me di cuenta de que tenía los ojos verdes —jamás había conocido a una chica con ellos— y, pese a su delgadez, unos pechos tentadores. Al poco tiempo empezó a comer y cenar en nuestra pensión, aunque no a dormir porque ya no había sitio. Me fui prendando de ella... y ella de mí.

Me encontraba en un angustioso dilema: después de todo el episodio alocado del MRA y de reiniciar mi relación con Carole, ya estaba con otra joven encantadora, con quien, además, me reía mucho. Nos hicimos inseparables, tanto, que dejé de asistir a unas clases de guitarra flamenca que había empezado, con el correspondiente disgusto del profesor.

En Salamanca me enteré, claro, de que fray Luis de León, al volver a su cátedra tras su encarcelamiento de cinco años por la Inquisición, comenzó su primera clase con las palabras: «Decíamos ayer...». Me pareció genial. Visitamos con nuestros compañeros de curso su jardín a orillas del Tormes y me familiaricé con el famoso poema que empieza: «Qué descansada vida / la del que huye del mundanal ruido...».

Con nuestro grupo hicimos una excursión en autobús a Portugal, pasando de camino por Ciudad Rodrigo. Nos bañamos en el Atlántico en Figueira da Foz y visitamos Coimbra.

Un día, de vuelta en Salamanca, alquilé un bote y Verena y yo estuvimos remando en el Tormes. Hacía calor y ella iba en bikini. Saqué fotos que luego perdí. Me habló de su novio Hans y me dijo que solo había hecho el amor con él y con nadie más. Desembarcamos en un pequeño islote, pero no se repitió aquel maravilloso día en Dunmore con Julia: me entró el miedo a fracasar y no hubo ni intento de coyunda. Pasé una noche con ella hacia el final de mi estancia. Recuerdo su ternura, sus caricias. Tampoco hicimos el amor. Los dos teníamos, además, la inquietud de la pareja dejada atrás, que nos embargaba.

Era imprescindible mi regreso a Dublín, donde me esperaban en otoño los exámenes finales de mi doble licenciatura. No podía quedarme más tiempo con Verena. La despedida fue atroz. Cenamos, acompañados de varios amigos, cerca de la estación y, trastornado por la constatación de que la perdía para siempre, después de las semanas de felicidad a su lado, me emborraché y rompí a llorar inconsolablemente al irse aproximando la hora de salida. Ella también estaba muy afectada. Hace poco, tantas décadas después, me escribió (no toco su castellano):

> Salamanca era para mí y es todavía de mucha importancia, y nunca olvidaré nada de estas semanas cuando te encontré. Creo que quasí cada momento está grabado en mi memoria.
>
> Sí, yo también me enamoré tanto de tí, y quería morirme cuando tú te fuiste. Creo que te conté a tí que lloraba tanto en esta tarde, así que todavía durante la cena con Marisa cayeron mis lagrimas en la sopa de fideos. ¡Pero sabía que tenias una novia y que estabas para volver con ella!

¡Cómo olvidar la última visión que tuve de ella desde mi ventana del tren, diciéndome adiós con la mano, llorando!

Había escenificado mi reencuentro con Carole pidiéndole a mi hermano que la llevara la mañana de mi llegada a la estación del ferrocarril que conecta Dublín con el puerto de Dún Laoghaire, y la dejara allí en el Morris Minor materno, aparcado a dos pasos de la plataforma. No me falló, y allí estaba esperándome en el coche, tan guapa como siempre, con su largo cuello hermoso, sus bellas manos, su sonrisa. Nos abrazamos. ¿Le había confesado desde Salamanca mi relación con Verena? No recuerdo, ni ella tampoco. De todas maneras, no tardé en decirle la verdad. Una vez más, pese a todo, decidió seguir conmigo.

Al aproximarse la fecha de los exámenes fui presa otra vez del pánico, pero gracias a unas píldoras facilitadas por un médico conocido de mi madre —ansiolíticos serían, supongo— mi tranquilidad fue absoluta, casi milagrosa, durante las pruebas. El resultado fue que conseguí con éxito mi ansiado sobresaliente.

Pero todavía no tenía idea de qué hacer profesionalmente con mi vida. Puesto que existía la posibilidad de incorporarme a la empresa familiar, aunque nunca lo había hablado a fondo con mi padre, decidí hacer un breve cursillo de empresariales en la London School of Economics y ver si poseía alguna aptitud para los negocios.

Mi madre no había perdido del todo el contacto con mi adorada tata Kathleen Byrne, y la puso al tanto. Kathleen me ofreció para la estancia, que iba a ser de unos tres meses, un pequeño piso suyo en el frondoso barrio de Saint John's Wood. La volví a ver con emoción, pero habían pasado veinte años y ya no era, físicamente, la Kathleen de mi infancia, aunque no había perdido su vitalidad ni la risa que nunca había olvidado. Estaba siempre acompañada de un hombre mayor que ella, supongo que su pareja del momento, y nunca tuve la oportunidad de hablar a solas con ella porque, después de tres o cuatro semanas, se hundió el techo del piso y tuve que abandonarlo. A partir de aquel día nunca la volvería a ver. ¡Cuánto lamento no haber insistido en charlar con ella a solas! ¡La de cosas que le habría preguntado! ¡Cuánta información que me habría proporcionado sobre mis padres! No sé qué fue de ella después y ya no hay manera de saberlo. ¿Dónde yacerán los despojos de aquella maravillosa criatura cuya desaparición me había roto el corazón?

El cursillo de la London School of Economics me convenció de que no iba a servir nunca como empresario. ¿Cómo había sido tan imbécil? Lo abandoné, pues, antes de que concluyera, y volví a Dublín y a Carole.

Allí, después de enseñar durante unos meses en una pequeña escuela privada, se puso en contacto conmigo Keith Whinnom, el profesor ornitólogo del Trinity, y me hizo una propuesta que no me esperaba. Vamos, que jamás me habría esperado. ¿Por qué, me expuso, no consideraba la posibilidad, a la vista de los excelentes resultados de mi licenciatura, de ser hispanista profesional? Se acababa de anunciar un puesto de asistente en el Departamento de Español de la Queen's University de Belfast, y creía que yo tenía las aptitudes que requerían. Decidí seguir su consejo —realmente me impresionó que se interesara por mi futuro— y optar al puesto. Me lo dieron. Corría el verano de 1961. Empezaría aquel otoño. ¡Qué aventura, yo que jamás me había planteado la posibilidad, por lo menos de forma consciente, de entrar en el hispanismo!

Como hacía falta proponer un tema de tesis doctoral, me decanté por dedicarla a la primera etapa de la vida y la obra de Lorca, que ya me interesaban sobremanera. De hecho, desde mi descubrimiento unos años atrás del «Romance de la luna, luna», ver *La casa de Bernarda Alba* y leer una parte considerable de su obra, me fascinaba tanto su mundo poético como su personalidad... y su muerte a manos de los fascistas de su tierra natal granadina. Sin que lo pudiera saber, aunque sí quizás intuir, empezaba a encontrar mi camino vocacional.

Dirigía el Departamento de Español de Queen's un distinguido hispanista inglés, especialista, entre otras cosas, en literatura catalana. Su llamaba Arthur Terry y había nacido en York en 1927, con lo cual me llevaba once años. Su antecesor inmediato en la cátedra fue el barcelonés Ignacio González Llubera, respetado estudioso del componente judío, o criptojudío, de la literatura medieval española y portuguesa.

Terry, un hombre más bien tímido, era la persona más leída que iba a conocer en mi vida. Siempre estaba con un libro en la mano, y muchas veces lo vi escaparse temprano de reuniones para continuar en casa con su lectura del momento. Daba la impresión de haber leído todo lo anterior, en cualquier idioma, y también seguía atentamente lo actual. Su pasión era la poesía, aunque no creo que él mismo se dedicara nunca a componer versos. Era muy amigo de Philip Larkin, ya para entonces uno de los poetas ingleses más famosos: muy sardónico, polémico, combativo. Por lo visto ambos habían competido por los favores de Molly, la compañera escocesa de Arthur —una mujer pletórica de vitalidad—, y Terry fue el ganador. Larkin acudió en una ocasión a Queen's y le pude observar de cerca en el salón de profesores: me parecía que emanaba vanidad. Era de poca estatura, prematuramente calvo y bastante feo.

El campus tenía dos importantes poetas propios: el inglés Philip Hobsbaum, amigo de Arthur, y el irlandés Seamus Heaney, luego Premio Nobel de Literatura, ambos del Departamento de Inglés. Tuve la suerte de poder conversar a menudo con Heaney, que tenía los mismos años que yo. Era muy simpático, muy de la tierra. Le vería después en España, país que amaba, tras publicar mi biografía de Lorca, que reseñó elogiosamente en no recuerdo qué periódico inglés dominical.

Debo mencionar brevemente a otras tres personas con quienes coincidí en Queen's. El hispanista, principiante como yo, Nicholas Round, autor con el paso del tiempo de un libro importante sobre la caída de Álvaro de Luna. El filósofo José Luis Abellán, que acababa de publicar un estudio sobre Unamuno, y que dedicaría años a redactar una monumental *Historia crítica del pensamiento español*. Llegué a tener una relación muy amistosa con él, continuada en España. Y un joven gallego, Joaquín Rojo Seijas, que odiaba con intensidad feroz a la Iglesia católica de su país y pasaba horas día y noche produciendo caricaturas, a tinta negra, de curas repelentes, conocidos por él o inventados. Conservo algunos de aquellos dibujos y cada vez que los contemplo me muero de risa. Falleció muy joven, el pobre. Me regaló un pequeño óleo: un estupendo paisaje mesetario de olivos y tierra ocre que parece más real que la misma realidad. Todo corazón, todo sentimiento, Joaquín tenía que cargar con la pesadilla, para él, de contar con un hermano sacerdote.

Volviendo a Terry, era una mina de información sobre los poetas de la Generación del 27. Por lo que tocaba a Lorca, el hecho de que Arthur hubiera sido alumno en Cambridge de John Brande Trend, que había conocido personalmente al poeta en Granada, así como a Manuel de Falla, me intrigaba. También que hubiera coincidido allí con Luis Cernuda, por aquel entonces lector en el departamento de Trend. Arthur lo recordaba timidísimo, organizando ansiosamente sus apuntes antes de dar una charla.

Quizás lo que más me llamaba la atención era la fascinación que provocaba en Arthur la poesía catalana, terreno para mí entonces inexplorado. Conocía en persona a varios poetas catalanes, había pasado numerosas temporadas en Barcelona e incluso me confesó que allí tenía cierta fama por su apego a Cataluña y su defensa de su cultura.

Entretanto, Carole y yo —ella estaba ya en su último curso del Trinity— decidimos casarnos. Sus padres insistieron, por razones sociales más que nada, que lo hiciéramos en una iglesia anglicana de Bournemouth. La boda tuvo lugar el 20 de julio de 1963. Desde Irlanda acudieron mis padres, mi tío Syd y algún primo. Sufrí durante la ceremonia porque ya no creía en el cristianismo y era consciente de la hipocresía de estar allí. ¿Para qué casarnos, además, cuando, con las nuevas libertades que apuntaban, podíamos en teoría haber vivido juntos una etapa y comprobado si realmente queríamos seguir siendo pareja? Pero entonces era casi impensable oponerse a los criterios y deseos de la familia, y, por otro lado, nadie de nuestro entorno se casaba por lo civil.

Habíamos decidido pasar en España la luna de miel, para la cual mi madre nos ofreció generosamente su coche.

Tras atravesar Francia despacio, cruzamos la frontera en Hendaya y nos dirigimos, poco a poco, hacia Granada, nuestra meta principal. En Burgos me hice con un ejemplar de la quinta edición aumentada de las *Obras completas* de Lorca en la edición de Aguilar, que acababa de salir. Visitamos el monasterio de San Pedro de Cardeña y otros lugares burgaleses relacionados con el Cid Campeador. Escalamos hasta la cumbre de la montaña de Amaya, donde, bajo un sol de fuego, casi nos rozaban la cabeza los buitres. Recorrimos, intrigados, las ruinas de la ciudad romana de Clunia. Mientras cruzábamos por la altiplanicie de Soria se desencadenó una tormenta eléctrica tan violenta sobre nuestras cabezas que temimos que en cualquier momento nos fulminara un rayo.

Llegados a Granada, nos extasiamos en la Alhambra y el Generalife, y capté, por fin, el significado de una imagen lorquiana, de *Poema del cante jondo,* que hasta entonces me había resultado elusiva:

El campo
de olivos
se abre y se cierra
como un abanico.

¿Cómo podía ser esto? La explicación llegó durante un paseo por un olivar, en las afueras de la ciudad, bajo una luna deslumbrante. La imagen hasta entonces escurridiza se hizo de repente meridianamente clara: los árboles del poema, ordenados en hileras paralelas, son percibidos, *por una persona que cruza entre ellos,* como las varillas de un abanico que se abre y se cierra. O sea que Lorca no «inventaba» nada, sino que transmitía una percepción *cinética* que estaba allí, esperando que alguien fuera capaz de encontrarle la expresión exacta.

Cuando subimos, en Vigo, a bordo del barco para volver a Inglaterra, Carole estaba ya embarazada de nuestra hija Tracey, que nacería en Belfast nueve meses después. ¡Había fracasado nuestro sistema de control de natalidad! Entonces no se podía conseguir la píldora y había que depender de métodos poco seguros. Nunca lamentamos el fallo. La llegada de nuestra hija fue una bendición.

Arthur Terry apoyó con entusiasmo mi proyecto de tesis doctoral, reforzado, si cabía, por la rápida visita a Granada, sobre la primera etapa de Lorca, o sea, *Impresiones y paisajes* (1918), la obra teatral *El maleficio de la mariposa* (1920) y *Libro de poemas* (1921). Cuando, durante mi segundo año en Queen's, le anuncié mi determinación de pasar cuanto antes un año entero en la ciudad andaluza, exclusivamente dedicado a mi tarea, no titubeó en dar su aprobación al año sabático, con tal de que yo encontrara los medios para financiarlo, ya que ellos tendrían que sustituirme durante mi ausencia con un suplente. Otra vez el privilegiado, el niño de papá, no tenía mayores problemas con el aspecto económico del proyecto, y vendí a tal efecto un paquete de acciones de una famosa firma dublinesa de galletas.

Nunca sabré cómo tuvo conmigo tanta paciencia Arthur Terry.

Ya para entonces había leído el maravilloso libro de Gerald Brenan, *Al sur de Granada,* donde evocaba su vida, después de la Primera Guerra Mundial, en el alto pueblo alpujarreño de Yegen, con un estupendo capítulo sobre la algo excéntrica colonia de ingleses que vivía entonces cerca de la Alhambra. El relato me reforzó en el deseo de escaparme hacia allí cuanto antes. Como, además, Brenan había investigado someramente, en una obra posterior, *La faz de España* (1951), el asesinato del poeta, creo ahora que sin él quizás nunca me habría empeñado en conseguir aquel año en Granada.

Había confirmado mi decisión, además, la lectura de un libro del hispanista francés Claude Couffon, titulado *À Grenade, sur les pas de García Lorca,* publicado en 1962 en París. Reproducía, entre otros, un artículo sensacional del autor sobre las últimas horas del autor del *Romancero gitano* dado a conocer en *Le Figaro Littéraire* en 1951.

Couffon dejaba deslizar que poseía un ejemplar de la edición original de *Impresiones y paisajes,* imposible de localizar en tiendas de viejo y solo reproducido parcialmente en las *Obras completas* de Aguilar. Yo me moría por conocer el texto completo. Encontré su dirección postal en París, le escribí y me invitó a ir a verle. Allí me presenté sin perder tiempo. Vivía con su mujer en las afueras de la capital, a orillas del Sena. Resultó simpatiquísimo, hicimos buenas migas, le encantó mi regalo de dos botellas de Bushmills —el mejor whiskey de Irlanda del Norte— y, cuando hubimos terminado de comer, me dijo que me podía llevar el libro a Belfast y sacar allí una fotocopia. Confió absolutamente en mí, no pareció dudar un segundo de mi honradez ni preocuparle lo más mínimo la posibilidad de que, aunque certificado con todas las garantías, el libro se perdiera en su regreso a casa. Su generosidad me pareció, y me sigue pareciendo, asombrosa, inaudita. Se lo devolví una semana después, le llegó sin contratiempo alguno, y desde aquel momento tuve a Couffon como uno de mis mejores amigos franceses.

Confronté enseguida mi fotocopia completa de *Impresiones y paisajes* con la edición de Aguilar y descubrí que allí, sin avisar al lector, se habían suprimido pasajes del libro en que el joven Lorca criticaba duramente la vida monástica, tanto de hombres como de mujeres. Le parecía una cobardía. Fue para mí un hallazgo de importancia. El régimen de Franco había permitido la publicación de las «obras completas» del poeta a partir de 1954, pero con una censura que hay que suponer aceptada por sus herederos.

Cuarta parte
Granada y Lorca: el año milagroso (1965-1966)

El arco de herradura del carmen de Santa Ana, visto desde el patio de la casa.

¡Qué felicidad! Estaba hasta la coronilla de preparar clases, harto de comités, exámenes y alumnos, así como de la lucha entre protestantes y católicos que se daba en Irlanda del Norte con creciente vehemencia, destacándose en el rifirrafe el abominable pastor Ian Paisley (luego satirizado, merecidamente, en una divertida escena de *La vida de Brian).* Y ahora me iba a liberar de todo ello durante un curso entero, indagando sobre Lorca en su tierra. Me sentía eufórico.

Como me acompañarían mi mujer y mi hija, decidí hacer un breve viaje previo a Granada para alquilar una vivienda adecuada. Tenía una cosa muy clara: no me iba a conformar con un piso convencional en el centro urbano.

Estaba al tanto de que Granada se conoce como «la ciudad de los cármenes». Y que la palabra, que procede del árabe *karm,* «viñedo» (como dije al principio), denota la típica casa de sus barrios altos, sobre todo el Albaicín. Había visto fotografías de ellos y leído diversas descripciones. Sabía que algunos eran muy pequeños y otros, espaciosos, y que disfrutaban de un jardín o patio íntimo y recoleto protegido de la curiosidad ajena por enhiestas tapias, con macetas de geranios, arbustos, juegos de luz, agua y sombra, en ocasiones un parral o un limonero y, siempre, un mirador desde el cual contemplar el mundo exterior, dominado por el maravilloso espectáculo de Sierra Nevada.

En fin, carmen tenía que ser.

Mediaba el mes de marzo de 1965. Me instalé en un pequeño hotel de la cuesta de Gomérez, el principal acceso a la Alhambra. Tuve suerte, porque el dueño del establecimiento conocía a un corredor especializado en el alquiler de propiedades. Me lo presentó. Me dijo que no había muchos cármenes actualmente en el mercado pero que acababa de enterarse de que había unas habitaciones libres en uno del cercano barrio de la Antequeruela, y que tal vez valdría la pena echarles una ojeada.

Lo hice enseguida.

La casa, que pertenecía a una tal doña María, resultó ser bastante amplia. Me la mostró. Las estancias que me ofrecía me parecieron aceptables. Desde las ventanas se veía el despliegue de la Vega de Granada. Delante había un jardín lleno de setos de boj que, según me aseguraba, olían divinamente en verano. No me satisfacía tanto la cocina, bastante primitiva, que habría que compartir con ella, pero pensé que quizás la belleza del entorno haría más llevaderas sus deficiencias. Me equivocaba de cabo a rabo.

Cerrado el trato dediqué unos días a ver la ciudad, empezando, por supuesto, por la Alhambra y el Generalife, cuyos patios y jardines volví a recorrer embelesado, recordando la visita que hicimos durante nuestra luna de miel. Tenía razón el refrán: «Quien no ha visto *Graná*, no ha visto *ná*». Y también la placa, fijada en una de las torres alhambreñas, con la conocida efusión del poeta Francisco A. de Icaza: «Dale limosna, mujer, / que no hay en la vida nada / como la pena de ser / ciego en Granada».

Me desvivía por conocer el pueblo natal de Lorca y un día subí al tranvía de Fuente Vaqueros, situado en plena Vega a dieciocho kilómetros de la ciudad. Disfruté locamente del trayecto a través de los campos, con paradas en cada localidad. Bajo el sol de la primavera que ya apuntaba, la llanura era de un verdor asombroso. ¡Verde que te quiero verde! No por nada siempre hablaría el poeta con nostalgia de su larga infancia pasada entre los maizales, las choperas y las acequias de su patria chica.

Llegado al pueblo pregunté por la casa de su familia. Me la señalaron. Estaba cerrada. Alguien me dijo que hablara con una vecina, Carmen Ramos, entrada en años, que había jugado con el Federico niño. Llamé a su puerta. Me recibió. Me dijo que ella le llevaba cuatro años y me habló de sus juegos, de los sermones que pronunciaba Federico desde el altarcito improvisado en su patio, de su deslumbramiento al presenciar, por vez primera, un teatrillo montado en el pueblo por unos titiriteros. «Cada vez que oigo su nombre en la radio, o lo veo impreso, se me empiezan a saltar las lágrimas», me aseguró. «¡Qué barbaridad! ¡Qué barbaridad!»

En Fuente Vaqueros se palpaba el miedo, noté la reacción cuando entré en un bar, un extranjero más preguntando incómodamente por Lorca, y lo entendí al observar la presencia en la plaza de una pareja de la Guardia Civil, con sus tricornios y fusiles.

Otro día visité la Huerta de San Vicente, la casa de campo de la familia del poeta situada en la linde de Granada con la Vega (hoy sujeta al estruendo de la autovía de la costa), y a la cual había llegado desde Madrid en julio de 1936, unos días antes de la sublevación que desencadenó la Guerra Civil.

Ya avanzaba la ciudad implacablemente hacia la finca y se levantaba muy cerca una interminable hilera de bloques de pisos que tapaba la vista de la Alhambra que antes se disfrutaba desde ella. Coincidí allí con un grupo de jóvenes admiradores de Lorca, entre ellos un sobrino suyo, el futuro arabista Bernabé López García. Todos estuvieron muy cordiales conmigo y se comprometieron a presentarme a personas capaces de orientarme en mi investigación, empezando por una de las primas preferidas del poeta, Clotilde García Picossi, según ellos muy «lorquiana», sabedora de muchas canciones populares y dueña de una preciosa huerta colindante, la del Tamarit. Asimismo se ofrecieron a llevarme a casa de Miguel Cerón Rubio, uno de los organizadores, con Lorca y Falla, del Concurso de Cante Jondo celebrado en 1922 en la Alhambra.

Abandoné la ciudad muy contento. Tenía ya concertadas unas habitaciones en mi soñado carmen, había hecho mi primera visita a Fuente Vaqueros y a la Huerta de San Vicente, y mis nuevos amigos me iban a conectar con personas quizás clave para mi trabajo. Todo iba viento en popa.

Decidí describir mi visita en un breve artículo periodístico, ¡el primero!, que envié a *The Irish Times* de Dublín sin conocer a nadie de la redacción. Lo aceptaron. Se publicó unos meses después, el 22 de mayo de 1965, titulado «Granada and the Ghost of Lorca». El lector de este libro sabe que «*ghost*» significa «fantasma» o «espectro» en inglés. En efecto, el artículo, que acabo de releer por primera vez desde entonces, pone el énfasis sobre el asesinato del poeta y el silencio abrumador que, en la España de Franco, continuaba rodeándolo, sobre todo en la ciudad donde tuvo lugar el magnicidio.

Me doy cuenta ahora de que ya intuía que parte de mi trabajo en Granada consistiría en llevar a cabo una indagación sobre la muerte del poeta.

Como iba a ser fundamental para mi proyecto un coche en condiciones, cambié, al volver a Belfast, el que tenía por un Volkswagen Variant, un modelo que alguien me recomendó por sus, según él, múltiples virtudes, entre ellas su seguridad, su estupendo motor y su espaciosidad. La elección iba a resultar muy acertada. Lo llenamos de enseres diversos y a finales de junio de 1965 nos despedimos de Irlanda del Norte.

Diez días después, tomándonos nuestro tiempo, llegamos al carmen de doña María. Si bien mi mujer encontró más o menos adecuadas las habitaciones, no así, en absoluto, la cocina. ¿Cómo podía yo haber imaginado que se conformaría con aquella antigualla de estufa, que no solo funcionaba con carbón, en pleno siglo XX, sino que además había que compartir con la dueña de la casa? Comprendí que tenía toda la razón. Por otro lado, el jardín resultaba un desastre: nuestra hija Tracey, muy activa ella, se perdía de vista constantemente entre los setos de boj, que la superaban en altura, y un día se cayó por unos escalones en los que no me había fijado. Para colmo, las estrechísimas callecitas del barrio tenían adoquines muy desiguales que hacían casi imposible empujar su cochecito. En cuanto al coche, el acceso era prácticamente imposible. Le prometí a Carole, compungido, que buscaría enseguida otro lugar más propicio.

Entretanto había que poner manos a la obra. Yo estaba en Granada con una doble misión: profundizar, para mi tesis doctoral, en el primer Lorca, y comenzar a enterarme, poco a poco, cautelosamente, de las circunstancias de su asesinato.

Para avanzar, mientras día tras día me sumergía en la relectura de las *Obras completas* del poeta, iba encontrando una mina de información en la Hemeroteca Municipal, situada en la Casa de los Tiros, noble edificio antiguo con patio y jardín al cual bajaba, desde el carmen, por un laberinto de pequeñas calles y escaleras. Allí, en la sala de lectura, que solo frecuentaba yo, sin supervisión alguna, las estanterías contenían la colección completa de *El Defensor de Granada*, el diario republicano decano de la prensa de la ciudad, cerrado por los sublevados cuando empezó la guerra.

Mi primer objetivo: los viajes de estudio del joven poeta con su maestro de Teoría de Arte en la Universidad de Granada, Martín Domínguez Berrueta. En *El Defensor* encontré muchas referencias a ellos, con citas de los reportajes aparecidos en periódicos de provincias. Cada día descubría algún dato nuevo. Entre ellos, que el poeta incipiente había pasado varias semanas a solas en Burgos con Berrueta y había publicado artículos allí en la prensa local. Le escribí a un archivero de la ciudad y le pedí que buscara en el periódico más destacado de la ciudad, *El Diario de Burgos*, a ver si un joven escritor granadino de nombre Federico García Lorca había dado a conocer algo en él en 1917. Un mes después recibí un sobre lleno de papeles. Entre ellos la transcripción de un importantísimo texto del poeta, «Las reglas en la música», publicado en dicho periódico, donde se traslucía una profunda reflexión sobre el tema, inspirado, sin duda, por su añorado maestro de piano, Antonio Segura Mesa, fallecido en mayo de 1916. Lo reproduje, con otros artículos reencontrados, en el *Bulletin Hispanique* de Toulouse, la revista más reputada del hispanismo francés. Hoy están todos incorporados a las obras completas del poeta.

¡Aquello era vivir! Mientras, en la cocina, la pobre Carole bregaba con la maldita estufa de doña María y se ocupaba de nuestra hija.

Unas semanas después de instalarnos en aquel carmen tan poco satisfactorio coincidimos, en una conocida ferretería de la plaza de Bib-Rambla, Ruiz Pozo, con una pareja de norteamericanos que hablaban animadamente con el tendero. Por su conversación colegí que eran hispanistas y me presenté. Se trataba de Sanford Shepard, catedrático de Humanidades del Oberlin College, en Ohio, y su mujer Helen, que pasaban el verano en Granada con un grupo de alumnos. Congeniamos pronto y nos sentamos en una terraza para seguir charlando. El encuentro iba a resultar providencial.

Sanford era un judío ateo, alto y estrafalario, nacido en Pittsburgh en 1928 y tan flaco de carnes como generosamente provista de ellas estaba su mujer. De sus labios oí por vez primera el término *criptojudíos*. Su conversación solía girar obsesivamente en torno a ellos. Andaba entonces enfrascado en los *Proverbios morales* del converso Sem Tob de Carrión (de los cuales publicaría en 1985, en Castalia, una edición crítica hoy descatalogada). Mantenía —como el cazanazis Simon Wiesenthal— que, con la persecución de los judíos, Hitler no había inventado nada, y que la obsesión «nacionalsocialista» alemana con la pureza de la sangre procedía directamente de España. Tenía claro que tal actitud, tal porfía, no solo era ajena a la enseñanza fundamental del cristianismo, con su insistencia sobre la fraternidad de todos los hijos de Dios, sino que denotaba una amnesia nefasta para la cultura española. Con ello seguía la línea de su admirado (y por más señas nacido en Granada) Américo Castro, de quien yo no había leído todavía nada. Opinaba que España solo se explica por su mezcla de religiones y sangres, y que constituye una insensatez negarlo, reivindicando una pureza racial ficticia.

Helen no era judía sino hija de un pastor protestante, de apellido Keller, adscrito como capellán a la Marina estadounidense. Conoció a Sanford cuando ella estudiaba español y portugués en la Penn State University. Fue alumna en algún momento del escritor español exiliado Arturo Barea, autor de *La forja de un rebelde,* de quien hablaba con intensa admiración. Me recomendó su *Lorca, el poeta y su pueblo,* publicado primero en inglés, en 1944, que luego leería con provecho. Era una persona cálida, de una gran naturalidad, con energía arrolladora y buen humor contagioso. Se preguntaba cada día —así nos lo contaba entre risas— por qué diablos se había casado con un judío descreído obsesionado con Sem Tob y los contenidos «crípticos» de los escritos de los conversos. Y hablaba de la necesidad de aprovechar sus ausencias cuando tenía ganas de comerse un bocadillo de jamón.

Los Shepard pasaban el verano en lo alto de un destartalado inmueble situado en la calle de Santa Ana, número 6, casi tocando a la iglesia del mismo nombre, con su esbelta torre mudéjar, torre, dijo Lorca, «más para palomas que para campanas». Nadie, al visitarles por primera vez allí arriba, podía imaginar la sorpresa que le esperaba. Se llegaba sorteando más de trescientos peldaños para alcanzar la última planta del edificio. Luego se seguía por un estrecho pasillo con una cancela al final, a través de la cual se vislumbraba un patio insospechado lleno de árboles y flores y una escalera que subía a un arco de herradura pseudoárabe que, a su vez, daba paso a una terraza superior.

Comprendí, nada más penetrar en el recinto, que era mi carmen soñado.

Durante las siguientes semanas Carole y yo estuvimos muchas horas inolvidables charlando en aquel encantador patio con los Shepard y sus amigos, tanto españoles como norteamericanos, y contemplando el maravilloso panorama del Albaicín que se ofrecía desde la terraza superior. Se acordó que, al volver ellos a Oberlin a finales de agosto, nosotros pasaríamos a ocupar el carmen, que tenía una cocina con todas las características exigidas por mi mujer.

Entre los temas de conversación —cuando Sanford no peroraba sobre los conversos— figuraba, en lugar de honor, la propia Granada.

Yo ya había leído el capítulo de Richard Ford sobre la ciudad y sus alrededores en su famoso *Manual para viajeros en España y lectores en casa* (1845), del cual poseía la primera edición (en dos tomos), y sabía que la ciudad no debía su nombre —pese a lo que se suele creer— a la hermosa fruta así llamada en español, sino a un topónimo homófono muy antiguo, prerromano, algo así como *Karnattah* o *Garnata*, quizás de raíz cartaginesa. Cuando la ciudad sucumbió en 1492 ante Fernando e Isabel, había prevalecido, casi inevitablemente, la etimología popular, dada la proliferación del árbol en los jardines y huertas de la ciudad. La fruta no había tardado en convertirse en símbolo oficial del reino, añadiéndose al escudo real.

Deduje por mi parte que favoreció su incorporación a la heráldica el hecho de que, después de caer la hermosísima flor bermellón del granado, los puntiagudos sépalos del cáliz se van abriendo, al compás de la maduración de la fruta, para configurar una corona.

Al recibir el encargo de diseñar, en medio de la cuesta de Gomérez, un pórtico monumental de entrada a la Alhambra ya cristiana, el toledano Pedro Machuca había decidido adornar su frontón con tres representaciones enormes de la fruta. Muchas veces las contemplamos juntos Sanford y yo. De puro estilo italiano renacentista, el macizo arco iría constituyendo con el tiempo —como no dejarían de apuntar en sus cuadernos los viajeros románticos— una tajante línea divisoria entre la prosa y la poesía, entre el bullicio urbano y la espesa frondosidad de un bosque de hermosura única. Muy desmejorada ya en 1965 debido a los humos de las interminables caravanas de coches y autobuses que subían día y noche por la cuesta, la puerta de las Granadas ha recobrado hoy, gracias al nuevo acceso a los palacios desde la autovía de la costa, su prístina belleza.

Siempre con las granadas, alguien —no recuerdo si Shepard o uno de sus amigos— me informó que la bomba de mano así bautizada (en inglés y francés *«grenade»)* fue inspirada por la fruta, cuyo nombre procede del adjetivo latino *granatum,* «repleto de granos, semillas». Aquel otoño pude observar que, cuando, ya madura, la granada se empieza a abrir, revela dentro centenares de cápsulas transparentes llenas de zumo color sangre que se parecen, efectivamente, a tantos perdigones. ¿Quién fue el primero en intuir la posibilidad de fabricar un artefacto de hierro, redondo como la fruta, que cupiera en la mano y llevara dentro semillas ya *mortíferas?* No lo he podido descubrir.

Por otro lado, son conocidas las connotaciones eróticas de la granada, íntimamente relacionada en la cultura griega con Afrodita —la romana Venus—, diosa del amor, quien, según uno de los mitos relacionados con ella, se la regaló al pueblo de Chipre nada más llegar a la playa tras su nacimiento de la espuma *(aphros)* del mar. Hay incluso quienes mantienen que la fruta prohibida del Edén, no especificada en el Génesis, fue en realidad una granada y no la banal manzana que figura en tantos cuadros. ¡Quién sabe!

Me sorprendió descubrir que la hermosísima flor rojinaranja del granado no tiene olor alguno. No me consta que poeta alguno se haya fijado en esta ausencia que sorprende, dadas las asociaciones eróticas de la fruta.

Sanford Shepard no fue mi único iniciador en los secretos de la ciudad. Una tarde, sin esperar a que mis amigos de la Huerta de San Vicente me lo presentasen, dejé una nota para Miguel Cerón en su casa del paseo de la Bomba, explicándole el asunto de mi tesis y pidiéndole que me hiciera el favor de concederme una entrevista. Me contestó con amabilidad y me sugirió un día. Acudí a la cita ilusionado. Me abrió la puerta un señor sumamente elegante, de unos setenta años. Entre los amigos que le acompañaban estaban el doctor Rafael Jofré, médico especialista en enfermedades venéreas y férvido aficionado al flamenco, del cual había dibujado un árbol genealógico, y un frustrado cantante de ópera, Dionisio Venegas. Resultó que, melómanos empedernidos, se juntaban con Cerón una vez a la semana para escuchar música

Con enorme generosidad, el anfitrión me permitió formar parte de aquel cenáculo. Poco a poco él y sus amigos me fueron contando episodios de su vida y proporcionándome información sobre la Granada de antes, durante y después de la guerra. Yo sabía que había habido en la ciudad una represión brutal y que el asesinato de Lorca fue uno entre miles. Ahora, sin pedirlos, recibía datos concretos al respecto. Nadie había olvidado lo ocurrido y, como el régimen seguía en pie, el terror y la desesperación atenazaban todavía a los perdedores. En cuanto al poeta, Cerón me dijo que había mantenido con el joven Federico una amistad estrecha hasta que este tomó la costumbre de quedarse charlando con él a altas horas de la noche... y los vecinos empezaron a murmurar. Nunca se había casado, y se las daba, en sus conversaciones conmigo, de haber sido muy varonil, muy mujeriego. Lo que menos necesitaba, me dijo, era que, por culpa de Federico, se le tildara de «maricón». De modo que se redujeron las visitas nocturnas del poeta.

Cerón conocía bastante bien el inglés. Lo escuché fascinado cuando, un día, me contó que le había leído al Lorca joven, en voz alta, traduciendo, una famosa obra del dramaturgo irlandés John Millington Synge, *Riders to the Sea (Jinetes hacia el mar),* que le había entusiasmado. Yo, al ver *La casa de Bernarda Alba* en Dublín unos años antes, había percibido una similitud entre los dos dramaturgos, y más cuando leí *Bodas de sangre.* Ahora tenía la prueba de que no me equivocaba.

Don Miguel también me dijo que le había leído al poeta un ensayo de Gilbert Chesterton, y que se había extasiado ante la frase «la loca sangre de los duendes» *(the mad blood of the elves)*. ¿Raíz, quizás, de su teoría sobre el duende andaluz, elaborada unos años después en una conferencia que se hizo célebre?

Cerón me habló largamente de los burdeles granadinos de la preguerra. Había todo un barrio especializado en ellos, La Manigua, luego suprimido por la dictadura de Franco. Algunos eran lujosos y en ellos él y sus amigos pasaban a veces fines de semana enteros. No Federico, por supuesto.

A mi nuevo amigo le encantaba pasearse por la Alhambra y sus alrededores, y en ocasiones me invitaba a acompañarle. Yo escuchaba con suma atención sus reminiscencias y comentarios, y tomaba notas de todo. Él admiraba no solo los pabellones árabes, sino también el renacentista palacio de Carlos V, delante del cual se extiende la plaza de los Aljibes, donde organizara con Falla y Lorca el Concurso de Cante Jondo de 1922. Me habló con tristeza de aquellos tiempos antes de que todo se volviera dolor y muerte.

Yo sabía que a los viajeros románticos del siglo XIX el palacio de Carlos V les ofendía, y más aún teniendo en cuenta que para su construcción se había hecho tabla rasa de numerosos pabellones árabes. Probablemente la opinión de Richard Ford era la más razonable. Consideraba que, en sí, el palacio, nunca terminado, era una maravilla, pero que desentonaba brutalmente con su entorno. Me fue imposible no llegar a la misma conclusión.

Como lección de historia española, de todas maneras, pocas tan llamativas como «el choque de Oriente con Occidente» escenificado, según Lorca, por la yuxtaposición de los airosos edificios árabes con la ingente mole cristiana implantada en su corazón.

Con Miguel Cerón me paseé muchas veces por los jardines árabes. Una tarde memorable me llevó a contemplar, en el Generalife, la célebre escalera por cuyos pasamanos, en lo alto de los pretiles laterales, baja presurosa el agua, saltando y gorjeando. Cerón no dudaba de que ella y sus alrededores inspiraron el «Romance sonámbulo» lorquiano, donde el amante herido sube a las «altas barandas» en busca de la novia que ya flota ahogada, bañada de luz lunar, en la superficie de un estanque:

> Dejadme subir al menos
> hasta las altas barandas,
> ¡dejadme subir!, dejadme
> hasta las verdes barandas.
> Barandales de la luna
> por donde retumba el agua.

Cierro los ojos y oigo el retumbar de las cisternas del Generalife.

Instado por Cerón devoré las páginas que le dedicó a Granada Théophile Gautier, que había llegado a la ciudad en 1843, en su *Viaje a España*. Páginas que admiraban Lorca y sus íntimos. Entre ellas encontré una descripción del bosque de la Alhambra en plena canícula, que leía y releía allí mismo, impresionado, bajo los árboles:

> El sonido del agua que murmura se mezcla con el ronco zumbido de cien mil cigarras o grillos cuya música no se calla nunca y que forzosamente recuerda, a pesar de la frescura del sitio, las ideas meridionales y tórridas. El agua brota por todas partes, bajo los troncos de los árboles, a través de las rendijas de los viejos muros. Cuanto más calor hace, más son abundantes los manantiales, pues es la nieve lo que los alimenta. Esta mezcla de agua, de nieve y de fuego hace de Granada un clima sin comparación en el mundo, un verdadero paraíso terrenal...

Tuve la sensación de que no había pasado el tiempo desde que llegara Gautier a la ciudad, ciento treinta años antes.

Yo seguía pasando horas y horas en la Casa de los Tiros, leyendo metódicamente *El Defensor de Granada*, empapándome del ambiente social y cultural de los tiempos juveniles de Lorca y buscando más información sobre los viajes de estudio relatados en *Impresiones y paisajes*. Caí en que tendría que visitar todos los principales destinos allí evocados, entre ellos Galicia, y consultar, en la Hemeroteca Municipal Nacional de Madrid, la prensa local correspondiente.

Miguel Cerón y sus amigos, a quienes les contaba mis pequeños descubrimientos, me hablaron un día de un grupo de republicanos represaliados por el régimen franquista que se reunían cada tarde en el café granadino de más solera, El Suizo, situado en Puerta Real. Me dijeron que sabían mucho de Lorca y de su triste final.

Allí me presenté. Al principio, como era natural, estuvieron algo renuentes a la hora de hablarme de lo ocurrido en 1936, pero poco a poco, al irme cogiendo confianza, empezaron a comentarlo, así como sus peripecias personales antes y después de la contienda. Entre ellos recuerdo con especial cariño y gratitud al abogado Antonio Pérez Funes, uno de los hombres más bondadosos que he conocido.

Fue en El Suizo donde oí nombrar por vez primera a un tal Agustín Penón, que unos diez años atrás había pasado una larga estancia en Granada con el propósito de aclarar las circunstancias en que muriera Lorca, su héroe. De la noche a la mañana había desaparecido luego de la ciudad y nunca regresó. Nadie parecía saber si era español o norteamericano. Hablaba el idioma a la perfección, eso sí. ¿Yanqui hijo de puertorriqueños? Tal vez. Incluso se rumoreaba que trabajaba para la CIA, y que había tenido problemas con las autoridades franquistas. Era, según parecía, una persona de gran simpatía, entusiasta y carismático.

Mis nuevos amigos me aseguraban que Penón se había llevado consigo una imponente cantidad de datos y documentos relacionados con el tema que le obsesionaba. Pero el libro que quería escribir sobre el caso, ¿qué había pasado con él? Nadie lo sabía, solo que no se había publicado. Según Pérez Funes, algunos afirmaban que lo había detenido la policía secreta y le habían quitado su archivo, y que por ello, desesperado, había abandonado el país.

Yo solo llevaba cinco o seis semanas en Granada y ya frecuentaba a personas que me hablaban insistentemente de la represión fascista y del asesinato de Lorca. ¡Incluso resultaba que un lorquista enigmático había desaparecido unos diez años atrás en el curso de sus exploraciones sobre el crimen! No puedo precisar la fecha exacta, pero una mañana me desperté con la convicción más absoluta de que era mi obligación aparcar la tesis, que podía esperar, y utilizar mi año en Granada para estudiar a fondo lo ocurrido en la ciudad al inicio de la guerra.

Mi vida acababa de dar un brusco viraje.

Tenía conmigo tanto *La faz de España,* de Gerald Brenan, con su capítulo sobre la muerte de Lorca, como la investigación más pormenorizada de mi ya amigo Claude Couffon, *À Grenade, sur les pas de García Lorca.* Sabía, por ellos, que el poeta había vuelto a la ciudad justo antes del estallido de la sublevación militar en julio de 1936. Que, amenazado en la Huerta de San Vicente, había buscado refugio en casa de un joven amigo, también poeta, Luis Rosales, algunos de cuyos hermanos eran falangistas. Que unos días después lo sacó de ella una escuadra de esbirros capitaneados por un tal Ramón Ruiz Alonso, exdiputado por Granada de la CEDA, o sea, la Confederación Española de Derechas Autónomas, la coalición electoral dirigida por José María Gil-Robles, y fue conducido al Gobierno Civil. Y que el asesinato se consumó poco después cerca del pueblo de Víznar, situado al pie de la Sierra de la Alfaguara, a unos nueve kilómetros al noroeste de la ciudad.

Allí, según Brenan y Couffon, existía un «barranco» donde se había llevado a cabo un exterminio masivo de «rojos», quizás entre ellos el poeta. Lo primero que hice, sin decir nada a nadie, fue buscar aquel emplazamiento, llevando conmigo en el coche ambos libros. Gracias a ellos, sobre todo a una foto de Couffon, no me costó demasiado trabajo dar con el lugar. Se situaba encima de un abrupto recodo de la pequeña carretera que unía Víznar y el colindante pueblo de Alfacar. Aparqué el coche a cierta distancia del paraje, para llamar lo menos posible la atención, y subí hasta allí a pie, presa de la emoción. Cuando Brenan visitó el sitio en 1948 se encontró con que «toda el área estaba salpicada de hoyos de poca profundidad y montículos, sobre cada uno de los cuales se había colocado una piedra pequeña». Busqué las piedras sin éxito: ya no quedaba ninguna. Además, se habían plantado pinos en toda la zona. Pero si fue para encubrir las siluetas de las fosas, y entiendo ahora que sí, no se consiguió. Vi y fotografié varias.

Debido a los dos autores me fue fácil localizar también La Colonia, el viejo molino convertido en cárcel provisional donde los condenados a muerte habían pasado sus últimas horas en este mundo. Estaba prácticamente derruido.

Volví a Víznar cuatro o cinco veces aquel verano, tomando cada vez más precauciones. Era necesario. Por un joven arabista escocés, James Dickie, entonces en Granada, sabía que la Guardia Civil había detenido a un paisano suyo en los alrededores del «barranco», y para que lo soltasen fue necesaria la intervención del vicecónsul británico, William Davenhill. No quería tener un percance parecido, no por miedo a pasar una noche en un calabozo de la Benemérita, sino porque habría aireado lo que hacía, y era esencial mantenerlo en secreto todo lo posible.

Antonio Pérez Funes, a quien ponía al tanto de cada paso de mi investigación, y que ya confiaba plenamente en mí, me habló una tarde de un tal Manuel Castilla Blanco, asegurándome que fue quien, sin duda alguna, enterró a Lorca, no en el «barranco» de Víznar, sino no lejos del lugar conocido como Fuente Grande, cerca del colindante pueblo de Alfacar. Según Pérez Funes y su grupo de amigos, Castilla había llevado hasta allí a Agustín Penón y le había mostrado el sitio exacto donde sepultó a Lorca y otras tres víctimas de aquella madrugada: un maestro republicano y dos banderilleros.

Mis contertulios del Suizo estimaban que Castilla tendría unos veinte años cuando empezó la guerra. Luego supe que tenía diecisiete. Por suerte para él, me explicaron, el capitán José María Nestares Cuéllar, «camisa vieja» de Falange y uno de los principales gerifaltes de los sublevados, era amigo de su familia y pudo evitar que le fusilaran por su pertenencia a un sindicato «rojo» (por lo cual se le conocía como Manolo el Comunista). Nestares, que mandaba en la zona de Víznar, instaló al joven en La Colonia, donde se vio obligado a participar en algunos entierros de fusilados.

Pérez Funes y sus amigos habían perdido de vista a Manolo el Comunista, pero me dijeron que su madre tenía, o había tenido, un puesto de «tejeringos» —churros— en la cercana plaza de Mariana Pineda, y que, hablando con los vecinos, o los que frecuentaban los alrededores, no debería ser difícil conseguir noticias suyas.

Me personé de inmediato en La Mariana. La mujer de los tejeringos había desaparecido. Nadie parecía saber nada de ella. Pero unos días después tuve más suerte y alguien me informó de que Manuel vivía en la cercana calle de Varela, número seis.

Llamé a su puerta. La abrió un hombre corpulento, calculé que de unos sesenta años. Me miró intensamente y exclamó:

—Pero ¡usted no es Agustín Penón!

Me quedé de una pieza. ¡La sombra de Penón me salía a cada paso!

Le expliqué, allí en la puerta, cómo le había localizado, que me habían hablado de él Antonio Pérez Funes y sus amigos.

Me invitó a pasar y hablamos media hora. Colegí enseguida que no sería fácil que me llevara a Fuente Grande y me mostrara el lugar donde había enterrado a Lorca. Lugar que, unos diez años antes, había enseñado al desaparecido Penón.

Pasaron varias semanas antes de que aceptara hacerlo, creo recordar que tras consultar con Pérez Funes. Su inquietud era normal. El «tema» de Lorca era todavía tabú en Granada, el asesinato del poeta constituía un problema para el régimen cada vez más grave, y la Guardia Civil patrullaba la carretera entre Víznar y Alfacar (aunque yo no había visto a ningún tricornio en mis visitas). Llevar allí a un extranjero suponía un riesgo que podía tener consecuencias.

Allí fuimos en mi coche una tarde. No puedo olvidar mi profunda emoción cuando Castilla me llevó a un viejo olivo al lado del cual estaba seguro de haber enterrado al poeta y a las otras tres víctimas de aquella madrugada. Del maestro republicano solo recordaba su nombre de pila, Dióscoro. Tenía una pierna de madera, me aseguró, resultado de un accidente, y había regentado la escuela del cercano pueblo de Cogollos Vega. Castilla sí se acordaba de los nombres y apellidos de los dos banderilleros fusilados con el maestro y Lorca, anarquistas ambos: Francisco Galadí Melgar y Joaquín Arcollas Cabezas. No le cabía la menor duda acerca del lugar. Al lado del olivo, casi el único que había en el paraje, me señaló una «barranquilla» por la cual, cuando llovía en invierno, corría el agua. Cerca del olivo, a unos metros, estaban los restos del poeta. Estaba convencido de ello.

—Por este *roal* [o sea, rodal] fue, por este *roalillo* —dijo enfático—. Por aquí fue.

Unos días después me trasladé al Ayuntamiento de Cogollos Vega. Recurrí a la mentira de que mi padre había conocido, durante una estancia en Granada antes de la guerra, a un maestro de allí llamado Dióscoro. ¿Sabían algo de él? Me aseguraron que nunca había habido en el pueblo un maestro de aquel nombre tan inhabitual. Pero luego uno de los funcionarios me dio una valiosa pista. Creía recordar, me dijo, que, en el no lejano pueblo de Pulianas, hubo antes de la guerra un maestro así llamado, después fusilado por «rojo».

Fui allí inmediatamente. Resultó cierto. El maestro se llamaba Dióscoro Galindo González, me informó el secretario del ayuntamiento. Me di cuenta de que no había que insistir y no lo hice. Volví contento a Granada: ya tenía el nombre y los apellidos de uno de quienes acompañaron al poeta en el último trance.

Había que actuar con suma cautela, sí. Era evidente que la gente temía a la policía, a la Guardia Civil, a los delatores. Las palizas eran todavía frecuentes y ser llevado a una comisaría podía suponer un riesgo considerable. No para mí, claro, como extranjero. Mi preocupación era no constituir un peligro para mis informadores. Multipliqué mis precauciones.

Gerald Brenan evoca cariñosamente, en *Al sur de Granada*, a la pequeña, y no poco excéntrica, colonia inglesa que allá por 1920 vivía en los alrededores de la Alhambra, siguiendo una tradición establecida por paisanos suyos durante el siglo XIX. Por desgracia, cuando llegamos nosotros en 1965, casi todos ellos, entre los que se contaban unos personajes realmente pintorescos, habían desaparecido. Con la notable excepción de William Davenhill, el mencionado vicecónsul británico, que vivía con su hermana Maravillas en las alturas del bosque de la Alhambra en una casa que desde la calle parecía un carmen, pero que en realidad era la última planta de un edificio de amplias proporciones inserto en la ladera de la colina.

Los Davenhill llevaban toda la vida en Granada. Al declinar el día solían acomodarse en la terraza delante de la propiedad y allí recibían a sus amigos, a quienes Maravillas ofrecía un cóctel de potencia explosiva. Una tarde me tomé la libertad, sin que nadie nos presentara, de acercarme y saludarles. Me recibieron con afabilidad, me invitaron a sentarme con ellos y probé el temible brebaje de la anfitriona. A lo largo de los siguientes meses subí a verlos con cierta frecuencia.

Cuando ya nos conocíamos un poco mejor, los Davenhill, en respuesta a mis preguntas, me empezaron a contar su experiencia en Granada al estallar la sublevación y ponerse en marcha la feroz represión de la ciudad. Los fusilamientos «oficiales» tenían lugar, me explicaron, en el paredón del cementerio, detrás de la Alhambra. Cada madrugada subían por el bosque los camiones de la muerte, cargados de víctimas, y pasaban, jadeantes, justo delante del viceconsulado. Una vez Maravillas se atrevió a mirar cautelosamente por una ventana. «Fue horrible», me dijo, «en cada camión había veinte o treinta hombres y mujeres, amontonados unos sobre otros, atados como cerdos para el matadero. Diez minutos después oímos los disparos en el cementerio, como los oíamos cada madrugada, y supimos que una vez más todo había terminado.»

Los sublevados estaban decididos a acabar con todos los que habían tenido alguna significación política republicana en la ciudad, empezando por los concejales municipales. Cuando comenzó la represión había veinticuatro. Casi todos fueron fusilados. Con ellos, centenares de afiliados a las distintas organizaciones obreras, catedráticos, profesores, médicos, abogados y otros profesionales. Fue un régimen de terror en toda regla.

El vicecónsul me proporcionó una pista extraordinaria. Me dijo que una escritora norteamericana, Helen Nicholson, baronesa de Zglinitski, cuyo nombre no me sonaba nada, estaba en Granada cuando empezó la guerra y había publicado un libro sobre su experiencia, titulado *Death in the Morning (Muerte en la madrugada)*. ¿Qué hacía ella en Granada, le pregunté? Respuesta: su hija Asta estaba casada con un granadino muy anglófilo, Alfonso Gámir Sandoval, y la madre estaba pasando una temporada con ellos en su casa, Villa Paulina, situada debajo de la Alhambra muy cerca de los Davenhill. En el libro, me aseguraba el vicecónsul, la Nicholson describía detalladamente el horror de aquellos días y noches. Por desgracia lo había perdido.

Me costó mucho trabajo conseguir un ejemplar. Bueno, meses y meses. Hoy, con internet, habría sido cuestión de días. Cuando llegó finalmente a mis manos me lo leí de un tirón. Publicado en Londres en 1937, *Death in the Morning* describe con toda precisión lo ocurrido en Granada durante el primer mes y medio del «Glorioso Movimiento Nacional». Desde Villa Paulina (hoy desaparecida) el ruido de los camiones despertaba cada madrugada a la familia, que, como los Davenhill, no tenían más remedio que escuchar las descargas del cementerio. En una de sus páginas leí, imantado:

> Desde hacía bastante tiempo las ejecuciones habían ido aumentando a un ritmo que alarmaba y asqueaba a toda la gente ponderada. El guardián del cementerio, que tenía una pequeña y modesta familia de veintitrés hijos, nada menos, le rogó a mi yerno que le encontrara algún sitio donde su esposa, y sus doce hijos más pequeños, que todavía vivían con ellos, pudiesen recogerse. Su casa en la portería —situada en la misma entrada del cementerio— les resultaba ya intolerable. No podían evitar oír los tiros y a veces otros sonidos —los lamentos y quejidos de los agonizantes— que hacían de su vida una pesadilla, y temía el efecto que pudiesen producir en sus niños más pequeños.

El libro de Helen Nicholson daba la impresión de estar basado en un diario llevado con rigor durante aquellas semanas, para que no se le olvidara ningún pormenor. Hoy se aprecia como importantísimo documento de primera mano sobre aquel régimen de terror que acabó con la vida de miles de granadinos.

Creo recordar que también fueron los Davenhill quienes me hablaron de otro testigo ocular de la brutal represión de la ciudad. Se trataba de Robert Neville, cronista de bridge del *New York Herald Tribune*, que acompañaba a un grupo de turistas norteamericanos cuando estalló la sublevación, y que publicó, a su vuelta a Estados Unidos unas semanas después, una crónica al respecto. Me llevó meses, como en el caso del libro de Helen Nicholson, conseguir una copia de su testimonio. ¡Cómo ha cambiado el mundo de la información desde entonces!

La espera valió la pena con creces. El 29 de julio 1936 Neville ya había desentrañado la significación de los disparos que se oían desde el cementerio:

> Hoy cuatro de nosotros jugábamos al bridge en una habitación de la segunda planta del hotel cuando pasaron dos camiones. Desde abajo habría parecido que todos los hombres en aquellos enormes camiones fuesen soldados, pero hoy los vimos desde arriba y observamos que en el centro de cada camión había un grupo de paisanos.
>
> El camino que pasa delante del Hotel Washington Irving va al cementerio. No va a otro sitio. Hoy los camiones subieron con aquellos paisanos. En cinco minutos oímos los disparos. Cinco minutos después bajaron los camiones, y esta vez no había paisanos. Aquellos soldados eran el pelotón y aquellos paisanos iban a ser fusilados.

Yo sabía por el mencionado libro de Gerald Brenan, *La faz de España*, que una joven inglesa había ganado renombre en la Granada de aquellos días al ponerse la camisa azul de Falange, actuar de enfermera e incluso, según algunos, participar en los «paseos». Brenan no decía su nombre, pero los republicanos del Suizo recordaban que se llamaba Frances Turner, popularmente la Fanny, y que era amiga del capitán Nestares, el que dirigía las operaciones en la zona de Víznar y había salvado del pelotón a Manuel Castilla Blanco.

Tanteé el asunto con los Davenhill pero les encontré muy reacios a hablar de ella, supongo que por lealtad patriótica. Me dijeron que no conocían su paradero actual. Nunca logré conseguir información alguna sobre la vida posterior de Frances Turner.

Parece indudable que en su romance «Preciosa y el aire» Lorca tenía muy presente a «Don Guillermo», como conocían a Davenhill los granadinos, al hacer que la gitana aterrorizada por el viento lascivo busque refugio en un consulado inglés ubicado en lo alto de una colina (aunque la escena se sitúa cerca del mar y, en vez de los altos olmos del bosque de la Alhambra —hoy desaparecidos debido a una plaga—, hay pinos).

Tengo para mí que la copa de ginebra ofrecida a la gitanilla por «aquella gente» podía aludir a los referidos cócteles suministrados por Maravillas a quienes les visitaban en la terraza de su casa. La imaginación del poeta solía trabajar con datos concretos. Los hermanos solo hablaron con él una o dos veces, según me contaron, pero bastó, seguramente, para que se fijara mucho en ellos y sus excentricidades, no solo por lo del viceconsulado —heredado por William de su padre—, sino por su condición de raros angloandaluces alhambreños. Y ahí están, inmortalizados en su romance.

Lo estoy viendo todavía con nitidez detrás del contador de su papelería en la calle San Juan de Dios: pequeño, calvo, de complexión fuerte, con gafas y un tic nervioso en uno de los párpados. Mis amigos del Suizo me habían contado que, castigado en La Colonia de Víznar, con otros compañeros, por su condición de masón, trabajó como enterrador forzoso en el «barranco» de Víznar durante los primeros meses de la represión. Se llamaba Antonio Mendoza Lafuente. Cuando fui a verle por vez primera a su tienda —Pérez Funes ya había conseguido su aquiescencia—, no quiso decirme al principio casi nada, porque siempre había el peligro de que alguien entrara y nos escuchara. Pero luego, al irnos conociendo mejor, empezó a abrirse más.

Me explicó detalladamente cómo funcionaba el sistema de exterminio establecido por los rebeldes en Víznar. Cada noche, también a veces de día, llegaban a la improvisada cárcel de La Colonia, desde Granada y sus alrededores, nuevas tandas de víctimas a quienes se encerraba hasta el momento del «paseo» de madrugada. Entonces los verdugos —mezcla de guardias de asalto castigados y de voluntarios que mataban por el placer de acabar personalmente con un «rojo»— los llevaban al borde de las zanjas previamente excavadas en «el barranco», donde caían tras los disparos en la nuca. Después llegaban los prisioneros masones para terminar de enterrarlos.

Unos años más tarde aparecerían dos o tres fotos de La Colonia en las cuales, entre los enterradores, se ve a Mendoza Lafuente y Manuel Castilla Blanco. Documentos de extraordinario valor histórico, que confirman la veracidad de los testimonios orales que tenemos acerca de la siniestra utilización del edificio durante la guerra.

En septiembre de 1965 los Shepard volvieron a Oberlin y, despidiéndonos de doña María y su dichosa estufa, les tomamos el relevo, con inmensa alegría, en el carmen de la calle de Santa Ana.

Acomodé una de las pequeñas habitaciones de la casa —todas eran pequeñas— como despacho, con una mesa para mi máquina de escribir portátil y unas estanterías donde colocar libros y papeles. La salita daba al frondoso patinillo y coloqué unas macetas de geranios en el alféizar de la ventana. Me sentía inmensamente feliz: me iba a poder dedicar en exclusiva ahora, en un rincón secreto inserto en el corazón de Granada, con muchos meses por delante, a la tarea que ya me consumía. Es decir, a contar, con la debida documentación contundente, la eliminación por parte de los sublevados contra la legalidad republicana no solo de un poeta y dramaturgo genial, sino de miles de personas cuya historia todavía no había sido escrita.

A finales de septiembre se puso a llover torrencialmente, los turistas comenzaban a abandonar la Alhambra, los chopos de la Vega amarilleaban y, después del verano de fuego, se apoderaba de la ciudad, o así nos parecía a nosotros, una profunda melancolía. El salón de nuestro carmen tenía una chimenea. Alguien nos recomendó a un hombre que se dedicaba a cortar y vender leña de olivo. Hicimos el trato y, poco a poco, nos la fue subiendo penosamente en sacos por los interminables escalones del inmueble, hasta formar un ingente montón.

¡Qué bien olía aquella leña de olivo que empezamos a encender por Navidad! Nos mantuvo calentitos hasta la primavera, con la ayuda de alguna bombona de gas.

Nos hicimos amigos de Juan, que así se llamaba, y nos invitaba tan insistentemente a su casa a ver la tele, la nueva maravilla del mundo, que decidimos alquilar nosotros una para que nos dejara un poco en paz. Había un programa nocturno para los niños que terminaba con la cantilena: «Vamos a la cama, / que hay que descansar, / para que mañana / podamos madrugar». La tengo grabada en la memoria. A Tracey le encantaba y se iba a dormir enseguida.

Para mi trabajo era imprescindible escudriñar ahora la prensa granadina de los años republicanos. En la Hemeroteca Municipal, donde había trabajado durante las primeras semanas de nuestra estancia en la ciudad con *El Defensor de Granada,* tenían también una colección encuadernada de *Ideal,* el diario católico granadino fundado en 1932, al poco de iniciarse la República, y que, a diferencia del *Defensor* —cerrado por los sublevados, como dije, al producirse la insurrección—, siguió publicándose a lo largo de la contienda. Tenía, pues, las herramientas fundamentales para mi tarea. Iba apuntando metódicamente todo lo que me parecía de interés, y poco a poco me fui familiarizando con la «pequeña historia» granadina de los años republicanos.

Era evidente que, desde los mismos comienzos del régimen, en 1931, la ciudad se había ido polarizando cada vez más entre derechas e izquierdas. Si bien García Lorca era objeto de profunda admiración por parte de *El Defensor, Ideal* prácticamente lo ignoraba. El primero comentó con júbilo los éxitos del poeta en el Buenos Aires de 1933-1934, por ejemplo, mientras que *Ideal* ni los mencionó. Cuando se estrenó *Yerma* en Madrid, en diciembre de 1934, la prensa derechista de la capital atacó mayoritariamente la obra, por pornográfica y antiespañola, y a su autor por su condición de izquierdista discípulo del ministro socialista Fernando de los Ríos. Pero *Ideal* ni se refirió a la efeméride y *Yerma* nunca se representó en Granada. Y eso que Lorca era ya para entonces, sin lugar a dudas, el escritor granadino más conocido de España. No hay mayor desprecio que no hacer aprecio, ya se sabe.

Día tras día a lo largo de dos o tres meses, mientras se cubría la Sierra de nieve y empezaba a arreciar el frío, me fui formando una imagen cada vez más nítida de una Granada cainita donde los odios y los recelos se recrudecieron a raíz del triunfo electoral, en 1933, de la coalición de derechas liderada por José María Gil-Robles, la CEDA, con lo que daba comienzo el luego llamado «Bienio Negro».

Sabía por Brenan y Couffon, como he dicho, que un exdiputado de la CEDA por Granada, Ramón Ruiz Alonso, fue quien protagonizó la persecución de Lorca. En *Ideal*, donde trabajaba, encontré muchas referencias a sus actuaciones políticas, a menudo muy agresivas, entre 1933 y 1936. Y numerosas críticas a su persona en *El Defensor*. Era un tipo fuerte, enfático, violento, ultracatólico. Se las daba de ser obrero —era tipógrafo, con pretensiones artísticas—, aunque procedía en realidad de una rica familia salmantina venida a menos.

En *Ideal* descubrí que, a las pocas horas del asesinato de Lorca, Ruiz Alonso había pronunciado una arenga por la radio incitando a la violencia contra los «rojos». El diario reprodujo el texto. Repleta de *fake news* acerca de los desmanes de los republicanos, demostraba el temple auténtico del exdiputado de la CEDA. Terminaba afirmando que los enemigos del Glorioso Movimiento Nacional morirían ahogados en su propia sangre.

Por las mismas fechas *Ideal* recogió la mentira, procedente del cuartel general en Sevilla del general Gonzalo Queipo de Llano —el «virrey de Andalucía»—, de que «los rojos» acababan de asesinar en Madrid al famoso dramaturgo Jacinto Benavente. En las alturas nacionalistas se habían dado cuenta enseguida de la magnitud del error cometido con Lorca. Y había que contrarrestar a toda prisa el hecho incontestable de su eliminación con bulos acerca de escritores muertos por el otro bando.

Comprendí que me quedaba por llevar a cabo un rastreo a fondo de la prensa de la guerra, en ambos lados, para intentar trazar el desarrollo del debate acerca de la muerte del poeta. Cada día que pasaba se ensanchaba, y me apasionaba más, mi tarea.

Varias personas me dijeron que durante la guerra Ramón Ruiz Alonso publicó un libro. No solo era cierto, sino que Miguel Cerón tenía un ejemplar. Me lo prestó y me lo leí de un tirón. Titulado *Corporativismo,* era ni más ni menos que un manual fascista, vehemente a más no poder, publicado en Salamanca en 1937, en plena guerra, con un prólogo del «Jefe», Gil-Robles. Atiborrado de exclamaciones, a veces triples, confirmaba el odio visceral que a Ruiz Alonso le suscitaban Fernando de los Ríos, Indalecio Prieto y otros líderes republicanos de izquierdas, y su desprecio por las Cortes a las cuales él mismo había pertenecido.

¿Vivía aquel individuo todavía? Calculé que, de ser así, tendría unos sesenta años. Nadie parecía saber nada de él. Pero luego un día alguien me dijo que estaba en Madrid, donde no solo regentaba una imprenta, Voluntas, sino que tenía tres hijas actrices guapísimas: Emma Penella, Elisa Montés y Terele Pávez, la primera de las cuales se había hecho célebre, dos años antes, en la película *El verdugo,* de Luis García Berlanga. ¡Vaya!

Era obvio que tendría que localizarle cuanto antes y hacer lo posible por conseguir una entrevista con él.

Había entrado en contacto, mientras, con tres de los hermanos del poeta Luis Rosales (que vivía en Madrid): José («Pepiniqui»), el mayor; Miguel; y el más joven, Gerardo (Antonio, quizás el más falangista de ellos, había muerto). Cada uno de ellos echaba la culpa de lo ocurrido con Lorca a Ruiz Alonso. Hablaban con un acento muy granadino, con las vocales abiertas que caracterizan a los habitantes de la ciudad, y dado el ruido de fondo en los bares que frecuentaban asiduamente me costaba trabajo entender todo lo que me decían. A veces volvía a nuestro escondite a las tres o cuatro de la madrugada hecho polvo, no tanto por el alcohol ingerido a su lado como por el intento de asimilar, entre tanta algarabía, la información —o desinformación— proferida. Me imagino que un español anglófono, empeñado en recoger datos entre los *cockneys* del este de Londres, sufriría igual debido al acento y al vocabulario tan particular de estos. Con todo, conseguí hacerme, paulatinamente, una idea más o menos satisfactoria acerca de la detención de Lorca en casa de los padres de los hermanos Rosales, situada en la calle Angulo, donde Luis le había brindado refugio. No cabía la menor duda de que Ruiz Alonso fue quien se presentó allí para conducir al poeta al Gobierno Civil, ni de que había ido primero a consultar el asunto con Miguel, que se encontraba en el cercano cuartel de Falange. Según me aseguró este, el exdiputado de la CEDA le dijo en el coche, mientras volvían a la casa, que Lorca «había hecho más daño con la pluma que otros con la pistola».

Miguel Rosales también me habló de la rabia provocada en las derechas de Granada por unas declaraciones de Lorca publicadas, poco antes de la guerra, en un importante diario de Madrid, no recordaba cuál, en las que las había criticado duramente. Yo estaba al tanto porque la entrevista, publicada en *El Sol* el 10 de junio de 1936, se recogía en la edición de las *Obras completas* del poeta editadas por Aguilar. Casi la conocía de memoria. En ella, preguntado por el caricaturista Luis Bagaría acerca de la caída de Granada en manos de Fernando e Isabel en 1492, el poeta había dicho (por escrito):

> Fue un momento malísimo, aunque digan lo contrario en las escuelas. Se perdieron una civilización admirable, una poesía, una astronomía, una arquitectura y una delicadeza únicas en el mundo, para dar paso a una ciudad pobre, acobardada; a una «tierra del chavico» donde se agita actualmente la peor burguesía de España.

Se trataba de un ataque en toda regla contra los Reyes Católicos —enterrados en la Capilla Real de Granada y máximos representantes, para la mentalidad facha de entonces (y de hoy), de las esencias patrias— y contra quienes entonces «se agitaban» a favor de una sublevación militar cuya finalidad era derrocar la democracia.

No me cabía la menor duda de que Ramón Ruiz Alonso estaba al tanto de aquellas declaraciones, así como de los múltiples manifiestos antifascistas firmados por el poeta.

A partir de la llegada al Gobierno Civil de Lorca, acompañado de Ruiz Alonso y Miguel Rosales, todo se enmarañaba, y circulaban por la Granada de mi estancia mil versiones de lo sucedido posteriormente. Los hermanos me instaron a que hablara en Madrid con Luis, al fin y al cabo el responsable de que el poeta se hallara entre ellos en la calle de Angulo. Me aclararía muchas cosas, me aseguraron.

Un día, en la hemeroteca de la Casa de los Tiros, encontré en el diario *Ideal* un dato trascendental: unas breves líneas, publicadas el lunes 10 de agosto de 1936, sobre la detención, el día anterior, en la Huerta de San Vicente, de Gabriel Perea Ruiz, casero de la finca. Yo estaba al tanto del incidente, pero me faltaba la fecha. Ahora la tenía. Una prima del poeta, Isabel Roldán García, me había dicho que Federico salió en defensa de Gabriel; que le habían insultado los tipos, entre ellos unos procedentes de Asquerosa (hoy Valderrubio), el segundo pueblo de su infancia, e incluso tirado al suelo; y que le habían dicho que estaba bajo arresto domiciliario. Ahora, gracias a *Ideal*, tenía el dato concreto de que su calvario empezó el 9 de agosto, con lo cual su traslado a casa de los Rosales en el centro de Granada, como consecuencia de lo ocurrido, tendría lugar quizás el mismo 9 y, si no, el 10.

¿Y su detención en el Gobierno Civil? Varios testigos coincidían en que se produjo el mismo día del fusilamiento, aquel agosto, de su cuñado Manuel Fernández-Montesinos Lustau, alcalde socialista interino de Granada, casado con su hermana Concha.

Urgía comprobar la fecha de aquel hecho luctuoso. Alguien me dijo que Montesinos tenía un nicho en el cementerio, a diferencia de la mayoría de los fusilados. Aquel mismo día lo localicé. Indicaba sencillamente que Manuel Fernández-Montesinos Lustau había nacido el 10 de agosto de 1900 y muerto «el 16 de agosto de 1936».

Por los Rosales sabía que Lorca se enteró enseguida de la ejecución de su cuñado por una llamada telefónica desde la Huerta de San Vicente, y que su detención se efectuó sin lugar a dudas la misma tarde. Me sentía eufórico. Ya había conseguido dos fechas clave. Mi búsqueda avanzaba a grandes pasos.

Por otro lado, me iban llegando poco a poco copias de artículos pertinentes aparecidos en la prensa extranjera, así como libros. Vi con claridad que terminar mi investigación, si es que la terminaba, me llevaría dos o tres años, o más, y que tendría que seguir trabajando en ella desde Irlanda y volver a Granada, quizás varias veces, cuando pudiera. También era cada vez más obvio que iba a ser necesaria una prolongada temporada en la Hemeroteca Municipal de Madrid, escudriñando la prensa de la Guerra Civil, tanto la franquista como la republicana, allí albergada según mis noticias. Entretanto lo esencial, además de continuar página por página con *El Defensor* e *Ideal*, era localizar al mayor número posible de personas dispuestas a suministrarme información fidedigna acerca de lo ocurrido en la ciudad durante los primeros meses de la fratricida contienda.

Los hermanos Rosales me ayudaron mucho, cada uno a su manera, aunque no me decían todo lo que sabían, desde luego, cómplices como habían sido de la represión de la ciudad. Miguel, según algunos, incluso se había ganado, por sus proezas, el apodo de El Tigre del Albaicín. Lo negaba. Él y José eran acérrimos aficionados al flamenco, dados a recitar coplas, y asiduos del local nocturno más célebre de la ciudad, El Rey Chico, situado debajo de la Alhambra a orillas del Darro, frente al paseo de los Tristes. Les acompañé allí en más de una ocasión y fui consciente de su popularidad entre la clientela.

Reflexionando ahora, más de medio siglo después, sobre nuestra estancia en Granada, me doy cuenta de que, obsesionado como estaba con mis pesquisas lorquianas, tuve poco contacto con la universidad y los jóvenes opositores al régimen de Franco en la ciudad, que por supuesto los había. Y poco contacto con los escritores. Dos excepciones eran Juan de Loxa —llegada la democracia, director de la Casa-Museo de Lorca en Fuente Vaqueros— y José García Ladrón de Guevara, después senador del PSOE por Granada, una de las personas más divertidas que he conocido jamás. Otra excepción fueron el escultor Cayetano Aníbal y su mujer María del Mar. Cayetano sería autor del monumento a Lorca erigido en la plaza de Fuente Vaqueros. Que a mí, lamento decirlo, nunca me ha gustado.

El padre de Ladrón de Guevara, abogado republicano, fue fusilado por los franquistas en 1938, acusado de «rebelión militar». Pepe tenía entonces nueve años. Me pasó una copia del texto de la sentencia de muerte con los nombres, al final, de los cinco jueces responsables. Lo acabo de releer. Es un documento repelente que dice todo acerca de la mentalidad de quienes dirigían en Granada el llamado Movimiento. Entre los muchos «crímenes» atribuidos a Horacio García figuraban el de ser masón y ateo y haberle inculcado a su hijo «ese odio a la Religión Católica, induciéndole a que ofendiera a los Sacerdotes» —lo cual, según Pepe, era mentira—, así como no tener en su despacho «cuadros de santos».

Mis investigaciones me iban radicalizando y haciendo cada día más antifranquista. Ayudó el frustrado homenaje a Antonio Machado en Baeza, en febrero de 1966, prohibido por el Gobierno y con una intervención violenta por parte de la policía. Un Gobierno muy nervioso entonces por el accidente del avión B-52 yanqui y la caída de cuatro bombas termonucleares, una de ellas al mar de Almería. Con la prensa española amordazada, había que acudir a la extranjera para saber qué pasaba, pero a menudo esta no llegaba. En marzo el ministro Manuel Fraga Iribarne hizo el ridículo mojando su grotesca barriga en Palomares para demostrar que podíamos relajarnos, que no había peligro alguno de radioactividad. Daba grima pensar que había todavía en España un régimen dictatorial tolerado por el mundo sedicentemente civilizado. En primer lugar, claro, por Estados Unidos.

Nuestro carmen escondido se situaba a dos pasos del punto en que el pequeño río Darro —que solo tiene dieciocho kilómetros de recorrido— se hunde en el lóbrego túnel que lo lleva invisible por el corazón de la ciudad hasta juntarse, ya en las cercanías de la Vega, con el Genil. Un día alguien me preguntó si conocía la opinión al respecto de Ángel Ganivet, contenida en su *Granada la bella*. Tuve que confesar que no. La verdad era que todo lo relacionado con la llamada Generación del 98 me seguía aburriendo bastante, y no me había repuesto del intento de descifrar, unos años atrás, con mi castellano imperfecto, el *Idearium español* de aquel autor. Conseguí inmediatamente el libro que me acababan de mencionar y este me arrebató desde la primera página. «Mi Granada no es la de hoy —se lee allí—, es la que pudiera y debiera ser, la que ignoro si algún día será.»

Al malogrado escritor y diplomático granadino, tan admirado por el joven Lorca y su grupo, lo desesperaban los intentos de la burguesía local por convertir a la vieja e histórica ciudad en una urbe moderna, europea. Se trataba de «la epidemia del ensanche», de la obsesión con «la línea recta», radicalmente opuestas al espíritu del lugar, que, a su juicio, residía en lo pequeño, lo recoleto, lo íntimo.

A Ganivet le producía un profundo dolor la máxima expresión de tal manía: el proyecto de la Gran Vía de Colón, muy influido por el de la Barcelona finisecular, que supuso la destrucción de un intrincado barrio morisco y otras joyas arquitectónicas. En cuanto al entierro del Darro, lo consideraba un desastre total:

> Yo conozco muchas ciudades atravesadas por ríos grandes y pequeños: desde el Sena, el Támesis o el Spree hasta el humilde y sediento Manzanares; pero no he visto ríos cubiertos como nuestro aurífero Darro, y afirmo que el que concibió la idea de embovedarlo la concibió de noche: en una noche funesta para nuestra ciudad. El miedo fue siempre mal consejero, y ese embovedado fue hijo del miedo a un peligro, que no nos hemos quitado aún de encima. En todas partes se mira como un don precioso la fortuna de tener un río a mano; se le aprovecha para romper la monotonía de una ciudad; si dificulta el tráfico, se construyen puentes de trecho en trecho, cuyos pretiles son decorados gratuitamente por el comercio ambulante, en particular con las floristas; y si amenaza con sus inundaciones, se trabaja para regularizar su curso; pero la idea de tapar un río no le ha ocurrido a nadie más que a nosotros...

El peligro al que alude Ganivet era una realidad. En boca de todos los granadinos corría al respecto una copla popular muy ingeniosa, recogida por Richard Ford allá por 1840, antes de la desaparición del río:

Darro tiene prometido
casarse con Genil.
Y le ha de llevar en dote
Plaza Nueva y Zacatín.

En efecto, aunque habitualmente pacífico, el Darro, poco más que un arroyo a su paso por la ciudad, se convertía, tras las lluvias torrenciales, en una fiera capaz de arrollar con todo lo que encontrara a su paso. Y se tomó la decisión que se tomó cuando, en teoría, se pudo haber optado por llevar a cabo, río arriba, las obras hidráulicas correspondientes.

Hay que añadir que el Darro, en más de una ocasión, se ha rebelado con tanta violencia contra su encierro que ha logrado romper en Puerta Real su techo, con los daños subsiguientes.

Pero ¿por qué decía el autor de *Granada la bella* «nuestro aurífero Darro»? Me enteré, preguntando a la gente, de que el río arrastraba a veces hacia la ciudad, desde su origen montañoso, pepitas del valioso metal, lo cual dio lugar a la creencia de que el hidrónimo derivara del latín «de oro», lo que no es el caso. Por ello los literatos, entre ellos el joven Lorca, en ocasiones lo llamaban Dauro. Y otra razón para preferir la etimología popular era que *darro*, en Granada, significa «basurero» o «alcantarilla», quizás porque los vecinos solían tirar sus porquerías al río.

Muchas veces, contemplando, en la Plaza Nueva, la desaparición en el túnel de la corriente, soñaba con su reapertura un día. Hoy se habla, de cuando en cuando, de la posibilidad. Sería, desde luego, noticia internacional. ¡Un auténtico reclamo turístico! ¡La ciudad de la Alhambra recupera el río cuyo encarcelamiento tanto lamentaba el poeta y dramaturgo español más universal de todos los tiempos!

Tropecé, durante aquel mágico año, con otras estupendas

coplas populares expresivas del sentir granadino. Una referida a la campana más famosa de la ciudad, quizás de toda Andalucía, la de la Torre de la Vela, ubicada en la proa de la Alhambra mirando al oeste y que teníamos casi encima de nuestras cabezas:

> Quiero vivir en Granada
> porque me gusta oír
> la campana de la Vela
> cuando me voy a dormir.

La otra decía:

> Dos cosas tiene Granada
> que le envidia el Universo:
> la Virgen en la Carrera
> y San Miguel en el cerro.

La virgen en cuestión es la de las Angustias, patrona de Granada, cuyo templo se sitúa a dos pasos de donde vivía la familia del poeta, después de su traslado de la Vega, en el centro de la ciudad. Sorprende que la segunda «cosa» sea la ermita de San Miguel el Alto, pues, si no fuera por el célebre romance que le inspirara a Lorca, apenas se sabría de ella.

Los templos consagrados a san Miguel siempre se han construido encima de cumbres, como en el caso del Mont Saint-Michel en Bretaña o Saint Michael's Mount en Cornualles. Se ve que le encantaban las alturas. La ermita, que corona el Albaicín, se veía desde nuestra terraza superior. Yo conocía no solo el poema de Lorca, sino también las referencias a este contenidas en su charla-recital del *Romancero gitano*. Tenía muchas ganas de visitar al arcángel en su camarín, pero el santuario estaba normalmente cerrado a cal y canto. Cuando al fin lo logré, no me sorprendió la fascinación que ejercía sobre el poeta, ni que lo convirtiera en patrono gay de la ciudad, porque no hay en toda Andalucía, si no me equivoco, un san Miguel tan andrógino. Para poder derrotar al Enemigo, como es su cometido, uno se imagina a san Miguel como un tipo forzudo, pero no así el de Mora, con sus encajes, enaguas, plumas y brazos blandengues. Está pisando al Diablo —un Diablo encadenado realmente grotesco—, pero sospechamos que no será capaz de hacerle el más mínimo daño y que a lo mejor ni quiere. Unos versos del romance lo captaban a la perfección:

San Miguel lleno de encajes
en la alcoba de su torre
enseña sus bellos muslos
ceñidos por los faroles.

Además, ¿no añadía Lorca que, «arcángel domesticado», *fingía* «una cólera dulce / de plumas y ruiseñores»?

No me sorprendió darme cuenta de que en el exterior de la iglesia no había referencia alguna al romance, una cita, por ejemplo, en unas placas de cerámica granadina. No sé si la hay ahora, espero que sí. Era como si el poema no existiera. Tampoco me sorprendería descubrir, unos años después, que el poema casi le produjo un infarto al homófobo Luis Buñuel.

Me perdí aquel 1965, no sé cómo, la romería de San Miguel, celebrada cada 29 de septiembre, día del santo, y reflejada en el romance. Quizás porque llovió torrencialmente aquel día. Desde entonces, en mi imaginación, he asistido muchas veces a la efeméride. Me quedo sobre todo con los versos en los cuales el poeta evoca, entre la muchedumbre de concurrentes dispuestos antaño a disfrutar a tope el día, a unas «damas de triste porte, / morenas por la nostalgia / de un ayer de ruiseñores».

¡Qué manera de expresar, en pocas palabras, con la imagen justa, la añoranza del amor quizás nunca disfrutado!

Yo, que había llegado a Granada para profundizar en la primera etapa de la obra de Lorca, y que ahora me encontraba inmerso en la rebusca de las circunstancias de su muerte, me preparaba en realidad, sin ser consciente de ello todavía, para ser biógrafo suyo. Ahora lo veo. Todo en él me apasionaba, y cada día experimentaba nuevas sorpresas en relación con su vida y su mundo poético.

Desde mi viaje exploratorio de 1965 había pasado un año entero, apenas me lo podía creer, y Granada y su Vega volvían a lucir su incomparable vestido primaveral. En nuestra terraza superior brotaban con fuerza las hojas de la vieja higuera, apuntaban las brillantes flores bermellón del pequeño granado, y empezaban a verdear los bojes. Era como *La consagración de la primavera* de Stravinsky. Se sentía llegar una explosión de luz, color y alegría, y parecía imposible que allí hubiera podido tener lugar, unos treinta años antes, un baño de sangre.

Lo más llamativo, para mí, fueron los ruiseñores. Los viajeros del siglo XIX se quedaban extasiados ante su abundancia en el bosque de la Alhambra, y no hubo escritor romántico que no los incluyera en la lista de atractivos de la Colina Roja. A mí eso me resultaba un poco exagerado y empalagoso hasta que, en una noche de luna llena, nos despertó el estruendo de un pájaro emitido desde un árbol de nuestro patio, a unos metros de donde dormíamos. Y digo estruendo porque, de cerca, el canto del ruiseñor no es nada melifluo, sino todo lo contrario. Se conoce que nunca lo oyeron de cerca Romeo y Julieta. Quizás tampoco Shakespeare.

Para que no despertara a Tracey tuvimos que espantar al ave. Siguió insistiendo más arriba y, ahora sí, eran ya los trinos tan elogiados por los poetas. Otros más se oían no solo detrás de nuestro jardín, sino al otro lado del Darro, en los jardines del Albaicín. Puesto que era la época de celo, cabía inferir que los ruiseñores machos de la Alhambra no eran, en principio, reacios a buscarse pareja en el barrio de enfrente.

Miguel Cerón, con la sangre alterada un año más por la conmoción primaveral de su Granada natal, me pidió un día que le hiciera el favor de llevarle en mi coche al Picacho del Veleta, donde no había estado desde antes de la guerra, acampando allí con el grupo de fervorosos de las altas cumbres nevadas que se habían dado el nombre de Los Diez Amigos.

Subimos al Picacho en cuestión de tres cuartos de hora aproximadamente, incluyendo las paradas para gozar del panorama. Cuando la acometió Richard Ford, allá por 1833, le costó nueve horas a lomos de mulos, siguiendo el llamado Camino de los Neveros. O sea, el de quienes se dedicaban a bajar bloques de hielo para las casas y los comercios de la ciudad. En 1966 apenas había empezado en España la era de las neveras eléctricas, y en Granada seguía funcionando el viejo sistema de refrigeración. Pero, por supuesto, ya con camiones.

Aquella mañana, por desgracia, una calima impedía vislumbrar desde el Veleta las costas africanas. Pero las vistas interiores hacia abajo eran asombrosas. Sobre todo de la Vega, cuya verde alfombra contrastaba con la dureza y aridez de las montañas circundantes. Lorca —era otra confirmación— había nacido en un paraíso, un paraíso que, en mis momentos libres —escasos—, había ido recorriendo en casi toda su extensión, hasta el punto de subir en el Volkswagen, que trabajo le costó, hasta la cumbre de la montaña de Parapanda, conocida como «el barómetro de Granada» («Cuando Parapanda se pone la montera, llueve aunque Dios no quiera»).

Pasaban inexorablemente los meses. Muy consciente de que nos quedaba cada vez menos tiempo en Granada, multiplicaba mi actividad investigadora.

En el verano llegó desde París, para mi alegría y provecho, el pintor Manuel Ángeles Ortiz, íntimo amigo de Lorca, que había alquilado un pequeño estudio en la cuesta de San Cecilio, a dos pasos del Hotel Alhambra Palace. Lo vi con frecuencia durante dos meses. Pintaba entonces obsesivamente, o dibujaba, pequeñas obras que llamaba «albaicines». Nacido en Jaén en 1895, había pasado su adolescencia en Granada. Hombre de mil anécdotas, con una sonora risa inolvidable y una retentiva elefantina, me evocó como nadie los días heroicos de la tertulia del Rinconcillo, que se reunía en el Alameda —hoy Café-Bar Restaurante Chikito—, en la plaza del Campillo, a dos pasos de Puerta Real, y que fue caldo de cultivo de todo lo que vino después, no solo en el caso de Lorca sino de un amplio grupo juvenil, de mucho talento, que luego se iba a desparramar por medio mundo.

Ortiz se había trasladado a la capital francesa para engrosar las filas de la colonia de pintores españoles agrupados en torno a Picasso, de quien pronto se hizo íntimo amigo. En 1926 llevó al estudio del malagueño a Dalí, que se desvivía por conocer al maestro y poder presumir de ello. También trató en la capital francesa a Buñuel, y al respecto me contó algo que yo no sabía: que en la segunda cinta del aragonés y Dalí, *La edad de oro* —la primera, claro, fue *Un perro andaluz*—, había desempeñado el papel del guardabosques que mata de un escopetazo a su hijo. ¡Por la nimiedad de quitarle de la boca un cigarrillo! Cada vez que pongo la película ahora, y lo hago con cierta frecuencia, me muero de risa.

A lo largo de aquel verano tuve innumerables conversaciones con Manolo, de quien aprendí mucho, no de la muerte del poeta, pues no estaba en España cuando ocurrió, sino de su juventud compartida.

Coincidiendo con su estancia en Granada, arribó a la ciudad una amiga suya con quien yo iba a estar muy en deuda: la escritora francesa Marcelle Auclair, que entonces trabajaba en su biografía de Lorca, publicada dos años después en París.

Nacida en Chile en 1899, casada durante doce años con Jean Prévost, Auclair era ya, para 1965, muy conocida en

Francia, no solo por sus biografías del socialista francés Jean Jaurès y de Teresa de Ávila, sino por su popularísima columna en la revista *Marie Claire*, que ella dirigía. Había estado durante los años de la República en España, donde entabló amistad con Lorca y otras destacadas figuras de la llamada Generación del 27. Incluso, al parecer, se había enamorado de ella el torero Ignacio Sánchez Mejías. Bella y sofisticada, muy parisiense, no era difícil imaginar el impacto que producía en los cafés madrileños de la época, frecuentados por muy pocas mujeres. Me la presentó Ortiz, y vino varias veces a nuestro carmen de la calle de Santa Ana, donde, sentados en el jardín, hablamos sin parar del poeta, especialmente de su muerte.

Marcelle tenía la teoría, creo que correcta, de que el asesinato fue el resultado, sobre todo, de la rivalidad que existía entre Ramón Ruiz Alonso y sus correligionarios de la CEDA, por un lado, y los jerarcas locales de la Falange por otro. Según ella, al descubrir que los hermanos Rosales protegían a un «rojo» tan nocivo como Lorca, el exdiputado de Gil-Robles puso en marcha, desde el Gobierno Civil, una persecución doble: la de un pernicioso escritor antifascista y la de unos falangistas que a su juicio traicionaban la causa que decían defender.

Intercambiamos información, papeles. Me confirmó que Ruiz Alonso vivía en Madrid. Había hablado con él por teléfono en 1964 y otra vez en marzo de 1965, cuando, pese a haberle prometido una entrevista, no acudió a la cita. Me recomendó que hiciera todo lo posible por conseguir lo que para ella había resultado hasta la fecha imposible.

Pasamos juntos unas horas inolvidables con la prima preferida de Federico, Clotilde García Picossi, en su Huerta del Tamarit. Yo ya la había visitado allí, pudiendo comprobar que, como me habían dicho mis amigos de la cercana Huerta de San Vicente, era muy «lorquiana». Lorquiana era, a más no poder. Y cuando hablaba de Federico muchas veces se le llenaban los ojos de lágrimas.

Llevé a Marcelle en mi coche a Fuengirola, donde me presentó al pintor José Caballero, tan amigo del poeta, y a su mujer, María Fernanda. Luego nos fuimos a Nerja para ver a Francisco García Lorca y a su mujer, Laura de los Ríos, que pasaban el verano, como cada año, en la vieja casa de pescadores comprada antes de la guerra por Fernando de los Ríos, padre de Laura. Los acompañaban otros miembros de la familia, entre ellos una de las tías predilectas de Federico, Isabel García Rodríguez, hermana de su padre, que entonces frisaba los noventa años. Nos cantó unas deliciosas habaneras acompañándose a la guitarra. Allí tenía delante la demostración, en carne y hueso, de la genialidad musical de la familia, heredada por el poeta.

Marcelle había intentado obtener, a través de la embajada española en París, una copia de los documentos oficiales relativos a la muerte del poeta que, según sus noticias, obraban en algún ministerio de Madrid. No lo logró. Hoy aquel expediente se encuentra, quizás no completo, en el Archivo Histórico Nacional. La petición fue cursada el 25 de junio de 1965 por el titular de Asuntos Exteriores, Fernando María Castiella, al de Gobernación, Camilo Alonso Vega. «Debo confesar a usted francamente», le contestó este el 21 de julio, «que me inquieta un poco la idea de desenterrar con ese motivo tan desdichado asunto; mi opinión, por tanto, es contraria a la concesión que se solicita.» La carta terminaba: «Si nos interesa verdaderamente conocer la forma en que encontró la muerte, y quiénes fueron los autores, podríamos comenzar por solicitar cuantos datos pueden existir en el Gobierno Civil de Granada, y formar un documental [sic] juicio. De tal comisión puede hacerse cargo este Departamento; aun cuando yo por las noticias que a mí me llegaron, en distintas ocasiones, entiendo *que peor es meneallo*».

El libro de Marcelle Auclair, prohibido en España, iba a demostrar que los recelos de Alonso Vega tenían una justificación sólida y que, efectivamente, por lo que tocaba a «tan desdichado asunto», valía mucho más no *meneallo*, ya que no cabía la menor duda de que Lorca fue fusilado «oficialmente» por los sublevados y no por unos «incontrolados», como declaró el propio Franco en una entrevista. Había acabado con el poeta, así como con miles de otros granadinos de izquierdas, una máquina de muerte implacable. Alonso Vega lo sabía, Fernando María Castiella lo sabía... y lo sabía el propio Caudillo.

Antes de irse, Marcelle me puso sobre la pista de Angelina Cordobilla, criada de la familia de Lorca que estaba con ellos cuando, en agosto de 1936, irrumpieron los fascistas en la Huerta de San Vicente. La localicé en un barrio humilde de las afueras de Granada, La Chana, donde vivía con una hija. Al principio no me quería contar nada, tenía mucho miedo. Pero su hija confió en mí desde el primer momento, y en mis siguientes visitas Angelina se mostró mucho más relajada.

Llevé, oculto en una carpeta, el magnetófono japonés que acababa de comprar en Gibraltar, para aquellas fechas el más pequeño que había en el mercado pero que medía, en términos de hoy, una barbaridad: 8 × 15 × 21 centímetros. Grabé, con alevosía, aquella y todas nuestras conversaciones posteriores. ¿Era una vileza tal procedimiento? Consideraba que era lícito en aquellas circunstancias, la única garantía de captar exactamente lo dicho, de demostrar que yo no había inventado nada.

Un día le pregunté por los aviones republicanos que de vez en cuando lanzaban pequeñas bombas sobre objetivos en la ciudad. ¿Se oían desde la Huerta?

—El señorito Federico, sí, él era muy gallina —me contestó.

—¿Muy gallina?

—Que era muy cobarde —explicó la hija.

—Cobarde. Él no tenía espíritu. Sabe usted que sabía tanto, él, que cuando golpeaban y fusilaban nos decía a nosotros:

«Si me mataran a mí, ¿lloraríais vosotras mucho?». Y yo le decía: «¡Ande usted, que siempre está usted con lo mismo!».

Me contó Angelina a continuación cómo se metían ella, la hermana del poeta, Concha, y los niños debajo del piano de cola cuando llegaban los aviones.

Yo la escuchaba fascinado.

—Cuando se sentían las bombas —siguió—, era de noche, la señorita Concha y yo bajábamos y pillábamos un sitio debajo del piano de cola y allí nos metíamos... Debajo del piano nos metíamos cuando sentíamos los aparatos. Y él, pues, pobrecito, bajaba con el albornoz y decía: «Angelina, me da mucho miedo, yo me meto con vosotras que me da mucho miedo», y se metía allí con nosotras.

Una tarde me relató Angelina que, ya detenido «el señorito Federico», su madre la envió varias veces al Gobierno Civil con una cesta de comida y tabaco. Allí los guardias lo miraron todo antes de permitirle subir a la habitación donde estaba encerrado, abatido, el poeta. La última vez le dijeron que ya no estaba, que no valía la pena subir. Pensando que quizás lo habían trasladado a la cárcel provincial, atravesó toda la ciudad y entregó allí la cesta. Se la devolvieron. Federico García Lorca no estaba entre los presos.

Me contó muchas más cosas. Todo ello tenía una autenticidad innegable. Se podía confundir en algún matiz, por supuesto, pero no me cabía la menor duda de que no mentía.

Angelina tenía veintitrés años cuando empezó la guerra y cincuenta y tres cuando la conocí. Para quien quiera escuchar las grabaciones, hay copias de ellas en mi archivo de la Casa-Museo Federico García Lorca de Fuente Vaqueros. Son documentos humanos de enorme valor histórico.

Creo que fue Manuel Ángeles Ortiz quien me presentó al doctor José Rodríguez Contreras. Conservo unas fotografías, tomadas por mí durante el verano de 1966, en la finca que poseía el médico, río Darro arriba, en el hermoso paraje de Valparaíso. A su lado está el pintor, risueño como siempre.

Rodríguez Contreras y yo hicimos muy buenas migas y resultó ser una fuente incomparable de información sobre la Granada de vísperas y principios de la guerra. Pertenecía en 1936, si no me equivoco, a Izquierda Republicana, el partido de Azaña, lo detuvieron el primer día de la sublevación y estuvo a punto de ser fusilado. Se libró por el hecho de estar casado con la hermana de uno de los rebeldes antirrepublicanos más destacados de la ciudad, el teniente de la Guardia Civil Mariano Pelayo. Me dijo que se le puso blanco el pelo con lo que vio y experimentó en la cárcel durante aquellas semanas. Lo soltaron el día 16 de agosto de 1936, estaba seguro de ello, y, al volver a su casa, cerca del Gobierno Civil, se encontró con que la calle Angulo, donde vivían los Rosales, estaba rodeada de gente armada. Alguien le explicó que iban a proceder a la detención del poeta García Lorca.

Un día me dijo algo tremendo: que en la oficina del cementerio, donde trabajaba un joven amigo suyo, se conservaba un libro de registros con los nombres de todos los ejecutados allí «oficialmente» durante la guerra. Prometió subir conmigo un día. Cumplió. Me acuerdo de aquella visita como si hubiera tenido lugar ayer. Mientras el médico entretenía al empleado, hablándole sin parar, yo, hecho un saco de nervios, fui repasando hoja por hoja aquel gran libro encuadernado y apuntando las cifras de muertos. El total, entre 1936 y 1939, sumaba unas dos mil doscientas víctimas, con sus nombres y apellidos. En la columna «causa de muerte» figuraba, durante los primeros días, el cínico eufemismo «disparo de arma de fuego», luego sustituido por la fórmula «orden de tribunal militar».

Se trataba de la cifra mínima de abatidos en el cementerio. Por el testimonio posterior de uno de los antiguos funcionarios de dicho cementerio, José María Arquelladas, a quien me presentó el hijo de un fusilado, Virgilio Castilla, me enteré de que también fueron enterrados en el recinto muchas víctimas de las escuadras de la muerte que operaban en la ciudad y sus aledaños. Sus nombres, me aseguró, no figuraban en el libro, tampoco los de los cadáveres que aparecían cada mañana en las calles de la ciudad y eran subidos en coches o camiones para su inhumación.

Yo era muy consciente de la necesidad de que el registro de entierros no se destruyera. Empecé a elaborar un plan estrafalario, nunca llevado a cabo, para robarlo una noche y mandarlo fuera de España para su conservación y eventual regreso. Lamenté luego no haberlo hecho, pues nada más publicarse en París, en 1971, mi libro sobre el asesinato del poeta, con las cifras, mes por mes, de los fusilados, las autoridades lo recogieron y desapareció de la vista. Alguien me dijo que el entonces alcalde de Granada, José Luis Pérez-Serrabona, ordenó su destrucción. Me sentía muy culpable. Luego, doce años después, resultó que todavía existía, pues Eduardo Molina Fajardo, en su libro póstumo *Los últimos días de García Lorca* (1983), reproducía en un apéndice, con fotocopias, los nombres de todas las víctimas que constaban en él.

Como dirigente de *Patria*, periódico granadino falangista, y falangista él mismo, Molina Fajardo pudo consultar papeles inaccesibles a los demás mortales, yo entre ellos. Me recibió muy amablemente en su despacho la única vez que le vi en Granada, pero sin decirme que trabajaba él mismo en una monografía sobre la muerte del poeta.

Desconozco si el libro del cementerio existe todavía. Los papeles de Molina Fajardo van llegando poco a poco a la Casa-Museo Federico García Lorca de Fuente Vaqueros. Espero que se encuentre entre ellos.

Obsesionado con mi proyecto para ponerlo a salvo, iba inspeccionando detenidamente el cementerio, pensando en vías de escape si todo salía mal. Un día penetré en el patio de San José, destinado a los caídos nacionales, donde estaba enterrado el comandante José Valdés Guzmán, gobernador civil rebelde a principios de la guerra. No me costó mucho trabajo localizar su nicho y fotografiarlo. Había muerto, a los cuarenta y ocho años, en marzo de 1939 —un mes antes de la victoria de Franco—, víctima de heridas de guerra y, al parecer, de cáncer. Y, claro, según rezaba la inscripción, «por Dios y por la Patria». Algunos años después alguien quitó o borró la inscripción. Hoy el último paradero de Valdés resulta imposible de identificar.

Sabía por *La faz de España,* de Gerald Brenan, que había en el cementerio un osario, que él visitó en 1948, donde se amontonaban los restos de centenares de fusilados, y en cuyos cráneos, en muchos casos, se podían observar los agujeros de los tiros de gracia. Cuando escalé las altas tapias del siniestro recinto una tarde sofocante del verano de 1966 —después de cerciorarme de que no nos observaba nadie (mi mujer actuó de centinela)—, me encontré con una visión digna de Dante o del Bosco, pero las víctimas de la represión ya habían desaparecido bajo nuevas capas de esqueletos y mortajas.

El paredón donde se llevaron a cabo los fusilamientos estaba entonces todavía intacto. Lo visité muchas veces. Se veían aún algunos impactos de bala al lado de las cuales familiares de las víctimas habían dibujado cruces o escrito pequeños mensajes. Fotografié cuidadosamente el lugar. Un día un farmacéutico, cuyo nombre lamento no haber apuntado, me dijo que había subido hasta allí con su pequeño hijo en brazos para que presenciara cómo morían «los enemigos de España». Me lo dijo como si fuera la cosa más normal del mundo. Me sentí enfermo.

En 1996, dos décadas después de la muerte de Franco, hubo aquí un primer homenaje oficial a los fusilados. En los años siguientes el Partido Popular obstaculizó una y otra vez la colocación de una placa. Hoy, gracias a una decisión firme al respecto del Tribunal Supremo de Andalucía, la situación ha cambiado y el paraje ha sido declarado lugar de memoria histórica de Granada.

No me podía quitar de la cabeza la visión del osario y del paredón. A veces tenía pesadillas, soñando que subían los fascistas por los escalones de nuestra casa en mi busca. Un amigo, no sé si Pérez Funes, me recomendó que anduviera con más cuidado, que le constaba que ya se iba sabiendo lo que yo hacía, que a lo mejor la policía secreta me seguía. A menudo, cuando tardaba en volver a casa por la noche, mi mujer temía por mí. ¡No había teléfonos móviles entonces! No me pasó nunca nada, pero tuve a bien ocultar mis papeles más importantes en otros lugares e incluso enviarlos por si acaso a Irlanda.

Mediado el verano de 1966 tuve otro golpe de suerte bárbaro cuando un día, para mi sorpresa, tropecé en la calle con un alumno mío de Belfast. No sabía que estaba en la ciudad.

—Pero, Robert, ¿tú por aquí?

Me explicó que llevaba un mes en Granada mejorando su dominio del idioma. Había estado buscándome sin éxito. Para ganarse los garbanzos enseñaba inglés a unos particulares, entre ellos a la hija de un militar por lo visto muy conocido en la ciudad, un tal Nestares.

¡Nestares! Me quedé de una pieza. No me lo podía creer. Llevaba tiempo dándole vueltas a cómo conocer a aquel individuo cuyo nombre salía a relucir en todas mis conversaciones con los republicanos del Suizo. ¡El hombre que había mandado de forma absoluta en la zona de Víznar, con su máquina de eliminación de «rojos», y que le había salvado la vida a Manolo el Comunista!

Le expliqué que había aparcado mi tesis, que ahora me dedicaba, lo más precavidamente posible, a indagar sobre la muerte de Lorca, y que tenía un interés enorme en hablar con Nestares.

—Yo me voy dentro de quince días a Madrid —me dijo—. ¿Por qué no me tomas el relevo?

Una semana después le acompañé a los Hoteles de Belén, la acomodada colonia de chalets ubicada en el barrio del Realejo, donde vivían el antiguo jefe falangista y su familia.

Se hicieron las presentaciones en el jardín. Me esforcé por disimular mi nerviosismo, incluso más intenso que en la oficina del cementerio. El ya coronel de Infantería retirado me trató con afabilidad. Moreno y no muy alto, calculé que tendría unos sesenta y cinco años. Robert les caía muy bien, se notaba, y comprendí que no iba a haber ningún problema para que le supliera en su puesto de profesor de inglés.

Le dije a Nestares que estaba en la ciudad para completar una tesis sobre arte barroco, y que me interesaba mucho el escultor granadino Alonso Cano. Se ofreció a buscarme bibliografía al respecto, toda vez que él también admiraba al artista. Me sacudió un escalofrío porque mi conocimiento de Cano era mínimo. Por suerte no me hizo ninguna pregunta concreta al respecto. Después de veinte minutos se levantó, excusándose: tenía que desplazarse urgentemente a Almuñécar por un asunto de negocios. Me pidió que le acompañara a su despacho. Observé, fascinado, que en la mesa había una fotografía suya con Pilar Primo de Rivera, la hermana de José Antonio, tomada durante la guerra. No la comenté, por supuesto, y cerramos el trato.

El azar, actuando otra vez a mi favor, quiso que las clases, que se extendieron a lo largo de mes y medio, se diesen en aquel despacho donde colgaba, en un marco, un llamativo diploma en alemán en el que constaba la concesión de una medalla del Reich al *Oberstleutnant* José María Nestares.

Me había hecho imprimir, como herramienta para mi trabajo detectivesco, unas tarjetas de visita falsas a nombre de un ficticio catedrático de la Universidad de Grenoble, Michel Grosjean. Utilicé una de ellas en la Comandancia Militar con la esperanza de que me facilitasen planos detallados de toda la zona de Víznar, alegando que me interesaban unas cuevas que, según se decía, había en la zona. Me atendieron con cortesía, proporcionándome todo el material que necesitaba. Menos mal que nadie en la comandancia me pidió mi pasaporte. Me di cuenta del peligro que suponía lo que acababa de hacer, y no volví a utilizar aquellas tarjetas.

El último día con Nestares y su familia, otra vez en el jardín, me atreví a preguntarle, haciendo de tripas corazón, por la muerte de Lorca. Llevaba en mi carpeta mi grabadora japonesa. Alguien me había dicho, le expliqué, que él sabía algo del caso. ¿Era verdad? Creí leer en sus ojos la repentina convicción de que yo no era quien aparentaba, y de que le había preparado una trampa. Pero apenas se le movió un músculo de la cara. Me contestó que sí, que algo sabía de lo ocurrido, que él estaba entonces destacado en Víznar, que era amigo del poeta y que, cuando se enteró de que lo habían detenido, fue corriendo a Granada para salvarlo, pero que llegó demasiado tarde. En fin, que fue una tragedia, pero que esas cosas pasan en todas las guerras civiles... Yo no podía insistir, claro, habría sido demasiado obvio, y la conversación fluyó a continuación por cauces menos peliagudos.

Nunca volví a ver a Nestares, que murió a finales de diciembre de 1975.

Carole, embarazada de seis meses, volvió desde Málaga a casa, en Belfast, con nuestra hija en agosto de 1966, y yo pasé mis últimas semanas en Granada procurando atar cabos sueltos antes de emprender en coche el viaje de retorno.

Me dolía profundamente tener que abandonar el carmen de Santa Ana, que nos había cobijado durante un año, y que amaba con pasión. Acaricié la idea de poder seguir alquilándolo. No resultó posible y me resigné. ¿No había dicho Lorca, en un poema temprano, que «las cosas que se van no vuelven nunca»? ¿No insistía Antonio Machado sobre el inexorable paso del tiempo, que, implacable, todo se lo lleva por delante?

Nuestra estancia en Granada cambió completamente la dirección de mi vida. Ya no me iba a conformar con ser un mediocre profesor universitario de literatura española. Quería seguir siendo hispanista, eso sí, pero por libre, trabajando por mi cuenta. Habría que ir preparando la manera de liberarme. El primer paso sería terminar y luego publicar mi libro.

Había llegado por fin el momento de conocer a Luis Rosales. Uno de sus hermanos me facilitó su teléfono en Madrid y le llamé justo antes de salir de Granada. Estuvo muy afable, y me explicó que se iba enseguida a su casa en el pueblo de Cercedilla, ubicado en las faldas de Guadarrama. ¿Estaría dispuesto a visitarle en tan apartado lugar? Le dije que sí, claro, cómo no, y nos pusimos de acuerdo sobre la fecha: el 2 de septiembre de 1966.

Me acogió allí con una cordialidad que ahora me parece asombrosa, pues a mí no me conocía de nada. Noté que tenía los mismos ojos azules de sus tres hermanos y la voz casi idéntica. Me invitó a sentarme a su lado en el jardín del chalet y me ofreció una cerveza. Fue una larga entrevista, la primera de las muchas que le haría durante los años siguientes, y resultaría clave para mi reconstrucción del crimen, sobre todo por su evocación de la tremenda confrontación que decía haber tenido, en el Gobierno Civil de Granada, con Ramón Ruiz Alonso, ocurrida la noche de la detención del poeta. Confrontación que luego me confirmarían, independientemente, otros testigos.

Rosales me dijo que había hablado con Agustín Penón, pero no conservaba un recuerdo muy nítido de la entrevista. No era sorprendente: desde hacía años le preguntaban una infinidad de periodistas extranjeros por la muerte de Lorca, e incluso recibía sustanciales ofrecimientos metálicos para que dijera «toda la verdad» sobre un caso que, con la creciente fama del poeta y dramaturgo, ya interesaba internacionalmente. Para él, Penón había sido uno más.

Tras la conversación yo no lo dudaba: mi siguiente, y muy difícil reto, era procurar entrevistar a Ramón Ruiz Alonso. Pero no iba a resultar posible antes de mi regreso a Irlanda.

Aproveché mi breve estancia en Madrid para visitar por vez primera la Hemeroteca Municipal, instalada en un viejo caserón de la pintoresca plaza de la Villa, frente al entonces ayuntamiento. Sabía que en la prensa republicana la noticia del asesinato del poeta había tenido una enorme repercusión. Urgía empezar la tarea de rastreo. Alegué, para conseguir el necesario permiso, que llevaba a cabo unas averiguaciones sobre la intervención en la Guerra Civil, al lado de Franco, del general fascista irlandés Eoin O'Duffy, autor del libro *Cruzada en España*. Incluso creo recordar que les dije que era mi abuelo (mi pasaporte avalaba mi condición de irlandés). No hubo ningún problema. Tanto el director como el personal me atendieron amablemente y emprendí mi búsqueda.

Las primeras calas en la prensa de los meses iniciales de la guerra me brindaron tanta información sobre la resonancia del asesinato de Lorca que pronto me di cuenta de que sería necesario volver a la Hemeroteca Municipal cuanto antes y dedicar por lo menos un mes a mis averiguaciones allí.

Fue un calvario tener que regresar a Irlanda del Norte. Pero no había más remedio. Arthur Terry me había puesto al tanto de los contenidos del nuevo curso. A mí me tocaban unas clases, entre otras, sobre Jacinto Benavente. ¡Benavente! No me interesaba nada. Recuerdo mi desesperación al poner proa hacia Francia y el Canal de la Mancha.

Quinta parte
Belfast, huida a Londres... y a Europa (1966-1975)

Con Carole en Requesens (Girona), investigando sobre Dalí.

Mi obsesión, mi pasión, mi vida, era ya seguir con mis pesquisas acerca del asesinato de Lorca. «Veía» el libro terminado y publicado, y cualquier otra actividad casi me estorbaba. Cada momento libre de clases y demás compromisos universitarios se lo dedicaba a mi proyecto, escribiendo infinidad de cartas, pidiendo fotocopias, leyendo sobre la Guerra Civil, siguiendo nuevas pistas.

Localizar a Ramón Ruiz Alonso era lo más urgente. Alguien me informó desde Granada de que el hombre tenía entonces un puesto en el Departamento de Sociología Industrial del Instituto Balmes, integrado en el Consejo Superior de Investigaciones Científicas, situado en la calle del Duque de Medinaceli, número 4, frente al Hotel Palace.

Fue una gran noticia. Se la conté a Arthur Terry, mi jefe, que seguía con interés el desarrollo de mi proyecto, que le había ido contando desde España. Estaba de acuerdo conmigo en que había que intentar entrevistar a Ruiz Alonso sin perder tiempo.

Volé, en consecuencia, a Madrid. El exdiputado de Gil-Robles trabajaba, efectivamente, donde me habían dicho. Comprobé, al hablar con un funcionario, que acudía allí todas las tardes.

El 20 de marzo de 1967 me presenté en su oficina, sin previo aviso.

Consciente de que nadie creería que lo hubiera entrevistado si no lograba grabar la conversación, llevé conmigo mi fiel aparato japonés, inserto en su habitual carpeta de cuero y ya puesto en marcha antes de penetrar en el edificio. El problema era que chirriaba un poco, de modo que habría que evitar silencios.

Tenía una imagen bastante clara de cómo sería Ruiz Alonso, debido a mi lectura de su libro sobre el corporativismo, repleto de enfáticas exclamaciones dobles y triples. Además había visto numerosas fotografías del diputado de la CEDA en el diario granadino *Ideal* de los años treinta, así como leído allí muy agresivos artículos y discursos suyos. Era entonces un tipo alto y corpulento.

Al otro lado de la puerta alguien hablaba con voz potente por teléfono, explicando en qué consistían las clases de sociología que entonces ofrecía el Instituto.

Cuando acabó de perorar, llamé a la puerta. La voz potente me dijo que entrara.

Detrás de una mesa cubierta de papeles y folletos estaba Ramón Ruiz Alonso, el hombre que detuvo a Federico García Lorca, y ahora era secretario de cursillo.

Se levantó para tenderme la mano, me invitó a sentarme y me preguntó amablemente en qué me podía servir.

Le expliqué sin ambages el motivo de mi visita. Que buscaba datos sobre la muerte del poeta, que los hermanos Rosales y otras personas me habían hablado de él en Granada, que alguien me había dicho dónde encontrarle, que, en fin, me había tomado la libertad de venir a verle sin presentación alguna, y que le pedía disculpas por mi atrevimiento...

No se inmutó. Me dijo que yo era la segunda persona que había tenido la valentía de preguntarle abiertamente por su participación en los hechos. Nadie más. Y me agradeció mi franqueza. Me aseguró que él era un hombre de «al pan pan y al vino vino», de decir las cosas por su nombre. El primer investigador que le había buscado, añadió, era un norteamericano que, como yo, había llamado sin previo aviso a su puerta.

—¡Agustín Penón! —exclamé.

—Sí, Agustín Penón, había olvidado su nombre.

De modo que una vez más se me había adelantado el enigmático personaje desaparecido diez años atrás.

Le dije que todo el mundo en Granada me hablaba de Penón. ¿Sabía qué había sido de él? No, no lo sabía. No sabía nada de él. Y siguió, enfático, muy seguro de sí mismo:

—Yo le voy a hablar a usted con toda sinceridad, como si me fuera a morir. Ahora bien, llegará un momento en que yo ya no pueda hablar, no por ocultar nada sino porque de verdad no sé. Yo le voy a hablar a usted honradamente, ya digo, como si me fuera a morir, como si estuviera delante de Dios. Yo soy católico, apostólico y romano. Entonces yo, como si me fuera a juzgar Dios Nuestro Señor, le voy a hablar a usted con esta confianza.

Lo ocurrido, según me contó a continuación, fue que un día, cuya fecha no podía precisar con exactitud, se presentó, como hacía todos los días, en el Gobierno Civil de Granada, al cual estaba entonces adscrito. Allí le dijeron que no estaba José Valdés Guzmán, el gobernador civil, que en aquellos momentos inspeccionaba unas trincheras en los alrededores, y que lo sustituía un teniente coronel retirado de la Guardia Civil. Este, siguió, tenía unas instrucciones para él del gobernador, que no volvería hasta la noche. Se trataba de «una misión delicada» que había que cumplir.

Yo escuchaba sin interrumpir, absorto, esperando que no pasara nada con la grabación. Sabía, claro, que la «misión delicada» consistía en ir a casa de los Rosales, detener a Lorca y llevarlo al Gobierno Civil, pero me callé, aparentando un desconocimiento total de lo ocurrido.

Ruiz Alonso alegó a continuación que, al salir del edificio, ignoraba a quién pertenecía la casa donde le habían dicho que se encontraba el poeta. Añadió que solo se enteró de ello, con gran sorpresa, en el camino. Me aseguró que, al llegar a la calle de Angulo, ninguno de los hermanos Rosales estaba presente, y que llamó desde allí, de acuerdo con la madre, al cuartel general de Falange, para hablar del asunto con el «jefe provincial» de la organización, hijo suyo, y decidir con él lo que había que hacer.

Yo sabía que ninguno de los hermanos Rosales fue jamás «jefe provincial» de la Falange granadina, y que quien se encontraba de servicio en el cuartel en aquel momento era Miguel, que no tenía casi relevancia.

La decisión tomada entre los dos, según Ruiz Alonso, fue que Miguel lo acompañara con Lorca al Gobierno Civil.

En toda la entrevista evitó cuidadosamente utilizar la palabra *detención*. Solo se trataba, me dijo, de que una «persona de prestigio», que era él, garantizara la llegada del poeta al edificio.

Le pregunté si, como me habían dicho en Granada, la casa de los Rosales se rodeó de gente armada, y que incluso subieron guardias a los tejados cercanos para impedir que se escapara la presa. Lo negó tajantemente. ¡Él, Ramón Ruiz Alonso, conocido en toda la provincia, no necesitaba a nadie más para cumplir con su misión! ¡Lo de la gente armada era mentira!

¿No era verdad tampoco que fueran con él a casa de los Rosales algunos compañeros suyos de la CEDA? No, otra mentira.

Una vez terminada su «misión», siguió, le preguntó al poeta, en el Gobierno Civil, si podía hacer algo más por él. ¡Algo más! Contestó Lorca: «No, señor, nada más que darle a usted las gracias y me permite usted que le abrace por lo bien que me ha atendido y me ha traído aquí de la casa de Rosales. Nunca le agradeceré bastante su comportamiento...».

Me dijo, luego, que a la mañana siguiente volvió al Gobierno Civil, donde le informaron de que aquel señor «ya no estaba». Y sin dejarme hacer una pregunta, continuó:

—Yo le juro a usted delante de Dios que ya no sé más. He oído..., me dijeron..., supongo..., parece ser que...; con la mano puesta sobre los Evangelios no puedo decir otra cosa, porque no la sé. Eso es todo, y le juro a usted como si ahora mismo estuviera delante de un crucifijo, que esta es toda,

toda, toda la verdad, como si yo, como le dije a usted antes, me fuese a presentar ahora delante de Dios. Yo lo dejé en manos del *jefe provincial de Falange,* señor Rosales, en el despacho: esta es toda mi actuación desde el principio hasta el final.

Le iba a explicar que, según me constaba, ninguno de los Rosales fue nunca jefe provincial de la Falange granadina. Pero otra vez tuve la sensatez de callarme. Además, ya seguía con su monólogo:

—Ahora, me preguntará usted (y aunque no me lo pregunte me adelanto yo): «¿Usted aprueba o condena?», y le digo esto: como católico, como ser humano, tengo que condenar y reprobar lo que con este hombre se hizo. Por católico y por humano reprobarlo con toda mi alma, porque para mí no hay ni blancos ni rojos en este aspecto moral. La vida de un hombre, para mí, vale tanto la de un rojo, como la de un amarillo, o como la de un verde, o como la de un azul. Todos somos seres humanos hechos a imagen y semejanza de Dios, y el alma del señor García Lorca, por lo menos, en el peor de los casos, puede valer exactamente lo que la mía. Posiblemente, a lo mejor, puede valer más. Esto es hablarle a usted con toda sinceridad, con toda nobleza, y puede usted tener la seguridad de que ahora, por lo que respecta a mí, conoce usted absolutamente todo.

Terminada su declaración, consultó su reloj y me dijo que en nuestro siguiente encuentro, si yo quería, me contestaría todas mis preguntas, pero que en aquel momento no podía porque tenía un compromiso urgente.

Nos dimos la mano. El hombre parecía contento con mi visita. Me tendió una tarjeta del cursillo y me pidió que le llamara para acordar otra cita.

Tuvimos dos o tres breves encuentros más, en los cuales se ratificó en todo. Le conté el relato de Luis Rosales acerca de una violenta confrontación entre ellos aquella noche en el Gobierno Civil. Lo negó rotundamente. Dijo que no hubo ningún enfrentamiento. ¡Si no volvió allí hasta la mañana siguiente! Los Rosales eran unos mentirosos, él tenía la conciencia totalmente tranquila, toda la culpa de lo ocurrido con el poeta fue de ellos.

Y empezó otra vez con Dios y el crucifijo.

En la última entrevista me percaté de que, bajo la mesa, la carpeta estaba mal orientada. Y, ya demasiado seguro de mí, traté de ajustarla con el pie. Ruiz Alonso se dio cuenta, se levantó furioso y me espetó:

—¡Sospeché desde el primer día que usted me grababa! ¡Y ahora veo que es verdad! ¡Usted ha roto las puertas de la comunicación entre nosotros!

Añadió que había decidido contarme más cosas pero que ya no me iba a decir ni una palabra más.

Por un segundo creí que cogería el teléfono para llamar a la policía. O que intentaría arrancarme la carpeta. Resolví que, en aquel caso, le daría un puñetazo contundente, o dos, y saldría corriendo. Pero no lo hizo, por suerte. Murmuré unas disculpas y me despedí rápidamente, no fuera que cambiara de opinión.

Al día siguiente volví a Belfast consciente de haber conseguido una primicia extraordinaria.

Unos meses antes, en noviembre de 1966, había nacido en Belfast nuestro hijo Dominic, concebido en el carmen de Santa Ana. Éramos conscientes de que los vecinos protestantes que nos rodeaban se iban a extrañar ante el nombre que le habíamos dado, considerado en Irlanda del Norte propiedad exclusiva de católicos. Llegó el momento en que me empezaron a sacar de quicio las reacciones de sorpresa ocasionadas por nuestra elección onomástica, incluso me dijo un tendero del barrio que siempre había creído que mi mujer y yo éramos «de ellos». O sea, protestantes. ¡Y ahora resultaba que no! No sé cuántas veces tuve que explicar que el nombre no tenía por qué ser solo para uso de «papistas», ya que su significado en latín, «dado por Dios» o «regalo de Dios», servía igual para todos los creyentes. La cosa llego a tal punto de intensidad que le dirigí una carta al director del *Belfast Telegraph,* el diario más leído de Irlanda del Norte, comentando, no sin sorna, lo que nos ocurría.

Lo peor fue que alguien recogió la polémica en *The Irish Times,* el diario que nosotros leíamos en Dublín, y creo que hasta se reprodujo allí mi carta. Unas semanas después nos visitaron mis padres, que querían conocer a su nieto. En el momento de subir al coche para volver a Dublín, mi madre, que hasta entonces no había mencionado el asunto, me reprendió airadamente en plena calle. ¡Le había puesto aquel nombre católico con la intención expresa de insultarla a ella, gritó, y todas sus amigas se lo decían! ¡Estaban escandalizadas! Traté de razonar con ella pero no hubo manera. Estaba hecha una furia. Entretanto mi padre, de pie a su lado, muy nervioso, no dijo nada de nada, como era su costumbre.

—¿Fobia?

—Pues, sí.

—¡Somos especialistas en ellas! ¿Cuál es la tuya? ¿Agora...?, ¿claustro...?, ¿aracno...?, ¿homo...?, ¿xeno...?, ¿zoo...?, ¿equino...? No, me lo imagino, biblio...

—Ereuto.

—Ah, ¡sois muchos los de los rubores molestos!

Se llamaba John. Lamento haber olvidado su apellido. Era inglés. No le faltaba sentido del humor. Dirigía el Departamento de Psicología Experimental de Queen's, y yo había decidido consultarle porque alguien me había informado, correctamente, de que tenían una unidad dedicada al estudio de las fobias. John me lo acababa de confirmar. Su método consistía, me explicó, en «desacondicionar» *(decondition)* al paciente exponiéndole gradualmente, en un contexto controlado, al objeto o situación de su terror o pánico. Yo le puse al tanto, bastante avergonzado, de mi obsesión con los varazos, del terror que me asaltaba a veces de ser «descubierto» y el miedo consiguiente al sonrojo, que en ocasiones me hacía abandonar momentáneamente una clase con la excusa de haber dejado un libro o un papel en mi despacho.

Me pidió una lista de tales situaciones, desde la más leve hasta la peor, sin ocultar nada. Luego, me dijo, él y sus colegas se encargarían del tratamiento. Consistía en tenerte tendido de espaldas, muy relajado, en una *chaise longue,* conectado a una máquina que registraba la reacción química de todo tu cuerpo ante preguntas inesperadas y concretas sobre cada escenario temido. En mi relación incluí una referencia a la improvisada vara que había escondido de niño en el jardín de mi casa. Cuando en mi primera sesión John me preguntó, abruptamente, si la historia era cierta, mi erupción vergonzosa, al sentirme totalmente expuesto, fue brutal, hasta el punto de producirle una exclamación de sorpresa al encargado de la máquina. John me dijo después que raras veces habían registrado una convulsión tan violenta.

Tras varias sesiones me fui acostumbrando al «tratamiento», y las preguntas iban perdiendo su impacto. Eso no conllevaba modificación alguna en mi comportamiento fuera de la consulta: seguía el miedo a ruborizarme, seguía mi *ereutofobia.* Le expliqué a John que lo que realmente necesitaba eran sesiones de psicoanálisis y que, en vista de que, según mis noticias, no había nadie de tal ramo en Irlanda, estaba dispuesto a instalarme en Londres si conseguía allí un puesto universitario.

Le pareció razonable mi proyecto.

Al margen de mi problema con el maldito rubor, yo estaba ya cansado, y también mi mujer, de Irlanda del Norte, donde el conflicto entre protestantes y católicos era cada día más agudo y empezaban a menudear los atentados. A ambos nos pareció lógico, desde todos los puntos de vista, incluida la educación de nuestros hijos, dar el salto a Londres.

No le oculté a Arthur Terry mi propósito. Le sorprendió lo del psicoanálisis y me dijo que me encontraba muy bien como estaba, pero que allá yo si lo tenía todo decidido. Reflexionando ahora sobre la decisión me siento bajo la obligación de enfatizar que Arthur siempre fue muy paciente conmigo y mis veleidades.

Una vez más me apoyaron mis dioses, pues poco después —a principios del verano de 1968— se anunció que se ofrecía un puesto, a partir del nuevo curso, en el Departamento de Español de Birkbeck, uno de los muchos colegios de la enorme Universidad de Londres, con la singularidad de ser nocturno y destinado a alumnos «maduros» que trabajaban de día. Por algo su lema era *«In Nocte Consilium»* (en la noche, consejo) y su emblema un mochuelo. Una ventaja añadida era que se encontraba justo detrás del Museo Británico, que albergaba entonces, hoy ya no, la Biblioteca Nacional.

No iba a ser nada fácil conseguir el puesto, pues habría sin duda muchos candidatos. Me ayudó el hecho de que un colega mío de Queen's era amigo íntimo de Ronald Tress, presidente de Birkbeck. Dicho colega pertenecía, como yo, al club de críquet de los profesores. Le explicó a Tress que, además de ser hispanista fervoroso, yo podría participar provechosamente en el equipo correspondiente de Birkbeck. Cuando, durante la entrevista, el presidente aludió, con una sonrisa, a tal posibilidad, comprendí que tenía ganado el partido. Luego me preguntó si de veras quería el puesto. Le dije que sí, ardientemente.

Pues ya está, me contestó, tendiéndome la mano. ¡Nos volveríamos a ver aquel otoño!

Había casi terminado, mientras, el borrador de mi libro sobre Lorca. ¿Cómo publicarlo? Mi ignorancia del mundo editorial inglés era absoluta. Ninguno de mis compañeros de Queen's sabía nada al respecto. Mandé por mi cuenta el borrador, pues, a un destacado editor inglés. Me lo devolvió al poco tiempo con una nota diciendo más o menos que, por desgracia, «no cabía en su lista». Hice cinco o seis intentos más, con la misma respuesta negativa. Probablemente ni lo habían leído.

Estando en ello conocí por casualidad al autor de un libro sobre Gibraltar. Se llamaba John D. Stewart. Le expuse mi problema y me dijo que lo que yo necesitaba era un «agente literario». Era la primera vez en mi vida que oía el término. Me explicó de qué se trataba, y me recomendó una empresa, David Higham, en Londres, y que les mandara el libro. Lo hice. La contestación fue positiva. Me dijeron que les interesaba mucho y que procurarían colocarlo.

Me sentía feliz, el primer paso estaba dado. Le agradecí calurosamente a Stewart su ayuda. Pero un año después los de Higham todavía no me habían encontrado editor. Era muy decepcionante y no sabía qué hacer.

Alguien me habló entonces de Ruedo Ibérico, la editorial del exilio español republicano radicada en París que había publicado, con éxito, el libro de Hugh Thomas sobre la Guerra Civil, *El laberinto español* de Gerald Brenan y *El mito de la cruzada de Franco,* del norteamericano Herbert Southworth. Conseguí un ejemplar de este último. Me pareció magnífico, valiente, combativo, demoledor. Me puse en contacto con Ruedo Ibérico. Resultó que Southworth vivía en París. Me pasaron su dirección. Le escribí. Le dije que me había entusiasmado su libro. ¿Le podía enviar mi texto? Me contestó que sí, encantado.

Lo hice sin perder un segundo.

Recibí una larga carta suya a mediados de julio de 1968. Me dijo que le había intrigado, me mandó más bibliografía, me hizo varias sugerencias para mejorar el texto y me prometió que le iba a recomendar a su amigo José Martínez, dueño de Ruedo Ibérico, que contratara a un buen traductor —estaba escrito en inglés, claro— y lo diera a conocer cuanto antes. Opinaba que era un libro muy necesario y que tendría mucho éxito.

¡Qué felicidad después de tanto esfuerzo!

Si en Belfast la universidad nos había alquilado un agradable piso de su propiedad, situado en una frondosa calle cercana al campus, la de Londres no ofrecía tales facilidades. ¿Dónde encontrar alojamiento? Varios amigos nos recomendaron el barrio de Ealing, en el oeste de la ciudad, por su buena oferta de escuelas estatales, sus espacios verdes y los precios más o menos razonables de sus viviendas. Mi cartera de activos había bajado considerablemente de valor entonces pero, dado el salario bastante bueno que me iba a brindar mi nuevo puesto, decidimos pedir una hipoteca para adquirir una modesta casa semiadosada situada no lejos del metro de Ealing Broadway. Me costó varias semanas de búsqueda encontrar una aceptable y allí nos instalamos a finales del verano de 1968.

Al poco tiempo fui a París a conocer a José Martínez y el resto del equipo de Ruedo Ibérico, cuya sede se hallaba en la Rue de Latran, a dos pasos de La Sorbona. Nos llevamos muy bien y me presentó a otros autores de la casa, entre ellos Juan Goytisolo y Jorge Semprún. Él ya había elegido a un buen traductor para mi libro, José Simões, uno de sus estrechos colaboradores, con quien hablé largamente, garantizándole, por supuesto, mi plena colaboración.

Iba a ser un proceso lento —hoy, en la época del correo electrónico, todo habría sido infinitamente más fácil y rápido—, con constantes consultas epistolares, comentarios, revisiones y modificaciones.

Entretanto me embarqué en mi proyecto de acudir a un psicoanalista. Mi esperanza fue hacerlo con uno muy famoso, Anthony Storr. Le escribí. Me contestó que lo sentía pero que por el momento le era imposible admitir a más pacientes.

Entonces alguien me habló de un analista llamado Sidney Crown, por lo visto muy reputado en la profesión. Me puse en contacto con él. Me respondió que con mucho gusto me recibiría... y que luego veríamos.

En nuestra entrevista me dijo que, si por casualidad nos viéramos en un acto social, no debería hablar con él: la relación tenía que ser exclusivamente profesional. Me pareció que no hacía falta decírmelo y que, además, no iba a ser fácil que coincidiéramos en una ciudad tan inmensa y frecuentando distintos ambientes. Descubrí luego que me costaba mucho trabajo, tendido en su diván, relajarme hasta el punto de poder dejar que fluyera la libre asociación de ideas. Además surgió un grave problema al darme cuenta de que me repelía físicamente, y no se lo podía decir. A veces estuve durante casi una sesión entera bloqueado, sin decir nada.

Al cabo de unos meses desistí.

Acabo de buscarlo en internet. Allí me entero de que murió en 2009 a la edad de ochenta y cinco años, tras una carrera distinguida, respetado por sus colegas de distintos hospitales londinenses y colaborador en unas publicaciones especializadas.

Volví a escribirle a Anthony Storr en 1970. Esta vez, para mi gran satisfacción, pudo encontrar un hueco para mí. Notable escritor, analista de numerosos creadores, había publicado libros importantes, entre ellos *Las desviaciones sexuales* (1964) y *La agresividad humana* (1968) —existen traducciones españolas—, que leí con fascinación. *Las desviaciones sexuales* me pareció extraordinario, un sucinto repaso a todo lo publicado sobre la cuestión, más las propias reflexiones del autor basadas en su experiencia clínica. Todo redactado en un estilo claro, sobrio. Para Storr, las tales «desviaciones» eran principalmente el resultado de la persistencia de sentimientos infantiles de culpa e inferioridad, inducidas por padres inadecuados, incapaces de manejar con naturalidad su propia sexualidad. ¡Me sonaba! Noté en el libro una marcada hostilidad hacia el cristianismo institucional, por su puritanismo y su rechazo de cualquier relación sexual pre o extramarital. Actitud habitual, señalaba, de muy pocas sociedades en todo el mundo. ¡Tan pocas que formaban, según sus constataciones, solo el cinco por ciento de la raza humana! ¡Mala suerte, entonces, nacer cristiano!

Storr demostraba, en su libro sobre las desviaciones sexuales, estar de acuerdo con el famoso doctor Kinsey en que, entre ellas, las más frecuentes eran las sadomasoquistas.

Yo sabía de antemano, pues, que me iba a entender. Así resultó. Además tenía su consulta en Harley Street, una calle mundialmente célebre por sus médicos, lo cual no dejaba de complacerme. La sintonía fue buena desde el primer momento y mi año con él me ayudó a aceptarme como era: el resultado inevitable de las circunstancias muy adversas de mi infancia.

El hecho de que Storr tuviera su consulta en Harley Street conllevaba otra ventaja: su cercanía a la Wallace Collection, en la propincua Manchester Square, famosa por sus tesoros del siglo XVIII, entre ellos unos maravillosos cuadros de *fêtes galantes* de Antoine Watteau, que a mí me fascinaban por mi afición a Paul Verlaine. También albergaba, todo un contraste, un cuadro de Velázquez, *La dama del abanico,* retrato de una atractiva española con pelo negro, mantilla negra, atisbo incitante de pecho blanco... ¡y un rosario! Como si acabara de salir, más que de una *fête galante* versallesca, de misa, y quién sabe si tal vez espiada allí por el galán de turno.

En julio de 1971 Ruedo Ibérico publicó *La represión nacionalista de Granada en 1936 y la muerte de Federico García Lorca.* Iba dedicado a Ted Riley y a mi mejor amigo en el Trinity, Bernard Adams, dublinés protestante como yo, con quien había conversado largamente sobre el poeta. La portada y la contraportada reproducían una de mis fotografías del osario del cementerio de Granada, y el pliego de ilustraciones incluía, entre otras muchas, un plano indicando el «barranco» de Víznar y fotos de La Colonia y el lugar del entierro del poeta en Alfacar que me había señalado Manolo el Comunista.

Recogí en Hendaya una caja de ejemplares, que abrí febrilmente, y, acompañado de Carole y nuestros dos hijos, crucé la frontera temiendo que los guardias de la aduana descubriesen el botín, distribuido en el interior del coche. Luego puse proa hacia Madrid y Granada, donde fui regalando el libro a amigos y a algunos de los que más me habían ayudado con mis investigaciones.

Al poco tiempo empezaron a salir algunas alusiones al libro en la prensa española, y no tardó el Gobierno de Franco en prohibirlo. Veinte años después, en un programa de televisión de Mercedes Milá, el exministro José Solís, «la sonrisa del Régimen», recordaría la reunión en que se decidió prohibir la obra y allí tuvimos un pequeño rifirrafe sobre el franquismo.

El gran momento del libro llegó al verano siguiente, en 1972, cuando se le otorgó, en Niza, el Premio Internacional de la Prensa. Se trataba de un galardón concedido por nueve diarios y revistas europeos de primera fila, entre ellos *Triunfo*, de Madrid, cuyo director, José Ángel Ezcurra, a quien había conocido en una visita suya a Londres, había luchado con denuedo en favor del libro, sabiendo que molestaría profundamente al régimen, como de hecho fue el caso.

A partir de la concesión del galardón de Niza, el libro tuvo un éxito extraordinario, fue traducido a unos diez idiomas y se comentó con profusión en España. Incluso se disculpó en el *ABC* José María Pemán, nada menos, alegando que hasta entonces no sabía que a Lorca lo habían fusilado oficialmente en Granada (por error, claro).

Enseguida me puse a revisar mi original inglés. Lo publicó W.H. Allen de Londres en la primavera de 1973, y lo reseñaron con mucha generosidad, entre otros, en las páginas culturales de la prensa nacional, Hugh Thomas, el poeta Stephen

Spender y Cyril Connolly. El juicio de este me conmovió: «Los amantes de la poesía, los amantes de la verdad, los amantes de España deberían leer, todos ellos, esta pieza ejemplar de indagación literaria». Un día, para mi asombro, me llegó desde Antibes una carta de Graham Greene: el libro, me escribía, le había fascinado y llevado a sospechar ¡que Lorca era un agente doble que trabajaba a la vez para los fascistas y los rojos! ¿Estaba yo de acuerdo con esa posibilidad? Algún tiempo después, tras conocerle en persona en Madrid, me envió una frase muy generosa para la portada de la edición de bolsillo del libro con Penguin. Rezaba: «Una fascinante indagación sobre el asesinato del poeta Lorca. Tan interesante como una buena novela detectivesca». ¡Que ilusión! También fue muy bien recibida la edición norteamericana.

Hugh Thomas tenía entonces una cátedra en la Universidad de Reading —creo que de Historia Moderna— y me ofreció dar una charla allí sobre mi libro. Fue mi primer encuentro personal con él... y con Paul Preston, con quien luego mantendría una amistad duradera.

Thomas me invitó varias veces a participar en las cenas, seguidas de una tertulia más amplia, que él y su mujer, Vanessa, organizaban en su espaciosa casa del barrio de Queensway, a dos pasos de Regent's Park. Nunca había estado en reuniones así, atiborradas de nombres famosos. Una noche le tocó el turno a Gabriel García Márquez. ¿Como era posible que los británicos escribieran libros tan largos, me comentó, refiriéndose no solo al volumen de nuestro anfitrión sobre la Guerra Civil española sino el recientemente dedicado a Cuba?

A raíz del éxito de mi libro, las autoridades de la Universidad de Londres me concedieron el título de Reader in Modern Spanish Literature, con una sustanciosa subida de sueldo e incremento de privilegios. Se trataba casi de ser titular de una cátedra sin responsabilidades administrativas, una maravilla. Pero a mí me produjo cierta vergüenza, porque yo era todo menos un experto en literatura española moderna. Y, además, me faltaba vocación de profesor universitario.

Por otro lado, ya iba rumiando mi adiós definitivo a las islas británicas, iniciativa aprobada por Anthony Storr, que me expresó su convencimiento de que mi salvación consistía en hacerme escritor profesional. Me anunció, por otro lado, que iba a dejar la consulta a los pocos meses para trasladarse a Oxford, en uno de cuyos colegios le habían ofrecido un puesto de profesor, lo que le permitiría retirarse como analista. Me sentí desolado, pero, claro, no podía seguir con él eternamente.

A mis padres les envié de inmediato, cómo no, un ejemplar de la edición inglesa del libro, donde encabezaban, con palabras calurosas, la larga lista de agradecimientos. Un mes después les visitó en Dublín mi amigo Bernard Adams. Les preguntó qué les parecía el libro... y se quedó atónito ante su reacción. En vez de manifestarse orgullosos de él —por cierto, no tenían ningún ejemplar a la vista—, se mostraron visiblemente cohibidos al respecto. Era evidente que no lo habían leído. Farfullaron unas palabras y cambiaron de tema. ¿Es correcta mi deducción de que el éxito del libro del segundón de la familia les abrumaba, pensando en la infelicidad y los desvaríos del primogénito, siempre al borde de la locura, y que habían optado por silenciarlo, por no reconocerlo, por actuar como si no existiera? Quizás. Me llena de honda tristeza recordar el episodio.

El 11 de agosto de 1973 murió mi querido tío Syd. Unos días después, mientras mi padre cortaba leña con un hacha, una astilla disparada se le clavó en un ojo. Siempre redomado estoico, incapaz de admitir nunca estar enfermo, ni levemente indispuesto, no le dijo nada a mi madre de lo ocurrido. Transcurrida una semana ella se dio cuenta del accidente al constatar, espantada, que mi padre tenía un ojo horriblemente rojo e hinchado. Insistió en que le explicara lo sucedido y llamó enseguida al médico de cabecera. Este opinó que hacía falta operar de inmediato.

Durante la intervención mi padre sufrió un ataque al corazón. No disponían en el hospital de los medios necesarios para atender la emergencia, aunque parezca mentira, y fue transferido a otro establecimiento para ver si le podían salvar la vida. Pero ya no había nada que hacer. Al recibir la noticia de que se moría, volé sin perder un instante a Dublín. Me esperaba en el aeropuerto mi hermano, al borde de un colapso. Me dijo que estaba con respiración asistida. Le fui a ver enseguida. Estaba tendido inconsciente sobre la cama, el pecho desnudo, con tubos conectados a distintas máquinas. Diez minutos después la enfermera nos dijo: «Lo siento mucho, acaba de fallecer».

Fue el 24 de agosto de 1973. Tenía sesenta y ocho años.

Me imagino que el fallecimiento de Syd le había dolido profundamente, pues habían trabajado juntos toda su vida en la empresa y cooperado en la Boys' Brigade de Charleston Road. Quizás lo entendió como una premonición del suyo.

Por la mañana fui a verlo a la morgue. A su lado estaba sentado un envejecido Bill Bailey, su mejor amigo de infancia. Me explicó que mi padre le había dicho, no hacía mucho, cuánto me admiraba, pero que yo era tan «intelectual» que nunca me había podido comprender. ¿Dijo Bill realmente «intelectual», o, quizás, «complicado»? Como no hay grabación, ni apuntes ni nada, me quedo con la duda.

Volví a la mañana siguiente para pasar un último rato con él a solas. Lloré contemplándolo, pensando en su matrimonio fracasado y sin remedio, en los constantes reproches de mi madre y en el calvario que había supuesto para él mi hermano.

Hace un momento utilicé la palabra *astilla,* al referirme al accidente con la leña. Me acuerdo ahora de la expresión «de tal palo, tal astilla». Yo me asemejaba a mi padre en la timidez, en el sufrimiento que me generaba la vergüenza, en la dificultad para mirar a la gente a los ojos. Hubiera deseado amarlo, pero al mismo tiempo me rompía el corazón no haber tenido un padre más fuerte, más macho, ¡capaz de pegarle un puñetazo a alguien, empezando por mi madre, aunque solo fuera verbal!

Y ahí estaba su cadáver delante de mí. Le besé en la frente, por primera y última vez en mi vida. Estaba frío, frío. Y me fui.

Me aflora a la memoria, al evocar la escena, una estrofa del *Llanto por Ignacio Sánchez Mejías,* cuya sangre derramada en la arena no quería ver el poeta:

> Ya está sobre la piedra Ignacio el bien nacido.
> Ya se acabó; ¿qué pasa? Contemplad su figura:
> la muerte lo ha cubierto de pálidos azufres
> y le ha puesto cabeza de oscuro minotauro.

Carole llegó pronto desde Londres. Adoraba a mi padre, se habían hecho casi amigos. Ella entendía su sufrimiento, el dolor de estar casado con una mujer que no lo quería, y que incluso lo despreciaba. Una vez les observé juntos en el parque zoológico de Dublín. Ella le había cogido del brazo y hablaban animadamente. La escena me conmovió. Cuando vio su ataúd, le brotaron las lágrimas.

En el entierro la iglesia estaba a rebosar. Era evidente que a mi padre lo quería y respetaba mucha gente. Fuera había numerosos católicos enlutados, que prefirieron, sin embargo, no entrar en el templo. Así era la Irlanda de entonces. Winnie Curran, nuestra antigua criada, que casi con seguridad no había puesto antes los pies en un templo protestante, sí lo hizo aquella mañana, y lloraba abiertamente. Los pésames eran sinceros, sentidos, y nos enteramos de que mi padre había ayudado a numerosas personas menesterosas, sin que nadie se percatara. En cuanto a mi madre, la estoy viendo al pie del féretro, confusa, con la mirada perdida. Daba la impresión de no saber qué pasaba ni dónde estaba. Expresó su asombro ante la magnitud de la concurrencia. Me imagino que estaba sedada.

Lo inhumamos en un pequeño camposanto ubicado en la ladera sur de Bray Head, no lejos del mar. Mi madre no asistió al sepelio. En el coche en que iba yo también viajaba el tío Nips. Me dijo, riéndose, que unos días antes le había «sorprendido» ver, en una librería, mi obra sobre el asesinato de Lorca. Lo comentó como si se tratara de una broma. No le pregunté si había tenido el detalle de comprarlo. No lo volvería a ver nunca. Que Dios lo tenga en sus brazos.

Mi padre no dejó atrás papeles privados: ni diarios, ni correspondencia epistolar, ni indicios escritos de ningún otro tipo relativos a su mundo interior o exterior. Pienso que quizás intuyó que su final no estaba lejos, y que hizo una purga previa de lo poco que había.

Fue una buena persona, víctima de circunstancias adversas. Si existe el paraíso cristiano, y lo dudo mucho, estoy seguro de que se encuentra entre los bienaventurados. Le agradezco profundamente haberme transmitido su amor a la naturaleza, sobre todo a los pájaros. Y haberme costeado, con tanta generosidad, la educación sin la cual no habría sido posible la vida que he tenido, tan llena de encuentros maravillosos en España y fuera de España. Lamento no haber podido hablar nunca con él con el corazón en la mano.

Mientras tanto, ya estaba inmerso en mi siguiente proyecto: una investigación rigurosa del «vicio inglés», el nombre desdeñoso dado por los franceses a la obsesión británica con la vara. Mi meta: contribuir a su abolición en las escuelas de Gran Bretaña e Irlanda. Me impulsó a hacerlo mi conocimiento, a través de mi hermano, de los estragos sexuales causados por el sistema, así como el desprecio que me producía la hipocresía al respecto de la clase dirigente de la isla.

Me complace añadir que no tropecé, en el curso de mis indagaciones sobre aquella práctica, con ninguna evidencia de que en España se hubieran infligido jamás, ni en las escuelas dirigidas por los jesuitas ni en ninguna otra, los castigos corporales tan caros a los ingleses y difundidos a todos los rincones de su inmenso Imperio. Lo cual no quiere decir que los profesores españoles no pegasen con frecuencia a sus alumnos. Acabo de leer, al corregir este libro, una columna de Juan José Millás, brillante como casi todas las suyas, donde habla de las cosas que desearía borrar de su vida. Entre ellas a «un cura, profesor de Lengua, que nos pegaba y que disfrutaba pegándonos, un cura pederasta, de la variedad sádica, que se excitaba rompiéndonos los tímpanos con las tortas de sus manos consagradas a Dios, las manos con las que convertía el pan y el vino en el cuerpo y en la sangre de Cristo» *(El País,* 14 de octubre de 2022). He tropezado con muchos testimonios parecidos.

Tratándose de un tema que no tenía nada que ver con la literatura española, no revelé a ninguno de mis colegas hispanistas lo que ahora tenía entre manos.

Facilitaba mi labor el hecho de que Birkbeck se hallaba a dos pasos de la entrada trasera del Museo Británico, que entonces, como he dicho, albergaba la Biblioteca Nacional. Esta tenía para mi proyecto la impagable ventaja de ocultar en sus profundidades, bajo siete llaves, el eufemísticamente llamado «Private Case» (sección privada), destinado a libros eróticos cerrados a la consulta pública, y cuyos títulos ni se incluían en el catálogo del ente. Como si no existieran.

Me enteré de que formaba el meollo del Private Case la colección creada por un rico empresario victoriano, Henry Spencer Ashbee, muerto, como Oscar Wilde, en 1900. Descubrí, atónito, que el curioso personaje había amontonado también una de las mayores bibliotecas mundiales de trabajos relacionados con Cervantes, así como de ediciones de sus obras en distintos idiomas. Fervoroso admirador del *Quijote,* incluso había publicado una bibliografía relativa al manco de Lepanto que le valió ser elegido miembro correspondiente de la Real Academia Española. En su testamento dejó su fondo cervantino al Museo Británico con una fantástica condición *sine qua non:* que aceptase también sus miles de libros eróticos. Las autoridades se encontraron ante un serio dilema, dado el puritanismo de la época, pero finalmente aceptaron la donación.

Resultaba que Ashbee había sido autor de tres enjundiosas bibliografías de tales libros, editadas privada y lujosamente bajo el escatológico latino de Pisanus Fraxi: ingeniosa y pícara combinación de *apis (bee,* abeja) y *fraxinus (ash,* fresno), con, por añadidura, en inglés, lo de «pis» y «anus». En obvia alusión al «Index» vaticano de libros anatemizados, tituló el primero: *Index Librorum Prohibitorum* (Índice de libros dignos de ser prohibidos).

Los hojeé. Contenían mucha información no solo sobre el «vicio inglés», útil para mi trabajo, sino sobre los libros eróticos españoles (por los cuales Ashbee no sentía especial predilección).

¿Fue el autor, además, de la inmensamente larga *My Secret Life (Mi vida secreta)*, quizás la novela erótica más perseguida del siglo XIX en el mundo anglosajón, pretendida autobiografía de un hombre obsesionado por el sexo? Nunca se había logrado identificar al autor, pero yo sospechaba, al leerlo, que pudo ser él.

Caí en la cuenta —otra sorpresa— de que el famoso arquitecto Charles Ashbee era hijo de Henry Spencer. Un día conocí en una tertulia a su hija Felicity, un personaje extraordinario. Hablamos de «Pisanus Fraxi» y nos hicimos amigos. Me reveló que la familia conservaba un diario inédito de los viajes de su abuelo, entre ellos varios a España, y, muy generosamente, me lo prestó.

No encontré nada allí que ratificara de manera fehaciente que Ashbee fuera el autor de *Mi vida secreta,* pero sí interesantes datos sobre su relación con este país. En particular su encuentro en Cádiz, en febrero de 1898, con el historiador y escritor Adolfo de Castro y Rossi, que en 1848 había perpetrado una superchería literaria de primer orden: la publicación de un supuesto manuscrito inédito de Cervantes titulado *El buscapié*. Tuvo un éxito enorme, varias reimpresiones y fue traducido a otros idiomas.

Ashbee conoció justo a tiempo a Castro, que murió unos meses después. Lo pasó en grande con él. El erudito no dudó en admitir su autoría de *El buscapié*, y, otra vez en Londres, Henry Spencer trató sin éxito de identificar al autor de la versión inglesa de la novela.

¡Qué cosas! Resultaba ahora que mi investigación sobre el «vicio inglés» me había brindado, inesperadamente, la posibilidad de escribir un libro sobre un personaje a todas luces extraordinario que tenía una casi desconocida relación con España. Pero tendría que esperar unos años.

A finales de 1974, ayudado por las bibliografías de Ashbee, había reunido un montón ingente de documentación sobre la perversión nacional británica. Incluso había dado con un tratado erudito sobre la flagelación, en latín, publicado en 1629 por un célebre médico alemán, Johann Heinrich Meibom. Titulado *De Flagrorum Usu in Re Veneria & Lumborum Renumque Officio* (Del uso de las varas en la cosa venérea y en el oficio de los lomos y la riñonada), fue reeditado numerosas veces y traducido a otros idiomas, entre ellos el francés, el inglés y el alemán. No cabía duda de que el asunto interesaba a un número de lectores considerable.

Para Meibom el efecto afrodisiaco de la flagelación se produce por el calor transmitido a los genitales por los azotes aplicados a las nalgas. No estamos todavía en la era del psicoanálisis.

Más de trescientos años después, en 1969, llegó la explicación más convincente del fenómeno con la publicación del mencionado libro de Desmond Morris, *El mono desnudo*. El zoólogo no albergaba dudas: se trata de una reminiscencia atávica de la postura de «ofrecimiento apaciguador de las ancas» *(appeasement posture)* adoptada por ciertos primates, femeninos o masculinos, en peligro inminente de ser atacados por otro más fuerte. «En tales situaciones», escribe Morris, «el macho dominante o la hembra dominante montará y efectuará una pseudocópula ya con el macho sumiso, ya con la hembra.» En el caso de los clásicos castigos británicos con la vara, el autor opina que los azotes rítmicos con esta replican «los empujones pélvicos» del macho. Yo creo que no se equivoca.

El celebérrimo actor Sir Laurence Olivier, víctima en su escuela de numerosas sesiones de vara, habría estado, cabe suponer, de acuerdo con el zoólogo. No dudaba de la inconfesable sexualidad de la práctica. En una carta al director del londinense *The Times*, publicada cuatro años antes, en noviembre de 1965, escribió: «La primera vez que un maestro me ordenó que me bajara los pantalones, comprendí que no lo hizo por temor a no poder, con ellos subidos, castigarme con la debida eficacia».

Olivier no dejaría de denunciar, en otras ocasiones, la vileza e hipocresía de una clase dirigente capaz de porfiar con una práctica cuyas secuelas nefastas eran cada vez más reconocidas por la profesión médica.

Yo ya había reunido, como digo, copiosa documentación sobre el «vicio inglés». Estaba convencido de que mi libro podía constituir un alegato demoledor a favor de la abolición de los castigos corporales en las escuelas. Solo necesitaba seis meses de tranquilidad para terminarlo.

Debo confesar en este punto de mi relato que mi vida en Birkbeck había llegado a tener unas cotas de irresponsabilidad intolerable para Carole. Siendo un colegio nocturno, no tenía realmente vida de campus. Las clases empezaban a las siete más o menos y terminaban a las diez; luego los alumnos, con un promedio de quizás sesenta años de edad, volvían a casa. Eso conllevaba, para los profesores con inclinación a la francachela —y los del Departamento de Español casi todos la teníamos—, la costumbre de almorzar juntos en algún pub cercano, con las cervezas de rigor. Después venían, tras una siesta en el despacho, o, en mi caso, unas horas en el British, las clases, seguidas de otras tantas copas. A veces regresaba a Ealing pasada la medianoche. Carole llegó a aborrecer, no sin razón, aquel Departamento de Español, sobre todo a uno de los profesores —el tipo más activo sexualmente que he conocido en mi vida—, que se lo montaba cada día, o así parecía, con una chica diferente, en su despacho cerrado a cal y canto. Murió hace tiempo, así como Tony Watson y otros de nuestro grupo de hispanistas. No sé si queda alguno o si soy el último.

Carole tenía que sobrellevar, además, la dura cruz de sus padres, una pareja malavenida cuya radical incompatibilidad adquirió por esas fechas un nivel insostenible. Sobre todo al revelar mi suegro que tenía, desde hacía años, una amante secreta, con quien pasaba temporadas en el transcurso de sus andanzas por el país como ingeniero de la estatal Compañía del Carbón. Mi mujer, sobre quien siempre pesaba la responsabilidad de ayudar a sus progenitores en momentos críticos —su hermano, cinco años mayor, solía estar fuera de Inglaterra y prácticamente se había desentendido del asunto—, estaba al borde de la desesperación.

Así las cosas, llegó el día terrible del 23 de abril de 1974, cuando ambos trataron sin éxito de suicidarse: mi suegro, abriéndose las venas en un lugar público, y ella tragando una cantidad ingente de no sé qué píldoras. A él lo ingresaron en un hospital psiquiátrico, y, tras ser dado de alta, murió unos meses después.

A mediados de marzo de 1975, ya experto en pedir excedencias, tomé la decisión de solicitar una de doce meses a Watson, divertido gay especializado en el teatro de la Edad de Oro, con quien me llevaba muy bien. Lo hice con la excusa de que quería emprender en Francia una investigación sobre... no recuerdo exactamente qué motivo alegué, pero creo que era algo que tenía que ver con el simbolismo galo de finales del siglo XIX y su influencia en España. A lo mejor

Tony esperaba que yo escribiera una obra de envergadura que añadiera lustre a la institución. Si fue así, se equivocaba de cabo a rabo, porque *The English Vice* —así se titularía— no iba a ser en absoluto del gusto de las autoridades de mi colegio... ni de mis amigos ni de mi profesión. ¿Qué hacía un hispanista metiéndose en el mundo del sadomasoquismo victoriano y posterior?

La verdad era que, si lograba la excedencia, ya tenía decidido que me las arreglaría para no volver. Que había que optar por Europa, escaparme definitivamente de las islas británicas, asentarme en Francia y luego, tras la muerte de Franco, en España. Influyó en mi decisión el hecho de que había en marcha, a través de Ruedo Ibérico, un proyecto de película sobre el asesinato de Lorca basado en mi libro.

Carole no estaba en absoluto convencida de mi propósito por cuanto a ella y a nuestros hijos concernía. Estaba harta de mi vida disoluta en Birkbeck, le apetecía, como a mí, vivir en Francia, pero era consciente, con razón, del enorme riesgo y del reajuste que supondría para Tracey y para Dominic, que tan contentos estaban en sus escuelas de Ealing. Llegó a proponerme quedarse con ellos en Londres, incluso separarnos. Yo me opuse con vehemencia, pues la idea de marcharme solo me resultaba intolerable. O nos íbamos todos o abandonaba la empresa. Al final, Carole accedió. Al escribir estas páginas tantos años después, no sé cómo agradecérselo.

El primer paso, probablemente una locura, consistía en vender la estupenda casa a la cual nos habíamos mudado, al subir de forma llamativa el valor de las acciones que yo tenía en el negocio familiar, por el que, de repente, empezaron a pujar dos empresas rivales, una de ellas muy potente. Llevó su tiempo la venta de nuestra propiedad —el mercado inmobiliario londinense padecía entonces un bajón tremendo—, pero finalmente obtuvimos por ella un precio razonable. Muchas veces he considerado que debería haberme quedado donde estaba, con mi futuro y el de mi familia asegurados. Luego pienso que no, que hice bien en tomar aquella decisión, y que sin ella nada de lo conseguido posteriormente habría sido posible.

Mi idea era alquilar una vivienda económica en algún lugar bucólico de la Provenza francesa, a orillas del Mediterráneo, provisto de un buen colegio público donde Tracey y Dominic pudiesen convertirse en bilingües, adquirir una saludable dosis de cultura francesa e irse transmutando en civilizados ciudadanos europeos. Localizado mi rincón soñado, me sentaría a terminar *The English Vice* y pensaría sobre el siguiente proyecto, quizás un libro sobre la relación de Henry Spencer Ashbee con España y el mundo de Cervantes.

Nos despedimos de Londres a principios de noviembre de 1975 en un flamante minibús Volkswagen atestado de libros y trastos. Recuerdo el inmenso placer de ver retroceder bajo una tenue neblina, desde el barco, los famosos acantilados blancos de Dover. Empezaba para los cuatro una vida nueva. Una vida nueva que yo, seguramente, no tenía derecho a imponerles a mis hijos, con la excusa de mi vocación quijotesca de hispanista por libre.

Unos pocos días después, en Aix-en-Provence, nos sorprendió la muerte de Franco. No la esperaba tan inmediata, aunque era evidente que al Caudillo le quedaba poco tiempo. ¡Qué alegría! No por ello cambiamos el plan establecido. Alquilamos, cerca del pueblo de Sanary, no lejos de Toulon, una pequeña casa muy agradable. El director de la escuela local nos cayó muy bien, y en el plazo de unas semanas tanto Tracey como Dominic se encontraban muy a gusto en ella, porque la verdad es que sus compañeros y compañeras de clase los mimaron desde el primer momento, quizás porque eran los únicos «ingleses» en el colegio. Tres meses después hablaban francés y se enorgullecían de ello, sobre todo, creo, Dominic, a quien la adquisición de un segundo idioma le dio alas.

Entretanto, mi libro sobre el asesinato de Lorca estaba en su cuarta o quinta edición. Aquella Navidad fui a Roma, invitado por un amigo millonario de José Martínez y Ruedo

Ibérico, Rafael Torrecilla, radicado en Italia, para tratar de la mencionada película basada en mi investigación. Me esperaba en el hotel con el escritor Daniel Sueiro, que había hecho un borrador de guion, y el director Basilio Martín Patino. Torrecilla nos explicó que había hablado del proyecto con el famoso actor Gian Maria Volonté, estimando que haría muy bien el papel de Lorca, y nos llevó a verle en su chalet de Ostia Antica. El encuentro fue un desastre: se preparaba una fiesta, el actor estuvo irritado, desagradable, y no parecía saber nada de la película ni interesarse por ella.

De nuevo en el hotel, Patino se metió con Torrecilla como un tigre enfurecido. Nunca en mi vida había presenciado una escena tan violenta. ¿Cómo se había atrevido a llamarnos a Roma cuando, por lo visto, Volonté no sabía nada del proyecto? Torrecilla, un tipo amable, trató de justificarse, pero fue inútil. Me di cuenta de que había habido un malentendido garrafal, y volví a Francia muy desilusionado, pero con las bases sentadas para una buena amistad con Sueiro, que me había caído muy simpático.

Ya no están con nosotros ni Sueiro ni Patino. Me habría gustado preguntarles por sus recuerdos de aquella visita a Roma.

No fue el fin del mundo. Torrecilla me había comprado los derechos del libro por una cantidad razonable, teníamos el dinero de la venta de la casa en Londres, y calculé que podríamos seguir un año o dos, modestamente, en Sanary, mientras ponderábamos el traslado a España y yo trabajaba en la redacción de *The English Vice.*

Unos pocos meses después recibí una carta del escritor Alastair Reid. Acababa de visitar Barcelona y le había maravillado encontrar los quioscos de las Ramblas atiborrados de libros sobre la Segunda República y la Guerra Civil. Me dijo que en los escasos meses transcurridos desde la muerte del dictador se había obrado un milagro. Todo lo prohibido anteriormente, o casi todo, se empezaba a permitir, y se estaba produciendo una eclosión editorial sin precedentes. «Ven rápido», me insistió, «no te lo pierdas. Es increíble.»

No me hice de rogar y me fui en tren desde Toulon hasta la Ciudad Condal. Reid tenía razón: el despliegue en las Ramblas de libros sobre la contienda y sus antecedentes era sencillamente fabuloso. Me convenció de que pronto estaría a la venta en España el mío sobre el asesinato de Lorca.

Había conocido unos meses atrás en Londres a Francisco Umbral, invitado por los hispanistas de la capital británica a dar una serie de charlas sobre la literatura española actual, la suya incluida. Nos llevamos bien y estuve varias veces con él y su encantadora mujer, María España, visitando museos y alguna tienda. Le anuncié ahora que, tras mi estancia en Barcelona, iba a dar el salto a Madrid, donde esperaba volver a verle. Me contestó amablemente y allí nos vimos. Me dedicó una de sus famosas columnas en la última página de *El País*, en la cual tuvo la veleidad de referirse a nuestras compartidas «locuras» londinenses —no había habido ninguna— y de llamarme «el hispanista más listo y más golfo de Europa», lo que me pareció una exageración grotesca. Pero así era Paco y me halagó su nota.

De nuevo en Sanary me dispuse a terminar *The English Vice*. Y a disfrutar de la vida en un rincón provenzal tan apacible.

Fueron muy felices nuestros dos años y medio en la localidad. Nos cambiamos a otra casa, rodeada de un viñedo, y allí recibimos la visita de varios amigos ingleses e irlandeses. Hicimos un viaje a Córcega, recorrimos la Provenza, gozamos del espléndido clima de la zona, nos hicimos amigos de nuestros vecinos. No tardamos en darnos cuenta de que el sur de Francia, contrariamente a lo que esperábamos, no tenía nada del ruidoso bullicio de España. La regla era: durante la semana, todos en casa a las nueve, y en la terraza de nuestro bar preferido en el pueblo, Le Sport, no había casi nadie. Otra cosa eran los sábados.

Nos encantó la cortesía de los franceses, la suavidad del idioma, el decir «*bon appétit*» en lugar de «hasta luego» al sonar la sagrada hora de las doce del mediodía, cuando se cerraban los establecimientos y la gente se iba a comer.

Acabado *The English Vice* se ocupó de buscarme editor mi agente literario John Wolfers. Y no tardó en encontrarlo.

El libro apareció en abril de 1978 y fue profusamente comentado en la prensa. Entre quienes lo encomiaron figuraban el novelista Anthony Burgess, autor de *La naranja mecánica,* a quien luego trataría en Madrid, y el escritor y periodista Auberon Waugh, que escribió en la revista *The Listener* que su lectura le había hecho avergonzarse de ser británico. No habría podido esperar mayor elogio.

Los castigos corporales tardarían en desaparecer de las islas británicas, pero, bajo la presión de la Unión Europea, lo hicieron a finales de siglo. Me complace saber que mi libro contribuyó a que fuera así. Añado que ninguno de mis excompañeros hispanistas jamás lo comentó conmigo. Era como si no existiera. En España el libro lo publicó Planeta en 1982, con el título de *El vicio inglés* y una portada extremadamente llamativa que reproducía, a todo color, un cuadro del catalán Lluís Borrassà, *La flagelación de Cristo,* pintado a principios del siglo XV. La obra está colgada en el Museo Goya de Castres, en la región francesa de Occitania, y me imagino que sorprende a más de uno de los que lo visitan para ver las obras allí reunidas del genio aragonés, pues en el cuadro es explícita, para los que saben ver, la equiparación entre el mango y cuerdas de los látigos de los dos verdugos y los penes rígidos y su eyaculación. Quien lea esto puede llegar a su propia conclusión, si quiere, mirando el cuadro en internet. Para mí, como representación pictórica del sadismo en acción, es un documento único en el mundo. ¡Del siglo XV!

A principios de 1978, en nuestra cocina de Sanary, tuve algo así como una repentina iluminación. Fue la certeza absoluta de que, habiendo indagado sobre la muerte de Lorca, y estudiado en cierta profundidad gran parte de su obra, ahora me incumbía acometer, en la nueva España sin Franco, su biografía «completa». Todo encajaba. No me cabía la menor duda. ¿Cómo no se me había ocurrido antes? ¿O era que, a un nivel inconsciente, ya lo sabía? Sospecho que sí.

El 12 de febrero le escribí a la hermana del poeta, Isabel, a quien había tratado brevemente en persona en Londres y luego en Nerja, y le pregunté si podía contar con su apoyo y el de la familia. Me contestó el 18 de junio de 1978 desde Madrid:

> Mi querido Ian:
>
> Te envío estas líneas después de haber consultado con mi cuñada [Laura de los Ríos, casada con Francisco García Lorca] y mis sobrinas el proyecto que tienes de hacer una biografía de mi hermano Federico; nos ha parecido acertado que emprendas tu difícil trabajo en la creencia de que harás una investigación seria y documentada como acostumbras, y que tratarás también no solo de su corta vida, sino de su obra, su pensamiento y actividad en el campo de la cultura de su época. En todo lo que nosotros podamos ayudarte nos tendrás a tu disposición.
>
> Te saluda muy afectuosamente
>
> Isabel García Lorca

La carta me hizo muy feliz y me convenció de la validez de mi proyecto biográfico. Además, ya había empezado a preparar nuestro traslado a España.

Mi mujer, pese al intenso amor que le producía nuestro rincón francés, no solo se resignó, por segunda vez, a un brusco cambio de vida, sino que me apoyó en mi propósito. ¿Y Tracey y Dominic? Muy felices en Francia, no lo veían con los mismos ojos. Pero, pobres, no tuvieron más remedio que aceptar lo inevitable. Hoy no me lo recriminan, al contrario, pero me consta que les dolió mucho ser arrancados de un ambiente al cual se habían adaptado admirablemente. Tienen, desde aquí, toda mi gratitud.

Hice dos visitas preliminares a Madrid en busca de alojamiento, y localicé, guiado por amigos, un piso aceptable en el barrio del Bosque de Chamartín, calle Arturo Soria arriba. Lo elegí pensando sobre todo en la educación de nuestros hijos y la accesibilidad relativa del colegio donde iban a emprender su andadura escolar española: el bilingüe King's College, situado en Tres Cantos. Nos parecía esencial que Tracey y Dominic viviesen dentro del sistema inglés mientras al mismo tiempo empezaban a adquirir el castellano.

En julio nos despedimos de Francia y nos dirigimos a Madrid en un Peugeot familiar comprado con la venta de las pocas acciones que me quedaban (el minibús Volkswagen ya andaba renqueando).

A partir de aquel momento nuestra economía iba a depender únicamente de mí. Ya no era el hijo de papá de antes y menguaban vertiginosamente mis ahorros. Vista con objetividad, nos encontrábamos en una situación límite, al borde del abismo, sin garantía de nada, pero mi fe en el nuevo proyecto lorquiano me sostuvo. Proyecto que, si salía bien, podría tener, estaba convencido de ello, una resonancia mundial.

Después...

En este libro he procurado trazar con sinceridad el camino transitado desde mi nacimiento en el seno de una familia protestante dublinesa hasta el inesperado descubrimiento, gracias primero a Rubén Darío y luego a la obra de Federico García Lorca, de mi vocación de hispanista, vocación ratificada por la publicación, en 1971, de mi investigación sobre el asesinato del poeta granadino. Necesito ahora contar, brevemente, cómo me fue después de mi llegada definitiva a España, con la misión, así lo entendía, sí, misión, de redactar una biografía del autor de *La casa de Bernarda Alba.*

Lo primero que hice en Madrid, después de instalar a la familia, fue preparar una nueva edición, ampliada y enteramente revisada, de mi libro sobre el crimen de Granada. La publicó Editorial Crítica, de Barcelona, con un éxito excepcional, en abril de 1979.

El 17 de septiembre del mismo año, gracias a los esfuerzos de mi agente literario, John Wolfers, firmé con Faber and Faber, la muy prestigiosa editorial londinense, un contrato para la proyectada biografía del poeta, con un anticipo razonable pero en absoluto suficiente.

Poco después pasé varios días con Wolfers en Barcelona en busca de editor español para la iniciativa. Él estaba convencido de que le iba a interesar a Planeta, que en la primavera de 1975 había publicado el libro de José Luis Vila-San Juan *García Lorca, asesinado: toda la verdad* (utilizando sin permiso fotografías sacadas del mío, todavía prohibido en España, y dando lugar a un polémico intercambio entre Vila-San Juan y yo en la revista madrileña *Triunfo*). Yo no le guardaba especial rencor ni al autor del libro ni a su editor, Rafael Borràs, creador de la colección Espejo de España y del premio anual correspondiente. Total, que Wolfers y yo fuimos a verle. Le irritó a Borràs, no sin razón, la soberbia de mi agente, y su presunción de que la casa iba a anticiparnos una cantidad realmente fuerte para el proyecto. Recuerdo que Wolfers le dijo que si no nos daban los 50.000 dólares que necesitábamos, ¡iríamos a otro sitio! Una absurdidad plantear el asunto en estos términos. Borràs no solo dijo que no, sino que Planeta, en aquellos momentos, no estaba dispuesta a adelantarnos nada, dado el riesgo de invertir en una empresa que, por fuerza, sería larga, de cinco o más años, y que a lo mejor no se podría llevar a buen puerto.

Fracasaron igualmente las tentativas de mi agente con otras editoriales. Yo estaba desesperado, al borde de una crisis nerviosa almodovariana. Cuando Wolfers se fue a Málaga a ver a Gerald Brenan, prometiendo regresar pronto para resolver el asunto, tuve una idea que me pareció bastante genial: ofrecer a Borràs, que me había caído bien, un libro, que me proponía escribir en nueve meses, sobre José Antonio Primo de Rivera.

Volví, pues, sin Wolfers a Planeta y se lo propuse. Le encantó la idea. Sus colegas, y también José Manuel Lara, dueño de la editorial, estuvieron de acuerdo. Y en pocos días firmé con la casa un magnífico contrato. Se comprometieron a pagarme un más que razonable sueldo durante los nueve meses, y, si el libro salía a su gusto, a concederme el Premio Espejo de España del año siguiente, el cual le daría una publicidad excepcional.

No voy a contar aquí todas las peripecias de su redacción. Había elegido el tema porque me parecía que, a la larga, no solo contribuiría a mi mejor entendimiento del fascismo español, sino que además enriquecería de alguna manera mi biografía de Lorca (cuya poesía, por lo visto, apreciaba mucho

Primo de Rivera, al fin y al cabo andaluz). O sea, que no iba a ser por mi parte una pérdida de tiempo, al contrario.

Así resultó. Fueron nueve meses muy intensos. Pasé cientos de horas en la Biblioteca Nacional y en la Hemeroteca Municipal de Madrid; leí todo lo que encontraba sobre el personaje y sus amigos y cómplices; y entrevisté a muchos de estos, en primer lugar a Ernesto Giménez Caballero, autor de *Genio de España*, cuya primera edición de 1933 se había convertido en el breviario de la Falange, fundada aquel mismo año. Para «Gecé», según me fue explicando, solo valen en este mundo los fuertes. La función de los débiles es servir de esclavos.

En mis momentos libres, había pocos, conectaba, metódicamente, con personas capaces de echarme una mano con mi biografía de Lorca. Tenía en curso, pues, dos investigaciones complementarias. Era no parar un segundo ni de día ni de noche.

En busca de José Antonio ganó el Espejo de España en 1980, y la publicidad, como había prometido Borràs, fue abrumadora. Recuerdo que uno de los titulares rezaba «Ian Gibson triunfa en España». El libro no gustó a las derechas, dada mi condición de «progre». Tampoco mucho a las izquierdas. Fue, con todo, mi verdadero lanzamiento en España, y a partir de aquel momento no iba a haber dificultad alguna para seguir publicando en el país que me fascinaba, y que cuatro años más tarde, gracias al Gobierno de Felipe González, me concedería la nacionalidad.

No sé por qué los editores de Planeta, después de publicar mi libro sobre Primo de Rivera, no optaron entonces por apoyar la biografía de Lorca. Quien lo hizo fue Juan Grijalbo. No olvido nunca lo que le debo, con el regalo añadido de su amistad. El contrato se firmó en septiembre de 1981. Mientras había ingresado en el entramado internacional del proyecto una destacada editorial norteamericana, Pantheon, dirigida por André Schiffrin.

Ya me podía dedicar con las manos libres a la tarea que me consumía: la construcción, dentro de la más rigurosa tradición biográfica anglosajona, de una vida solvente de Federico García Lorca. ¡Qué alegría!

Fue un lujo poder indagar a mis anchas sobre la Residencia de Estudiantes de Madrid, donde se conocieron Lorca, Dalí y Buñuel en un ambiente, el más culto de España, en que todos leían con asombro a Freud, cuyas obras completas, en castellano, ya empezaban a editarse en la capital, gracias al impulso de Ortega y Gasset y la inspirada labor de traductor de Luis López-Ballesteros. Por José «Pepín» Bello, íntimo del grupo, supe de la fascinación que había ejercido sobre ellos el primer tomo publicado: *Psicopatología de la vida cotidiana* (1922). Pero también el segundo, aparecido el mismo año: *Tres ensayos de teoría sexual.* La salida, en 1923, de *La interpretación de los sueños* fue el colmo. Nada pudo ser después lo mismo, con el manifiesto surrealista de André Breton (1924), por añadidura, a la vuelta de la esquina.

Yo no dudaba de que, en el centro de mi retrato de Lorca, tenía que figurar su condición de homosexual que no podía vivir abiertamente su vida. En 1980 se había publicado, de forma póstuma, el libro de su hermano Francisco, titulado *Federico García Lorca y su mundo,* donde no figuraba una sola referencia al pequeño hecho de que aquel «mundo» tenía un crucial componente gay. Allí no hacía acto de presencia, ni una sola vez, la palabra *homosexual.* Me pareció una deslealtad. Dada la actitud de la familia, ningún lorquista español se había atrevido todavía a tocar el espinoso asunto por temor a su reacción.

Poco a poco se me fue haciendo obvio que mi libro, que escribía irremediablemente en español, cobraba tanta extensión que iba a ser necesario publicarlo en dos tomos escalonados, porque, si no, tardaríamos quizás seis o siete años en darlo a conocer. Grijalbo tuvo al principio sus dudas al respecto, pero luego asintió: el primer volumen llegaría hasta la salida de Lorca para Nueva York en el verano de 1929. Después veríamos cuánto me demoraba en la redacción del segundo.

El tomo inicial salió a la luz en el otoño de 1985 y cosechó tanto éxito de ventas y de crítica que Grijalbo apenas se lo creía. Lo presentamos en el Teatro Español, con Francisco Umbral, Berta Riaza y el genio del saxófono, Pedro Iturralde. Fue una celebración por todo lo alto.

En abril de 1986 el mismo generoso editor ayudó a financiar una estancia mía de un mes en Cuba para bucear en las andanzas del poeta en la isla en 1930. Aquellos años ochenta fueron la peor época de la influencia de los rusos en aquel país, y me di cuenta enseguida del miedo de la gente y de que, para más inri, el castrismo perseguía de forma inmisericorde a los homosexuales. Yo había creído, ingenuo de mí, que el régimen no era tan brutal como se decía en España. Ahora sabía la realidad. Me provocó un sabor de boca amarguísimo y me escapé con alivio, justo antes de la celebración del 1 de mayo, para dar el salto a Argentina, consciente de haber podido llevar a cabo solo un trabajo muy incompleto.

Buenos Aires me resultó fascinante con su bullicio, sus librerías nocturnas, su mezcla de sangre española e italiana, única en el mundo, y su obsesión con el psicoanálisis. Iba todos los días a la Biblioteca Nacional a consultar la copiosa prensa de la época de la visita de Lorca —no había periódico que no hablara de él, de su magia, de sus múltiples facetas—, y por la noche hablaba, como en Cuba, con la gente que le había conocido allí en la cumbre de su gloria, empezando por el hijo de Lola Membrives, cuya puesta en escena de *Bodas de sangre* en 1933 había batido todos los récords de taquilla en la ciudad.

Grijalbo publicó el segundo tomo de la biografía en 1987.

Luego estaba el oneroso trabajo de traducirla entera al inglés, reduciendo su tamaño a la mitad (la edición española sumaba más de mil trescientas páginas impresas). Labor que solo pude realizar yo, sin la ayuda de nadie. André Schiffrin, el editor de Pantheon, protestó cuando se enteró de que había escrito el libro en español, pero ¿qué se esperaba? Le expliqué que no había tenido más remedio, que, al estar día y noche manejando originales en español, y conversando con amigos del poeta, se me había hecho imposible redactar el texto original en inglés. Se puso realmente desagradable al respecto, pero no tuvo más remedio que conformarse. Mucho más comprensivos fueron los de Faber and Faber en Londres. Al final logré elaborar una versión considerada aceptable por ambas editoriales, pero nunca olvidaré el agobio del proceso.

Federico García Lorca. A Life fue publicado en Londres en 1988 y al año siguiente en Nueva York. Las críticas a ambos lados del Atlántico fueron entusiastas y fue nombrado uno de los libros del año por *The New York Times.* No tardaron en ponerse en marcha traducciones a otros idiomas, entre ellos el alemán, el japonés, el brasileño y el griego.

Yo ya había decidido que, inexorablemente, mi siguiente tarea era afrontar el reto de biografiar a Salvador Dalí (esta vez en inglés). Mis amigos de Faber and Faber no solo estuvieron de acuerdo, sino que mi nueva agente literaria, Ute Körner —ya me había separado de Wolfers—, negoció con ellos, y con la editorial estadounidense W.W. Norton, un contrato fantástico para permitirme trabajar a mis anchas en un proyecto que me llevaría seguramente seis o siete años. Claro, caballo grande, ande o no ande, y Dalí sí que andaba, y tanto.

Por la intimidad de su relación con Lorca, ya tenía mucha información sobre él, y además estaba en contacto con numerosas personas de su entorno no solo madrileño, sino ampurdanés y barcelonés, entre ellas su hermana Anna Maria.

Fue una experiencia muy enriquecedora ir profundizando en mi conocimiento del catalán leyendo a Josep Pla y a otros que habían escrito sobre Dalí y su mundo, y llegué a sentir un gran afecto por Cadaqués y, especialmente, por el colindante y fabuloso cabo de Creus, epicentro del universo imaginativo del figuerense, que recorrí de cala en cala y de risco en risco. Sobre todo la zona donde Buñuel rodó las escenas iniciales de *La edad de oro* (1930), su segunda película con Dalí, en la que Max Ernst capitanea a los piratas que esperan, entre las rocas, la llegada de los fascistas de Mussolini para la fundación de Roma.

Conocer personalmente al pintor, hacia el final de su vida, fue una experiencia inolvidable, sobre todo porque me quería contar detalles de su relación amorosa con el autor del *Romancero gitano*. Publiqué la entrevista en el suplemento cultural de *El País* (26 de enero de 1986). A la mañana siguiente me llamó Isabel García Lorca. Me anunció que me iban a llevar a los tribunales por violar el derecho a la intimidad de su hermano. Le dije que mejor no hacerlo porque, si tuviera que venir Dalí a Madrid a declarar, el impacto sería mayor (me había asegurado, y así salió publicado, que le habría gustado dejar que Lorca lo poseyera físicamente, porque lo quería, pero que no podía al no ser él homosexual).

Isabel desistió.

Escribir la biografía de Dalí, así como la de Lorca, supuso conocer a centenares de personas fascinantes. No las voy a evocar aquí, sería otro libro, no un epílogo, pero sí quiero decir que mi trabajo debía mucho a la amistad y apoyo del gran crítico y conocedor de la obra del pintor, Rafael Santos Torroella, y de su mujer Maite, a quienes recuerdo con intenso cariño.

De todo mi largo periplo daliniano quizás me quedan con especial nostalgia unas semanas en París, entre otras cosas leyendo, en el Fonds Doucet, situado cerca del Panteón, su correspondencia con André Breton.

Tampoco olvido mi descubrimiento, en la Hemeroteca Municipal de Madrid, después de meses de búsqueda en el *Diario de Barcelona*, de la esquela del abuelo Gal Dalí, que hacia 1885 se había matado tirándose, enloquecido, de un balcón interior de las Ramblas. Hecho del cual solo se enteró Salvador, con horror —porque ya creía haber heredado una tendencia paranoica—, a los veintiocho años. Tal pavor le infundió que ni mencionó el luctuoso acontecimiento en su autobiografía *La vida secreta de Salvador Dalí* (1942).

Ninguna biografía es completa, todas son una aproximación, más o menos lograda, según el caso, a un misterio. Al misterio que es el ser humano, incluso para sí mismo. En la mía de Dalí hay muchas lagunas, no siempre por culpa mía. Han desaparecido, por ejemplo, quizás robadas, las cartas al pintor de Lorca, lo cual es una tragedia. Por suerte se conservan las de Salvador al granadino. Otras muchas epístolas siguen inéditas. Espero que sean divulgadas cuanto antes para que se pueda saber algo más acerca del intrincado mundo interior del artista.

Las críticas de mi biografía de Dalí fueron muy positivas a ambos lados del Atlántico. Me animaron en mi deseo de iniciar la de Luis Buñuel, de quien ya tenía muchísimos datos, pero no había financiación por ningún lado. Así que puse manos al arado con el poeta español a quien, después de Lorca, más amaba y amo: Antonio Machado.

Sabía de antemano que la biografía no sería «vendible» fuera de este país, y así resultó: no ha sido traducida a ningún otro idioma. Machado, claro, no es Lorca, y su teatro, creado con su hermano Manuel, no tiene hoy vigencia ni siquiera aquí. Es verdad que numerosos poemas suyos han sido vertidos a otras lenguas, pero siempre para minorías selectas. En cuanto a la anglófona, creo no equivocarme al decir que le tiene en alta estima.

Fue una tarea gratísima bucear en la vida del poeta y su entorno, empezando por su abuelo paterno, Antonio Machado Núñez, gaditano trotamundos, médico fervoroso amante de la naturaleza y, además, político de aspiraciones republicanas que llegó a ser alcalde de Sevilla a raíz de La Gloriosa, la revolución antiborbónica de 1868. Su influencia sobre Antonio fue profunda.

Escribir la biografía de Machado me ratificó en mi admiración de los poemas de su primera etapa, la de *Soledades,* tan vinculada al simbolismo francés, y me produjo una intensa satisfacción poder indagar sobre su relación, iniciada en el París finisecular, con Rubén Darío, el descubrimiento de cuyo «Primaveral» tanto me conmocionara durante mi primera visita a Madrid en 1956.

¡Qué soledad la del Machado íntimo, con la pérdida, a los cuatro años, de su niñera —pérdida que yo relaciono con la mía de Kathleen Byrne—, luego la de su jovencísima mujer, Leonor Izquierdo, su relación posterior tan insatisfactoria con Pilar de Valderrama, Guiomar, y su tristísimo final en Collioure, sin saber qué había pasado con su hermano para que escribiera poemas exaltando al otro bando! De todos sus versos, los que más me han afectado, a lo largo de los años, son los compuestos en Baeza tras la muerte de Leonor. Por algo, en el papel encontrado en su vieja gabardina tras su muerte, había apuntado: «Se canta lo que se pierde». Y luego, rememorando el cielo de Sevilla: «Estos días azules y este sol de la infancia». ¡Qué soledad, reitero, qué tristezas las suyas, pero qué dignidad, qué estoicismo, en el sufrimiento! Y qué pena que no contemos con ni una sola de las cartas de Guiomar para poder profundizar en su relación, solo conocida a través de las cuarenta de Machado que retuvo ella tras destruir el resto, tal vez varios centenares.

Hay personas que abogan por la vuelta a España de los restos del poeta. Yo no. Que se queden para siempre en Collioure, al lado de los de su madre, donde simbolizan la brutalidad del fascismo, el horror de la diáspora, la tragedia de la guerra y la esperanza de que un día, Dios sabe cuándo, España sea el país culto y dialogante por el cual luchó tan denodadamente.

Ligero de equipaje. La vida de Antonio Machado fue publicado por Aguilar justo antes de la Feria del Libro de Madrid en 2006. Fue un éxito de crítica y de ventas, y en sus sucesivas reediciones en bolsillo ha llegado a muchos miles de lectores. Soy muy consciente de sus lagunas y de su debilidad a la hora de evaluar el componente filosófico del corpus machadiano, solo posible para quien haya estudiado a fondo —y no soy de ellos, por desgracia— a los autores que más influyeron en el poeta, desde Spinoza hasta Kant pasando por Schopenhauer, Bergson y Leibniz.

Después de *Ligero de equipaje* retomé el frustrado proyecto de embarcarme en una biografía de Buñuel, y así completar una trilogía de los tres amigos de la Residencia de Estudiantes. Logré convencer a los editores de Aguilar, se firmó el contrato, y emprendí el trabajo hurgando largamente en los archivos de Zaragoza y pasando temporadas en Calanda y sus alrededores. Fue intrigante conocer *in situ* a no pocos aragoneses y sumergirme en la historia de la región.

Fui dándome cuenta poco a poco de que iba a ser muy difícil hacerme con el dinero para completar mi tarea, dada la larga y densa etapa mexicana, y luego la francesa, de la cinematografía buñueliana posterior, pero seguí adelante. Al llegar al inicio de la Guerra Civil y la salida de Buñuel de España, comprendí que no me había equivocado. Acordé con Aguilar, para cubrirme las espaldas, titular el libro inacabado *Luis Buñuel. La forja de un cineasta universal, 1900-1938*. Se publicó en octubre de 2013, sin mucho interés por parte de la crítica y del público lector.

Traté inútilmente de conseguir financiación y apoyo para la segunda mitad. Imposible. El Gobierno de Aragón, sí, prometió una subvención que nunca llegó, aunque tengo entendido que estuvo presupuestada. No apareció ningún benefactor millonario mexicano para salvar la situación. Una pena, porque Buñuel tenía desde hacía años la nacionalidad de aquel país, donde había rodado unas películas maravillosas, en primer lugar *Los olvidados* (1950), pese a las muy difíciles condiciones en las que tenía que trabajar.

Lamento profundamente no haber podido completar la trilogía, máxime habiendo acarreado muchos materiales buñuelianos con los cuales trabajar, entre ellos entrevistas con Silvia Piñal (la estrella de *Viridiana* y *Simón del desierto)*, Paco Rabal *(Nazarín, Belle de jour)*, Margarita Lozano *(Viridiana)* y Ángela Molina *(Ese oscuro objeto del deseo)*. También con José Bergamín, el doctor José Luis Barros, Juan Luis y Rafael Buñuel —hijos del cineasta—, y otros actores y amigos suyos hoy ya desaparecidos. Me habría encantado hablar con Catherine Deneuve, que sí vive todavía, de *Belle de jour* y *Tristana*. Me da mucha pena, por otra parte, que otra persona —ya que yo no podía— no haya biografiado aquellos años del director cuando aún estaba a tiempo.

Entre las fechas de publicación de mis cuatro biografías, fui elaborando otros libros de menor envergadura, a veces de tema nuevo, a veces reciclando o ampliando información contenida en los anteriores. Entre ellos *Un irlandés en España* (1981), *La noche que mataron a Calvo Sotelo* (1982), *Paracuellos, cómo fue* (1983), *Lorca-Dalí. El amor que no pudo ser* (1999), *Viento del sur. Memorias apócrifas de un inglés salvado por España* (2001), *Yo, Rubén Darío* (2003), *Cela, el hombre que quiso ganar* (2004), *Dalí joven, Dalí GENIAL* (2006), *Cuatro poetas en guerra* (2007), *Lorca y el mundo gay* (2009) y *La berlina de Prim* (2012). ¡Nadie me puede decir que no he trabajado (siempre con la imprescindible colaboración de mi mujer, incluso en la corrección de los textos)!

Todas estas obras me permitieron ir conociendo a más españoles de toda condición y recorrer nuevos rincones del país. Entre ellos, por fin, en enero de 1990, Doñana, donde a las cuatro de la madrugada, muertos de frío, nos encontramos instalados Carole y yo en un cobertizo en medio de las inmensas dunas que separan el coto del mar, a la espera de la llegada, desde las marismas del Guadalquivir, de miles y miles de ánsares, descendientes de los que me había evocado años atrás, en Irlanda, el ornitólogo Michael Rowan. ¡Resultó ser verdad que comían arena para ayudarse a digerir las castañuelas que constituían su principal alimentación en Doñana! ¡Lo estábamos constatando con nuestros ojos!

Hoy, y es una tragedia mayúscula, Doñana casi se ha convertido en un desierto, en gran parte debido a los centenares de pozos ilegales en el entorno del parque. Me llena de rabia y desolación.

Hice más cosas. En 1990, la BBC me invitó a presentar una serie de televisión sobre la España posfranquista, con la vista puesta en la Expo de Sevilla de 1992 —celebración del quinto centenario del «Descubrimiento» de América— y los Juegos Olímpicos de Barcelona. Me pareció una oportunidad tan fabulosa que acepté el reto. No sabían qué título poner a la serie, cuya preparación estaba bastante elaborada cuando entré a formar parte del equipo, y que iba a consistir en seis programas de una hora cada uno. Propuse *Shades of Spain* (más o menos «Matices de España»), pero no les pareció adecuadamente llamativo. Optaron al final por *Fire in the Blood* (Fuego en la sangre). No me gustó demasiado, intuyendo que en castellano iba a sonar a tópico, a cliché, aunque la intención era recalcar la vitalidad de la España de la Transición. El guion no era mío, llevaban tiempo varios especialistas y asesores elaborándolo, pero sí aceptaron algunas sugerencias de mi parte. A lo largo de dos años recorrimos casi todo el territorio. La serie fue un éxito internacional y, por lo que a mí me tocaba, trabajar en ella me permitió conocer a centenares de españoles de toda índole, desde el rey Juan Carlos hasta una familia modesta cuya vida había sido transformada, o trastornada, al ganar la lotería.

No olvido la reacción de la prensa de derechas ante el estreno de la serie. Me acusó, entre otras mentiras, de «haberme forrado» con ella como presentador, cobrando una cantidad astronómica, ¡y eso para atacar a España! Me pagaron bien, eso sí. Los insultos de algunos corresponsales en Londres fueron viles, pese a no haber visto la serie completa. Fuimos tachados, conmigo a la cabeza, de ser pro-ETA e incluso de reírnos de los españoles, lo cual era absurdo. Un día, en Madrid, alguien me escupió en la cara, profiriendo no recuerdo qué insulto, y me recomendó que me volviera a mi «mierda» de país (ya tenía la nacionalidad española). El *ABC,* dirigido entonces por Luis María Anson, dijo barbaridades de mí. Cuando años después coincidimos en un acto y me tendió la mano, la rechacé.

Todo el que quiera puede ver *Fire in the Blood* en internet y llegar a sus propias conclusiones al respecto.

Rodé luego con la BBC un documental, *El espíritu de Lorca,* y después uno sobre Dalí. Ambos dirigidos por mi amigo de los días universitarios en Dublín, Michael Dibb, y colgados hoy en internet. El segundo me ayudó con mi biografía del pintor, entonces en marcha, porque filmamos en el museo daliniano fundado en Florida por el coleccionista Reynolds Morse, autor de unos interesantes diarios inéditos que puso a mi disposición.

Aunque ser presentador de la BBC conllevaba para mí el aliciente de hacerme más conocido, tengo que admitir que jamás superé mi miedo a las *camera pieces,* es decir, las improvisaciones directas a cámara. Esto tenía que ver con mi infancia, con la vergüenza que me daba no hablar el inglés de los ingleses, como mi tío Nips. Cuando cabía hacerlo en castellano no me producía el mismo espanto: otra demostración de que aprender el idioma y conocer a los españoles fue para mí una liberación.

Con lo que me pagaron por mi colaboración en *Fuego en la sangre* realicé mi anhelo de poder volver a vivir en Granada, pero esta vez no ya en la capital sino en un pueblo del Valle de Lecrín, situado no lejos de ella, a la derecha de la carretera de la costa. Valle hondo y hermosísimo, lleno de olivares, naranjales y limonares, que había atisbado, allí abajo, en un viaje en autobús a Almuñécar en 1966. No había olvidado la impresión que me había producido. Fui a verlo y pronto supe que no me equivocaba. Luego me enteré de que «Lecrín» significa, en árabe, «alegría». ¡Claro que sí! El pueblo deseado resultó ser Restábal, uno de los tres que forman el municipio del Valle.

No fue nada fácil hacernos con la finca soñada, pero finalmente lo conseguimos en 1993: una casa medio en ruinas junto a un olivar, con vistas estupendas de una de las cumbres más altas de Sierra Nevada, El Caballo. Creíamos que sería cuestión de pasar allí, fijos, uno, dos o tres años y luego volver a Madrid y visitarla de vez en cuando en vacaciones, pero terminaron siendo catorce. El ayuntamiento era del PSOE y nos hicimos buenos amigos del alcalde, Juan Antonio Palomino, y de otros muchos vecinos. Aporté mi granito de arena a la cultura del lugar, colaborando con el ayuntamiento. Se construyó una Casa de Cultura en cada uno de los tres pueblos del municipio (Restábal, Saleres y Las Albuñuelas): Manuel Chaves, entonces presidente de la Junta de Andalucía, inauguró la primera, Carlos Cano la segunda y Miguel Ríos la tercera. Y Alfonso Guerra nos inauguró una estatua en memoria de las víctimas locales de la contienda fratricida de 1936-1939.

Mi padre había muerto, ya lo dije, en 1973. Le habría encantado nuestro escondite granadino y pasar temporadas con nosotros cerca de un olivar. Dimos a la propiedad, en su honor, el nombre de Huerta de San Cecilio, conscientes de la feliz casualidad de que su nombre de pila coincidiera con el del copatrón de la ciudad de la Alhambra (junto con la Virgen de las Angustias).

Planté en el bancalillo detrás de la casa un mínimo viñedo en su memoria, e incluso instalé, encima de la puerta principal de la casa, una hornacina con la imagen del santo.

Me complace pensar que habría cuidado nuestras cepas con esmero, disfrutando de sus uvas... ¡e incluso de su mosto sin fermentar!

Un día recibí la carta más inesperada. Era de mi tío Jack, el cirujano. Decía más o menos que desde su terraza, en el pueblo de Acequias, al otro lado del Valle, veía nuestro tejado. Me quedé de una pieza. Luego me enteré de que el marido de su hija Rosy, la payasa profesional, había comprado allí una casa sin saber que cerca estábamos nosotros. Una coincidencia bastante increíble y, por supuesto, grata. No tardamos en reunirnos.

Me enteré de que Rosy había asombrado una vez a los ribereños al aparecer montada desnuda sobre su caballo blanco, como la legendaria Lady Godiva de Coventry. Así era mi prima, capaz de las mayores extravagancias. Llegué a quererla mucho.

Organicé aquel año una fiesta para celebrar la noche de San Juan. Fue un escenario absolutamente lorquiano, con la luz lunar filtrándose a través de las hojas de los olivos. Acudieron numerosos vecinos. Rosario Ortega, la mujer estupenda que ayudaba a Carole en la casa, nos había puesto al tanto de las costumbres locales relacionadas con el solsticio, algunas de ellas ya desaparecidas. Siguiendo sus instrucciones, a medianoche en punto echamos un huevo en un vaso de agua. Nos aseguró que, antes del amanecer, la clara se levantaría para convertirse en las velas de un barco. Yo lo veía difícil... pero a las seis de la mañana pude comprobar que era verdad.

Rosy hizo de las suyas durante aquellas horas mágicas. Estar allí era casi casi participar en *El sueño de una noche de verano,* de Shakespeare, con mi prima, tan pícara ella, en el papel de Puck.

Hoy Carole y yo recordamos nuestros años en Restábal como algunos de los más felices de nuestra vida. Nos visitaron muchos amigos (entre ellos mi maestro Ted Riley y su mujer; también Hugh Thomas con su madre), la playa no estaba lejos —Salobreña era uno de nuestros destinos preferidos— y, en cuanto a la ciudad de Granada, se trataba de media hora en coche. Allí, con el director de la Casa-Museo de Lorca en Fuente Vaqueros, Juan de Loxa, acordé la adquisición por esta, a un precio razonable, de todo mi archivo, no solo el lorquiano: miles de libros, toda la correspondencia acumulada en torno a cada uno de los míos, grabaciones, ocho tomos de diarios manuscritos de mis pesquisas... Prometí mandar en adelante más documentos, más libros. Y así lo he hecho. Visitar hoy el archivo, admirablemente administrado por mi amiga Inma Hernández, es como ver mi tumba antes de morirme.

A lo largo de los años seguí indagando sobre cualquier posible terapia que se me presentara, o sugiriera, para liberarme de mi ereutofobia. Todo sin éxito. Hasta que un día me enteré por internet de que existía un tratamiento quirúrgico, desarrollado en Estados Unidos: Endoscopic Transthoracic Sympathectomy (Simpatectomía Endoscópica Transtorácica). ¿Había en España algún cirujano que lo aplicara? Descubrí, también por internet, que sí. Me puse en contacto con uno de ellos, José Revuelta Mirones, en Zaragoza. Empatizamos. Me explicó que la brevísima intervención, que consistía en impedir el acceso de la sangre a la cara, acabaría para siempre con el síntoma, aunque podía dar lugar, en verano, a una sudoración molesta. A lo mejor, ni eso. Decidí seguir adelante. Fue en 2003. Cuando me desperté de la anestesia, mis mejillas estaban en paz por primera vez en mi vida. A partir de aquel momento no me iba a costar ningún trabajo mirar directamente a los ojos. Todo un lujo, casi un milagro. Pero, claro, la angustia subyacente no podía desaparecer. Sigue allí, maldita sea, localizada específicamente, por no sé qué razón, en mi costado izquierdo. Supongo que continuará así, tan pancha, hasta que me muera. Qué le vamos a hacer.

La ironía es que, unos meses después, me diagnosticaron un cáncer de próstata. Me recomendaron que me operara sin perder tiempo. ¿Por qué no había empezado, años atrás, a hacerme con regularidad pruebas de PSA? Nunca se me había ocurrido. Mi médico me previno de que la intervención acabaría con la posibilidad de tener una erección, aunque sí sería posible, por la vía de la masturbación, conseguir un orgasmo interno. Otro miembro del equipo me tranquilizó un poco diciéndome que, con una inyección en el pene cada vez que hiciera falta, podría seguir funcionando. No me hizo ninguna gracia. Los dos estaban de acuerdo en que, si no me operaba, moriría a los pocos años en medio de dolores atroces. De modo que les dije que adelante. Desde el punto de vista del PSA todo fue bien, y así hasta hoy. En cuanto al resto, me callo.

En un reciente ensayo sobre Luis Buñuel, donde alude brevemente a mis biografías, un estudioso del aragonés, Carlos Losilla, a quien no tengo el gusto de conocer, escribe lo siguiente: «No es de más decir que el propio Gibson se ha convertido a su vez en una figura mediática a la altura de sus biografiados».[1] Se lo agradezco. Que yo sepa nadie me ha hecho un elogio así —supongo que de elogio se trata—, y, al mismo tiempo, sintetizado con tanto tino el que ha sido el motivo principal de mi vida. ¿Me siento orgulloso del tal motivo? No, me produce pena, aunque no me considero culpable de padecerlo.

Soy plenamente consciente de que este autorretrato no es el de una persona agradable, sino el de un ser obsesivo empeñado sobre todo en que los demás lo admiren, o por lo menos le hagan caso.

El hecho es que jamás me he gustado. También, que sin el dinero de mi padre nada de lo que he conseguido habría sido posible. A veces considero que mejor me habría ido suicidándome de niño —tirándome, por ejemplo, a nuestro modesto río local, el Dodder— ante la pérdida de Kathleen, el rechazo maternal, la acumulación de vergüenza y de culpa

1. Carlos Losilla, «Apuntes para una bibliografía», en *Luis Buñuel*, coordinado por Jesús Angulo y Joxean Fernández (San Sebastián, E.P.E. Donosttia Kultura 2020), pág. 151.

que me hacía la vida intolerable. Sin embargo, no lo hice. Algo en mí resistió. Traté de curarme, busqué mi salvación por distintas vías, siempre lleno de terror ante la inevitabilidad de la muerte. Y luego, un día, se produjo, como he contado, el milagro de mi descubrimiento de Lorca y, con él, de mi vocación biográfica.

Pienso siempre en el aguante de mi mujer, que habría podido ser arquitecta si no fuera por el hecho de que su hermano ya iba camino de serlo, y de que su padre autoritario le prohibiera a ella emprender la misma carrera. Cortada aquella posibilidad, podría también haber sido psicóloga, no dudo que excelente. Una vez vinculada su vida a la mía, nada de ello fue posible y tuvo que sobrellevar, para más sufrimiento, mi honda añoranza de Julia y los frecuentes ligues a través de los cuales trataba de reencontrarla, así como nuestras múltiples mudanzas de domicilio mientras yo perseguía tenazmente mi programa personal. Me propuso en varias ocasiones que, pese a su amor, quizás lo mejor sería que nos separásemos, pero yo, cobarde nato, siempre insistía en que no podría vivir sin ella, sin ellos. Aun con todo, gracias a su fuerza y apoyo, y a la sincera admiración que siempre le he profesado como ser humano, hemos tenido una relación productiva y muchas veces feliz (no hay libro mío en cuya elaboración no haya colaborado eficazmente).

Me complace poder decir una vez más cuánto le debo. Y también a nuestros hijos.

Por otro lado, me es imposible no reconocer que, sin mi egoísmo, mi determinación de ser algo en la vida, de hacerme notar, no existirían mis trabajos biográficos, entre ellos, sobre todo, los dedicados al genial poeta granadino. Libros cuya elaboración me ha permitido conocer a centenares de personas fascinantes, desde Cádiz hasta Vermont, pasando por Galicia, Aragón, Cataluña, París, Buenos Aires, Cuba e incontables lugares menos renombrados.

Y mi madre. No tuvo la culpa de ser como era: resentida, amargada, frustrada, sin horizontes, siempre soñando con el hombre alto y apuesto con quien creía que habría sido feliz. No me dio la ternura que tanto necesitaba cuando era niño, sobre todo después de perder a mi adorada Kathleen. Quizás, muy preocupada entonces por la mala salud de la mayor de mis dos hermanas, no pudo. No aguantaba, luego, que me opusiera a ella, no soportaba mi rebeldía, mis intentos desesperados de autoafirmación. La siento todavía dentro de mí, rechazando mis esfuerzos por acaparar la atención de los demás. He tratado de exorcizarla, pero hasta el momento sin éxito.

Al escribir esto vuelvo a oír, dentro de mí, la plegaria de Stephen Dedalus, en el *Ulises* joyceano, ante la aparición, entre sueños, del espectro escalofriante de su madre. Espectro que le recrimina una vez más no haber atendido su apasionado requerimiento, desde el lecho en que agonizaba, de regresar al seno de la Iglesia. «No, madre», le contesta Stephen. «Déjame ser y déjame vivir.» Digo lo mismo.

Hoy la mía estaría escandalizada al constatar que el sexo está en todas partes, cada vez con más descaro. ¡Hasta en el baile flamenco! (Acabo de leer en *El País* un artículo titulado «Sexo "jondo": la liberación de las bailaoras».)

Por otro lado, con las redes sociales y la obsesión por amontonar a «seguidores», el mundo está experimentando un narcisismo de proporciones jamás vistas, con la belleza física como máximo anhelo y la cirugía «estética» dispuesta a facilitar, para quienes pueden pagarlas, las enmiendas requeridas.

Mi madre falleció en Bristol en 1989, donde se había instalado con Alan cerca de mi hermana Janet y su marido. Tenía ochenta y tres años, como yo ahora. Había expresado el deseo de que sus restos se quedasen allí, pero la familia, sin consultarme, los llevó a Irlanda y los depositó en la tumba de mi padre en el pequeño camposanto de Bray Head, no lejos del mar. Fue, para mí, la ironía final: mis progenitores juntos y, esta vez sí, revueltos, hasta la resurrección de la carne.

Al lado de sus despojos yacen los de mi querido tío Syd y su mujer.

Alan murió, también en Bristol, un lustro después, en un hospital psiquiátrico. Tenía sesenta y un años. En el funeral el pastor nos dijo que siempre sabía cuándo acababa de visitar el templo: dejaba todas las velas, sin excepción alguna, encendidas.

España, para terminar, ha sido y es mi lugar en el mundo, gracias, sobre todo, a Federico García Lorca, que me regaló mi vocación de biógrafo. Sé que es en parte romanticismo, pero este país tan complejo, tan amnésico, tan bullicioso, a veces tan hosco —como dijo Luis Cernuda—, sigue siendo para mí, como para don Quijote, un espacio abierto a la aventura, al descubrimiento, a lo inesperado. Muy afectado anímicamente por la pandemia, no lo oculto, me incumbe, ahora, salir otra vez de casa y seguir, con el tiempo que queda, si es que queda, investigando, que es lo mío. Bajar de nuevo a Cáceres, por ejemplo, en busca de Turobriga, el santuario, todavía no localizado, de Ataecina, destacada diosa lusitana prerromana de origen celta (sufro desde hace tiempo de *celtomanía).*

Me preocupa hondamente la situación política española actual, sobre todo la mentalidad de las derechas, todavía incapaces de reconocer y asumir la criminalidad del régimen franquista. Y que, pese a proclamarse católicas, romanas y apostólicas, no quieren ayudar en la urgente tarea de recuperar los restos de las víctimas de la dictadura todavía tiradas en fosas comunes y cunetas. ¿No es esto hipocresía? ¿No es esto despreciar al prójimo? ¿Desoír a Jesús? Me quedo con la esperanza de que un día llegue, aunque yo no la vea, la gran

España dialogante, reconciliada y en paz. La España mestiza, palimpsesto de culturas, capa sobre capa, la España soñada por la Institución Libre de Enseñanza y su hijuela, la Residencia de Estudiantes. La España con tanto que contribuir a Europa y al mundo.

Ojalá —permítaseme recurrir al árabe— sea pronto.

AGRADECIMIENTOS

A Luis Caballero Martínez y Adolfo García Ortega, que tuvieron la gentileza de leer un borrador previo de este libro y de aportar al respecto sus muy constructivos comentarios.

A Inmaculada Hernández Baena, archivera de la Casa-Museo Federico García Lorca en Fuente Vaqueros, con cuya amistad y profesionalidad he podido contar siempre.

A Silvia Bastos, mi maravillosa agente literaria (sin olvidar, por supuesto, a Pau y Gabriela).

A Josep Maria Ventosa, de Tusquets Editores, por su meticulosa revisión del texto.

A Guenny Rodewald, por su fiel apoyo desde Bremen.

A Juan Cruz, por haber estado a nuestro lado desde el primer momento.

booket